| Tokyo Sky Tree → P.126 | St Mary's Cathedral → P.108 | Mikimoto Ginza2 → P.30 | Mode Gakuen Cocoon Tower → P.87 | Yoyogi National Stadium (Yoyogi 1st and 2nd Gymnasiums) → P.42 |

東京スカイツリー® / 東京カテドラル関口教会聖マリア大聖堂 / MIKIMOTO Ginza2 / モード学園コクーンタワー / 国立代々木競技場

高さ375mの心柱による心柱制振機構 / HPシェル寄棟造りに生まれる優美な空間造形 / 鉄版コンクリート壁構造 / インナーコアとダイアゴナルフレーム / 大スパン吊り屋根構造

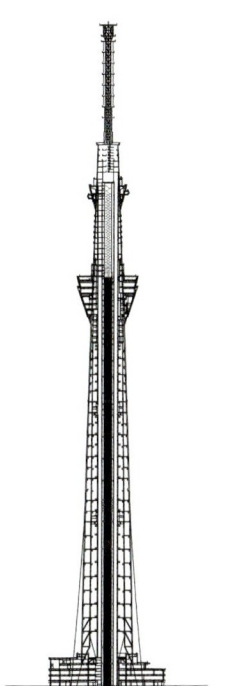

塔体より少しゆっくりと揺れる心柱により、地震動を低減

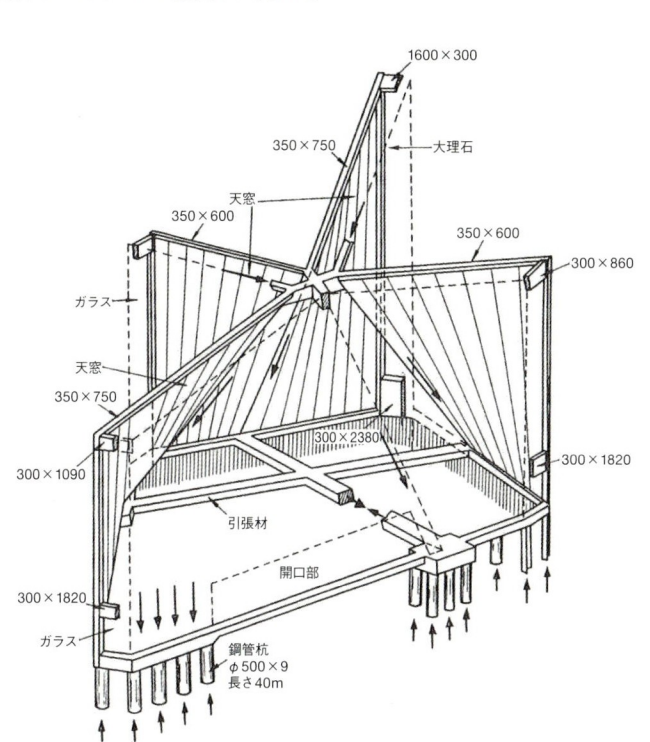

ステンレス葺き4種類8枚のHPシェルを、頂部で十字梁と小梁により連結。内部には十字型のトップライトより、陽が降り注ぐ

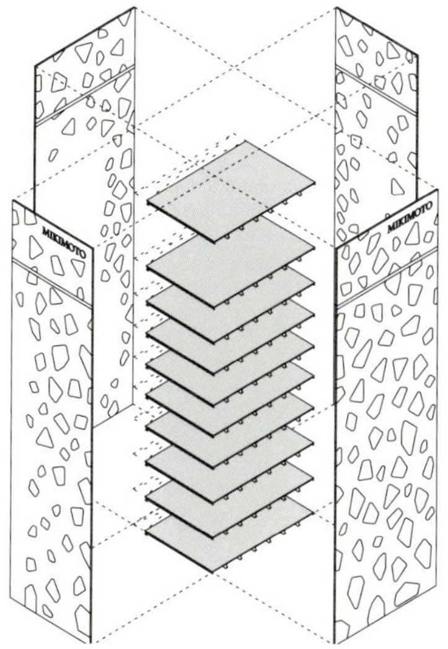

流動的な開口のある壁が、建物の荷重を全て支え、無柱空間を実現

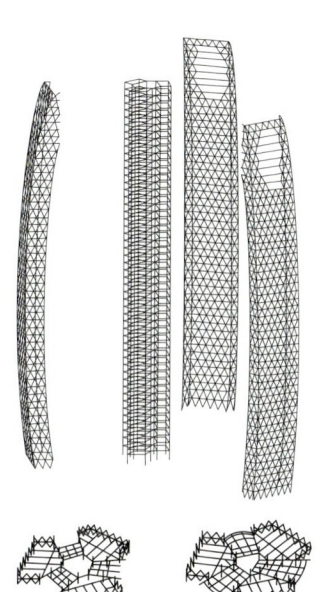

中心に建つコアと、それをとり巻くように配置された3枚のダイアゴナルフレームで構成

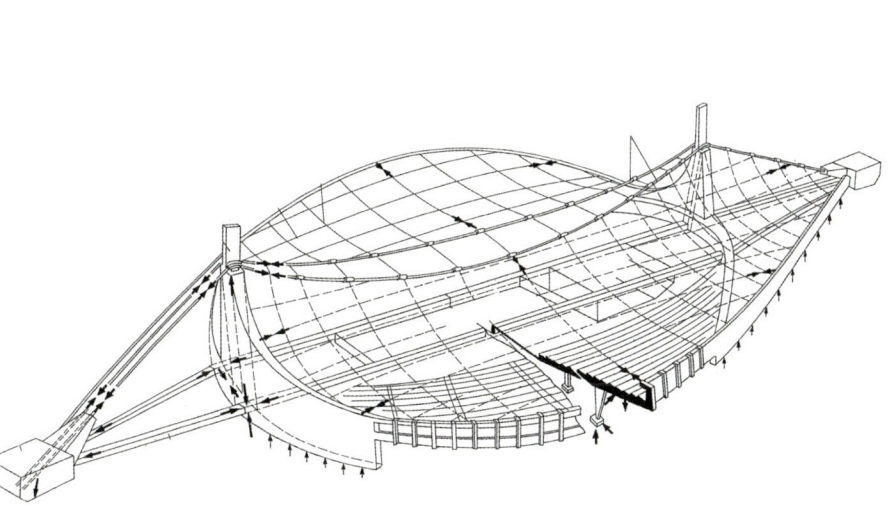

吊り橋に類似した構造原理で、大規模屋根を実現

STRUCTURAL DESIGN MAP TOKYO

構造デザインマップ 東京

構造デザインマップ編集委員会 編

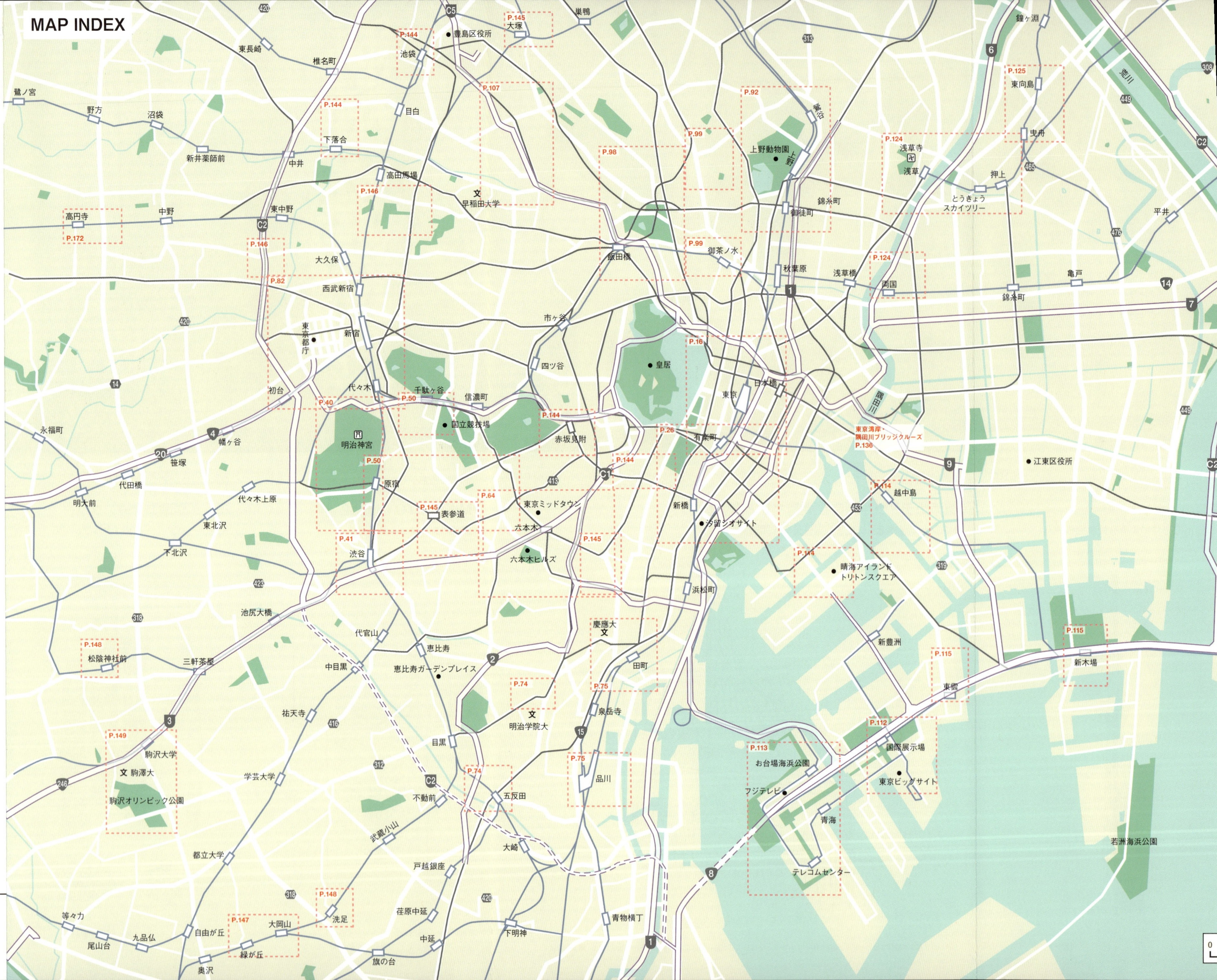

MAP INDEX

CONTENTS

本書の使い方 ... 5
はじめに ― 構造デザインとは ... 6
構造設計者の役割 ― 自由な発想と真剣な想像力 ... 8
本書を読むための基礎知識 ... 10

Chapter 1 丸の内・銀座 ... 15
MAP 丸の内・八重洲・京橋 ... 16
　東京駅丸の内駅舎 ... 18
　東京国際フォーラム ... 20
　三菱一号館美術館 ... 22
　東京海上日動ビル本館 ... 22
　東京サンケイビル ... 23
　JPタワー ... 23
　京橋センタービル ... 23
　パシフィックセンチュリープレイス丸の内 ... 24
　グラントウキョウノースタワー／グランルーフ ... 25
MAP 銀座・日比谷・新橋 ... 26
　三愛ドリームセンター ... 28
　メゾンエルメス ... 29
　MIKIMOTO Ginza2 ... 30
　ヒビヤカダン 日比谷公園店 ... 31
　ニコラス・G・ハイエックセンター ... 31
　ヤマハ銀座ビル ... 32
　日本テレビタワー ... 33
　汐留住友ビル ... 34
　中銀カプセルタワービル ... 35
　静岡新聞・静岡放送東京支社 ... 35
COLUMN：メタボリズム ... 36

Chapter 2 渋谷・青山 ... 39
MAP 原宿・代々木 ... 40
　国立代々木競技場 ... 42
　明治神宮　外拝殿 ... 49
　レーモンドメモリアルルーム ... 49
渋谷 ... 41
　渋谷ヒカリエ ... 46
　SANKYO新東京本社ビル ... 47
　ナチュラルエリップス ... 48
MAP 千駄ヶ谷／表参道・青山 ... 50
　東京体育館 ... 58
　TOD'S表参道ビル ... 52
　表参道ヒルズ ... 54
　プラダ 青山店 ... 55
　ディオール表参道 ... 56
　GYRE ... 56
　フォーラムビルディング ... 57
　Aoビル ... 57
　ONE表参道 ... 58
　塔の家 ... 59
　コウヅキキャピタルイースト ... 59
　青山タワービル ... 59
COLUMN：表参道ファサード群 ... 60

Chapter 3	六本木	63
	MAP 六本木	64
	ミッドタウン・タワー	66
	デザインウィング	66
	ミュージアムコーン	67
	泉ガーデンタワー	68
	国立新美術館	70
	COLUMN：シェル構造	71
Chapter 4	品川・三田	73
	MAP 五反田／白金台	74
	ポーラ五反田ビル	76
	イグレック	79
	MAP 三田・芝浦／品川	75
	SHIBAURA HOUSE	78
	建築会館（日本建築学会本部ビル）	78
	慶應義塾大学三田キャンパス南館	80
	ソニーシティ	79
Chapter 5	新宿	81
	MAP 新宿・代々木	82
	東京都庁舎	84
	代ゼミタワー OBELISK	86
	モード学園コクーンタワー	87
	新宿三井ビルディング	87
	新宿NSビル	88
	NTTドコモ代々木ビル	88
	COLUMN：西新宿高層ビル群	89
Chapter 6	上野・文京	91
	MAP 上野	92
	東京国立博物館法隆寺宝物館	93
	国立西洋美術館本館	94
	東京文化会館	96
	MAP 水道橋	98
	東京ドーム	100
	住友不動産飯田橋ファーストビル	103
	MAP 本郷／御茶ノ水	99
	求道会館	102
	東京大学工学部2号館	104
	東京大学弥生講堂アネックス	106
	順天堂大学センチュリータワー	101
	ニコライ堂（日本ハリストス正教会東京復活大聖堂）	106
	MAP 護国寺・江戸川橋	107
	東京カテドラル関口教会聖マリア大聖堂	108
	COLUMN：免震構造と制振構造	110
Chapter 7	湾岸・隅田川	111
	MAP 有明	112
	東京国際展示場	116
	MAP お台場	113
	フジテレビ本社	117
	フジテレビ湾岸スタジオ	117
	日本科学未来館	117
	MAP 越中島／晴海	114
	清水建設技術研究所安全安震館	118
	晴海アイランドトリトンスクエア	118
	MAP 東雲／新木場／葛西臨海公園	115
	東雲キャナルコートCODAN2街区	119

	木材会館	119
	葛西臨海公園展望広場レストハウス	120
	葛西臨海水族園	122
	COLUMN：塔とタワー	123
	MAP 浅草・押上／両国	124
	東京スカイツリー	126
	浅草文化観光センター	133
	浅草寺と浅草の塔	134
	江戸東京博物館	132
	両国国技館	134
	MAP 曳船・東向島	125
	すみだ生涯学習センター	133
	COLUMN：東京スカイツリー®のシルエットと構造デザイン	130
	COLUMN：鉄	135

Feature	東京湾岸・隅田川ブリッジクルーズ	136

Chapter 8	都心その他	143
	MAP 霞が関／赤坂見附／池袋／下落合	144
	霞が関ビルディング	156
	Kタワー	158
	自由学園明日館	160
	聖母病院聖堂	160
	MAP 南青山／赤羽橋・神谷町／大塚	145
	富士フィルム東京本社ビル	159
	東京タワー	150
	日本聖公会聖オルバン教会	159
	東京建設コンサルタント新本社ビル	160
	MAP 綾瀬／中野坂上／王子神谷／西早稲田	146
	東京武道館	161
	中野坂上サンブライトツイン	161
	トンボ鉛筆本社ビル	161
	早稲田大学理工学部51号館	162
	早稲田大学理工学部57号館	163
	MAP 羽田国際空港／平和島／緑ヶ丘・大岡山	147
	羽田空港国際線旅客ターミナルビル	164
	ヤマト インターナショナル	164
	東京工業大学百年記念館	165
	東京工業大学緑が丘1号館レトロフィット	166
	東京工業大学付属図書館	167
	MAP 成城／洗足／松蔭神社前	148
	IRONY SPACE	168
	IRONHOUSE	168
	ゆかり文化幼稚園	170
	洗足の連結住棟	169
	世田谷区民会館	170
	MAP 駒沢	149
	駒沢体育館	169
	COLUMN：建設後から現在までの東京タワー	152

Chapter 9	武蔵野・多摩	171
	MAP 高円寺／八王子（鑓水）／多摩動物公園	172
	座・高円寺	175
	多摩美術大学図書館（八王子キャンパス）	176
	多摩動物公園・昆虫生態館	181
	MAP 立川（武蔵砂川）／立川	173
	ふじようちえん	178
	ふじようちえん 増築（Ring Around a Tree）	179
	国営昭和記念公園 花みどり文化センター	180

	MAP 小平（小川町）	174
	武蔵野美術大学図書館	181
Feature 明治の地図で読む東京の地形・地盤		182
	COLUMN：コンクリート	194

Chapter 10　神奈川　195

MAP みなとみらい		196
	横浜大桟橋国際客船ターミナル	198
	横浜ランドマークタワー	200
	横浜赤レンガ倉庫	201
MAP すずかけ台／厚木（下荻野）／横浜（青葉台）		202
	東京工業大学すずかけ台キャンパスG3棟レトロフィット	205
	神奈川工科大学KAIT工房	206
	桜台コートビレジ	204
MAP 湘南台／箱根／横須賀		203
	藤沢市秋葉台文化体育館	207
	ポーラ美術館	208
	横須賀美術館	210

Chapter 11　千葉　211

MAP 千葉中央／千葉みなと		212
	千葉県文化会館	214
	千葉県立中央図書館	215
	千葉ポートタワー	217
MAP 幕張／西千葉		213
	幕張メッセ	218
	幕張メッセ　北ホール	219
	ホワイトライノ	216
COLUMN：テンセグリティ		217
MAP 船橋日大前／千葉（土気）		220
	ファラデーホール	222
	テクノプレース15	223
	東葉高速鉄道船橋日大前駅舎西口	223
	ホキ美術館	224
MAP 松戸（松飛台）／柏（金山）		221
	マブチモーター株式会社本社棟	226
	BDS柏の杜　出品会場	226

Chapter 12　首都圏その他　227

MAP 水戸／越谷（せんげん台）		228
	水戸芸術館	230
	埼玉県立大学	231
MAP 西武球場／志木		229
	西武ドーム	232
	立教学院聖パウロ礼拝堂	233
	立教学院太刀川記念交流会館	233
	立教大学新座キャンパス4号館・8号館	234
	立教大学新座キャンパス6号館	236
COLUMN：木		237

構造デザインのめざすもの──想像力と実現力の融合	238
用語解説	241
INDEX	244
CREDIT	252
あとがき	257

本書の使い方

本書は東京および東京近辺にある建築作品について、構造の視点からピックアップし、解説しています。紹介している建築作品を実際に見てまわれるよう、マップも掲載しているので、解説記事と併せてご使用ください。

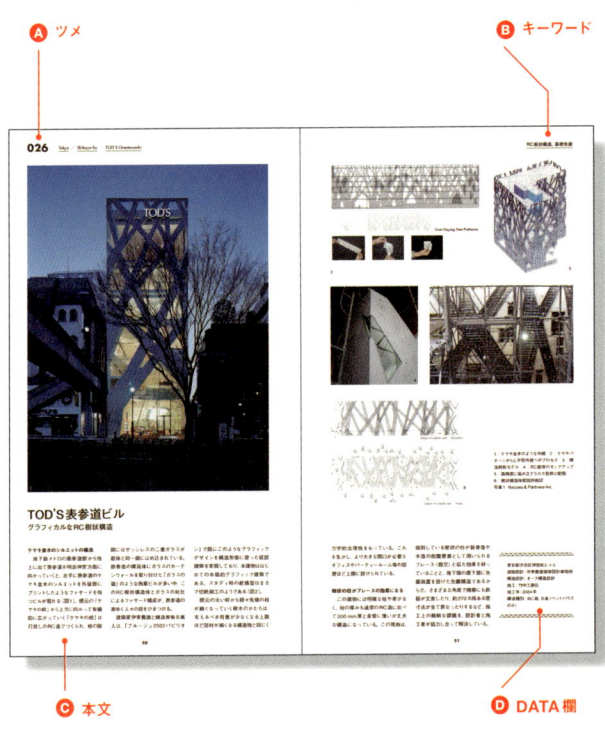

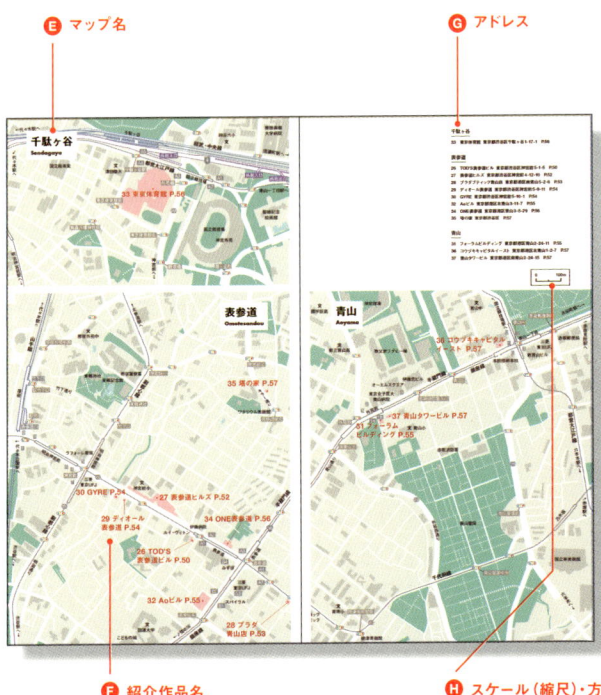

A ツメ
紹介順に付いた番号（マップ参照時の合番号）、英字表記による都道府県名・市区町村名、建築作品名を記載しています。

B キーワード
構造に関することを中心に、その建物の特徴を表すキーワードを掲載しています。

C 本文
建築作品の構造を中心に解説。建築関係者以外の方や初学者にも楽しみながら読んでもらえるよう、前半部分で概要や構造の特徴を、後半部分で技術的な話となるよう心がけ記述しました。図版や写真、巻頭の「本書を読むための基礎知識」および巻末の「用語解説」を参照しながら読むと理解が進みます。

D DATA欄
下記の情報を記載。住所（原則、番地まで記載していますが、住宅などのようにプライバシーの高いものについては記載していません）／建築設計（設計者を記載。原則、会社名・事務所名を記載していますが作品によっては個人名を記載）／構造設計（構造設計者を記載。原則、会社名・事務所名を記載していますが、作品によっては個人名を記載）／施工（施工者を記載）／竣工（竣工年を記載）／構造種別（構造の材料による分類を記載。構造種別についての詳しい解説は、「本書を読むための基礎知識」を参照）

E マップ名
マップのエリア名。英字表記も併記しています。

F 紹介作品名
記事で紹介している建築作品については、該当建物を赤く示し、名称を赤字で表記。番号、名称、紹介記事ページ数の順で記載しています。

G アドレス
紹介している建築作品の住所を記載。スマートフォンの地図などを使用する際にご利用ください。

H スケール（縮尺）・方位
東京都内のマップについては、1／8000分の縮尺で統一。それ以外のマップについては、各地図の使い勝手に合わせて縮尺を変更しています。方位は全て北が上となるようレイアウトしています。

はじめに ── 構造デザインとは

斎藤公男 [日本大学名誉教授]

　　　　Structural Designとは通常、「構造設計」を意味します。Structural Designerあるいは Structural Engineerはそれぞれ「構造設計者」、「構造技術者（エンジニア）」であり、日本でいう「構造家」に当る言葉は、海外では見当たりません。日本特有の名称といえそうです。
　「構造デザイン」には、「構造家」に通じるあるひとつのコンセプトがこめられています。それは"構造設計＋α"ということ。建物の安全性の確保、経済性の向上が構造設計本来の役割です。それに加えた＋αとは「建築」への愛着や憧れ、「構造空間」の創出に参画する誇りと自負、多くの「協同」によって到達し得る感動と喜び。そうした気持ちにみちびかれた創造的設計活動をさします。近年、建築の世界では、その理念に共鳴する多くの若いエンジニアが生まれつつあるように思えます。いま日本では世界的にも注目されているどんな構造デザインがあるのだろうか。そのめざすものは何か。いろいろな興味がわいてきます。

さまざまなストラクチャー

　　　　自然界には、無限の"かたち"が存在します。流れゆく雲、立ちこめる霧、きらめく虹。波浪やミルク・クラウンに見る一瞬の造形。揺れ動き、立ち現れる思いもかけないこうした自然美は、時に深い感動を誘い、建築の空間や形態へのイメージをかき立てます。
　一方、かたちと力が密接につながった構造フォルムを自然現象や生物の世界に見出し、驚くことがあります。たとえば表面張力によるシャボン玉や水滴、蜘蛛が構築する巧妙なネットワーク、皮膚に包まれた筋肉といった「柔かい構造」。また風雪に穿かれた岩の洞窟、貝、卵殻や頭蓋骨、巨木の幹といった「硬い構造」。植物の反り返った花弁や葉、雪や風にたわむ小枝や竹などはその中間的な存在。そして強靭でしなやかな人間の身体はさしづめ「ハイブリット構造」といったところでしょうか。
　こうした自然界にみるストラクチャーを建築構造に重ねてみると、アーチ・シェル・折板・吊屋根・空気膜・スペースフレーム・張弦梁・テンセグリックシステム・柱・梁・ラーメンといった構造方式とのアナロジーに辿りつきます。さらに建築構造につながる造形（構造形態）はもっと身近に、たとえば身の廻りの道具や乗り物などに見ることができます。電球、スプーンやカップ、ヘルメット、ボートや航空機などは立体的な曲面構造であり、自転車のスポーク・ウィールやテニスのラケット、人力飛行機などはハイブリッドな張力構造ともいえます。空に泳ぐ鯉のぼり、風をはらんだヨットやパラグライダーがみせるダイナミックな構造フォルムは膜構造の形態創生や安定論にもつながります。いずれも機能（用）と力学（強）と形態（美）とが融合している点で建築構造と同じです。「カタチやモノには構造が不可欠だ」という視点に興味をもつこと。それが構造デザインを理解する第一歩だと考えます。
　ところで自然界やプロダクツ（社会で広く使われる生産品）では見られない恣意的表現が"かたち"となって現れるのが人間のつくりだす彫刻です。同じ芸術とはいえ彫刻と絵画の一番の違いはスケールにあります。規模の拡大とともに造形的形態への干渉が発生し、力学・材料・製作・運搬・設置といった技術的検討が必要となります。自由であろうとする芸術的形態と安全を成立させようとする好例は何といっても、巨大な大阪万博（1970年）につくられた「太陽の塔」（岡本太郎）でしょう。
　構造的形態との葛藤に思いをめぐらすことは「構造デザイン」を理解する上で大切です。
　自然と道具と彫刻。三者三様にそれぞれが「構造」との深い接点をもっており、それ

を解きほぐしていくところに建築における「構造デザイン」とは何かを考えるヒントが隠されているように思えます。

構造空間のデザイン

　　古代遺跡、たとえばアテネのパルテノン神殿やローマのカラカラ浴場などを訪れると、ひとつの感慨がわいてきます。大理石やタイル・装飾も失われたそこに残されているのは組積構造と壮大な空間だけ。意匠がなくなっても空間はあるが、構造がない空間は存在しないのだということが実感されます。同様にローマのパンテオンのドーム空間を訪れた人々が感じる第一のものは、構造のもつ神秘的ともいえるその迫力とこれをつくりあげた人々の知力・情念ではないでしょうか。あるいはまた木造や鉄骨の建設現場。スケルトンだけによって創られるダイナミックな空間のイメージに感動することは誰しも経験することでしょう。

　　建築と構造とは空間を介してつながっている。建築空間のデザインと同じように「構造空間のデザイン」があると考えられます。身体と衣服の関係を建築の意匠と構造への関係に当てはめてみると、こんな表現となりそうです。すなわち「しなやかで強靭な身体（構造）は裸のままでも美しく、またどのような衣服（意匠）をまとっても、その美しさや健康さ（合理性）はにじみ出るものである」と。

構造設計＋α

　　ところでそもそも「構造設計」とは何か。機械工学であれ土木工学であれ、構造技術が課せられている主要な役割は安全性の確保であり経済性の向上です。建築の構造設計の第一歩はここから始まります。自重や積載荷重はもとより、地震・台風・積雪、時に津波や水圧、温度変化にも耐え、建築空間のはたすべき機能や性能を維持しながら必要とされる規模や形態を実現することが構造設計の使命であり、エンジニアに与えられた役割となります。

　　一般的なプロダクツ、たとえば自動車やシステムハウスはプロトタイプの開発に向けて充分な時間と生産的エネルギーをかけてつくられます。しかし建築の世界、とりわけ構造設計は日々、常に未知との遭遇だといわれます。外力や材料も不安定な部分があり、製作や施工も設計した通り、思案通りとは限らない。コンピューターを駆使しつつ、法的規準はクリアしながら、設計者はその構造体が完成するまで目が離せません。

　　さらに機械や土木の分野と比べると、建築のエンジニアの立場は少し異なります。機械や土木の設計者が設計のプロセスを通じて独自に知的な創意工夫を発揮できるのに対して、建築の世界ではほとんど全てが建築家の要請に応える、という形が基本です。その「要請」が建築家の個性と実力によってさまざまであることが、構造設計者を時に悩ませることになります。したがって構造設計に携わるエンジニアの個人的責務と能力が問われると共に、その社会的役割に対する充分な評価が望まれます。さらにこうした本来の構造設計に加えて＋α、つまりより創造的な目標と信念をもって取組むのが「構造デザイン」なのです。

構造設計者の役割──自由な発想と真剣な想像力

和田 章［東京工業大学名誉教授］

公

　小さな子供が目をキラキラ輝かせて話すのをみて、人は良いことだけをするように思われ嬉しくなり、何かを欲しがり泣きじゃくる子どもを見ていると、人は本当に我侭（わがまま）な生きものだとがっかりする。漢字の「私」のつくり「ム」はこれだけでも私の意味があり、自らを振り返っても分かるように、人は基本的に我侭なものである。大勢の人が集まって社会を平和に暮らすには、一人ひとりの我侭をほどほどに抑えなければならない。「ム」を「ハ」で抑えるという意味で作られた重要な文字が「公」である。建築やまちづくり、都市計画にかかわる多くのルールは、公のために作られたと思えば分かりやすい。ただ、これらルールは人間が作ったものであり、必ずしも正しい方向を向いているとは限らない。

自然科学

　構造設計を進めるための大前提は、数学と物理学に基礎をおく多くの学問である。これらは自然科学であり、従順な技術者でも我儘な技術者でも関係なくこれらを守らなければ、作られる建築構造は揺れたり、壊れてしまう。ある建築の設計を進めるにあたり、構造にかかわる100のことを決めたとして、半分以上はこの自然科学のルールをまもるために必要であったといえる。我々は地球上に物理的に建築を建てるのであって、絵画や音楽のように100％の自由は許されない。世界の構造設計者はこれらの共通の土俵の上で議論ができるとも言える。

戦前の耐震基準

　手元に、昭和16年発行の「建築物耐震構造要項」日本學術振興會編がある。地震力の議論から木構造から煉瓦構造までの記述があって、全体でＡ５版137ページである。著者は佐野利器、田邊平學、武藤　清、小野　薫、谷口　忠、棚橋　諒、坂　靜雄、内藤多仲らであり、我々はこれらの先生の孫弟子さらにその継の弟子といえる。今の構造設計にそのまま使うことはできないが、自然科学に則って考えるべきこと、知っておくべきことが書かれていて興味深い。戦前の限られた人数の技術者を対象にしていたから、公を守るためのルールは記述する必要がなかったのだと思う。

混沌とした現在

　現在に戻ると、特に大きな地震災害のたびに増えていく基準、規準や指針の量は既に発散状態になっていて、積み上げると人の身長をはるかに越えるといわれる。とても一人では読みきれない。親切心のために記述が増えていることがあり、基本原理をきちんと理解していれば、それぞれ読まなくても済むようにも感じる。最も重要なことは、これらのルールの根拠や主旨が、公をまもるためのものか、自然科学に基づくものかが混沌としていることである。
　設計を纏め、建築確認などを取得するためには、すべてのルールを満たしていなくてはならない。しかし、構造設計者がルールの水でいっぱいのプールのなかで泳いでいては、新しい発想は生まれてこない。

高原を自由に走ろう

　朗報として、2000年の建築基準法改正で削除された38条（特別な審査を受ければ、始めての材料や構造法を用いて建築が建てられる）と同じ役割の法律が復活すると言われているから、構造設計者は頑張らねばならない。Julie Andrewsが主演の映画The Sound of Musicのなかで子どもたちとオーストリーの高原をいくシーンがあるが、自然科学にもとづくルールを満たしていれば、建築・構造の設計の可能性はこの高原のように広々と限りがないはずである。高原のある広さのまわりに沢山の木杭を打ちロープで囲ったのが現在の状態である。構造設計を進めるにあたり、少なくともはじめの段階では囲いをはずして、自由に考えるべきと思う。一方、ルールになくても設計者の真剣な想像力でおかしいと思ったら、プロなのだからより良い方法を考えるべきである。

疑わない習慣

　日本に限らず、このようにしてルールを作りその中で暮らしていると、これが習慣になり、あたかも自然科学のように正しいことだと勘違いしてしまうことがある。発想を自由にして想像力を高め、ルールの外に出て、真剣に考える必要がある。ルールが必ずしも正しいわけではなく、逆にルールがないから何をしてもよいのでもない。自発的に良い建築、住みやすいまちを作らねばならない。

地震時の層間変形角のルールの甘さ

　日本の超高層建築では中小地震動に対して1／200の変形角、大地震動に対して1／100を超えないようにとされている。しかし、2011年3月11日に起きた東日本大震災で明らかになったように、このクライテリアで設計された建築は揺れすぎる。上海には東京スカイツリーとほぼ同じ高さの超高層ビルが竣工するが、中国の建築の中小地震に対する層間変形角の基準は1／500であり、日本より揺れにくい。日本のルールは構造物の安全性、内外装の変形追随性から決められたもので、両振幅3ｍから6ｍで揺れる超高層建築の最上層にいる人達が感じる怖さに想像力が及んでいない。上層階に生じる絶対変位、絶対速度に注目して考えなおさなければならない。制振用のダンパーの組み込みは当然として、新築の場合は上海や香港のように大断面の鉄筋コンクリート柱の採用、これらを大断面梁またはトラス梁で繋ぎメガストラクチャを構成するなどの新しい構造法が必要である。

大きな塑性変形は取り壊しが前提、誰が取壊すのか、都市機能の停止

　1台の車の設計と1つの建築の耐震設計を同じように考えてきたことに、大きな間違いがある。車は衝突を起こすとエンジンルームやフロント部分が壊れ、エアーバッグが膨らみ、中の人を助ける。そして新しい車は保険金で購入できる。これは何万台の車のうち1台2台で起こることである。建築の場合も同様に極めて稀に襲うとされる大地震動に対して、人命は保護するが建築は傾いて使えなくなっても良いとされている。傾いた建築は持ち主が取壊し片付けるべきだが、震災後にそのような資金の余裕があるとは思えない。無数の建築が傾いてしまったら、住むところ、働く会社や工場、学校も病院も使えなくなり、都市は廃墟になってしまう。我々は最終章のない筋書の中で議論していることになる。

　もっと自由に発想し、もっと真剣に想像力を働かせよう

本書を読むための基礎知識

デザインとは違い、建物の構造は隠れている場合が多く、普段建築に関わっていない人にとっては、
なかなか見えてこない。また、本書の各建物の解説も、
ある程度の構造の基礎知識がないと十分に理解できないだろう。
そこで、まずは本書を読むために最小限知っておきたい構造の基礎知識を解説する。
基礎の基礎だが、知識を見につければ、本書の記事も分かってくるだろうし、
実際に建物を見に行った際も今までとは違った見え方になるはずだ。

1 建物を支える構造

建物を動物の体になぞらえてみると、その役割が良くわかる。
デザイン(見た目)と構造の関係のイメージもつくだろう。

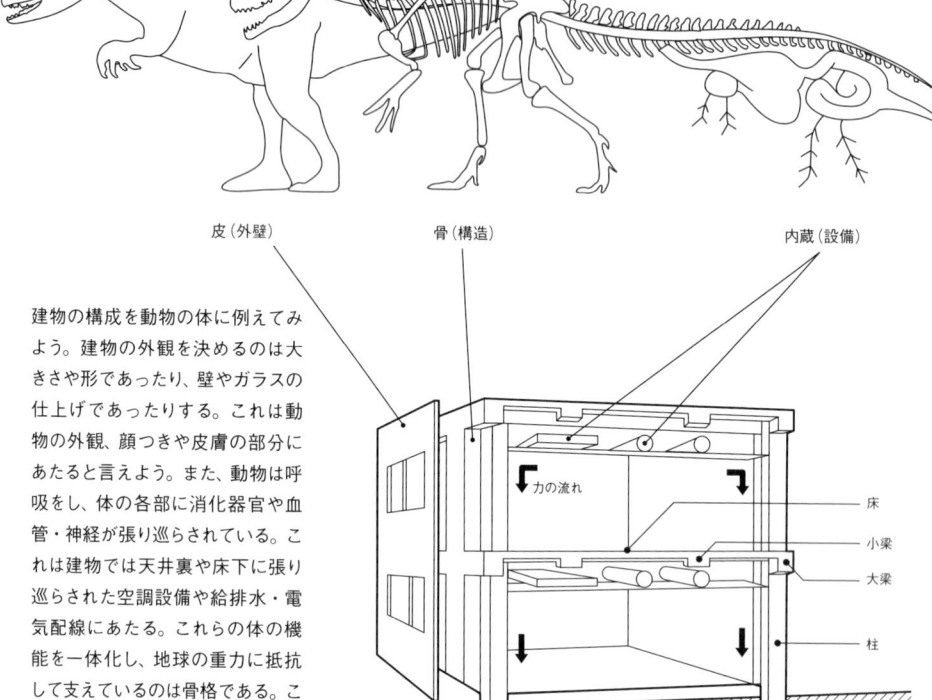

建物の構成を動物の体に例えてみよう。建物の外観を決めるのは大きさや形であったり、壁やガラスの仕上げであったりする。これは動物の外観、顔つきや皮膚の部分にあたると言えよう。また、動物は呼吸をし、体の各部に消化器官や血管・神経が張り巡らされている。これは建物では天井裏や床下に張り巡らされた空調設備や給排水・電気配線にあたる。これらの体の機能を一体化し、地球の重力に抵抗して支えているのは骨格である。この骨格にあたるものが建築の構造であり、建物を重力や風・地震・雪等の外荷重に対して安全に維持する役割を担っている。紀元前ローマの建築家ウィトルウィウスの「よい建築は、堅固さ(強)、快適さ(用)、快(美)という3条件によって成り立つ」という有名な言葉は、これらの機能を表現したものと考えることもできよう。一般の建物では建物の構造は外壁の中に隠れて見ることができない。しかし、建物によってはその骨格(構造)が外観(建築デザイン)に大きな影響を与えてい

たり、直接的に外観に表現されていたりする。優れた構造デザインは建物の外観を軽やかなものにし、自然で力強い形にするために不可欠なものである。このような良い建築を支える優れた構造の設計を本書では「構造デザイン」と呼び、優れた構造デザインの建築を紹介するものである。

建物の構造の第一目的は、建物の自重や中にいる人・家具等を地球の

重力に対して崩れないように支えることであるから、その力の流れを理解することが構造を理解する第一歩である。通常の建物では人・家具等はまず床によって支えられ、その力は小梁→大梁→柱→基礎(杭)を通って地面に伝えられる。また、地震や風のような横力に耐えるために耐震壁やブレースが配置される。構造によってはこれらの機能が一体化し、区別がつかないものもある。

2 部材に生じる力

建築構造を構成する梁や柱などの部材にはさまざまな力が働く。
割り箸を一本用意して、次の実験をやってみよう。

1. 引張り力
まず割り箸を左右に思いきり引張ってみよう。引きちぎることのできる人は余程の怪力で、割り箸は普通の体重の人であればぶら下がることができるくらいの強さを持っている。この時、割り箸に生じる力が引張り力である。引張り力はケーブル材や膜、トラス構造の下弦材などに働いている。

2. 圧縮力
次に割り箸を立ててその上に足を乗せ、思いきり体重をかけてみよう。この時割り箸に生じる力が圧縮力である。細い割り箸であれば横にたわみながら折れるかもしれない。これを「座屈」という。圧縮力を受ける柱を細くするとデザイン的にすっきりするが、座屈しやすくなる。

3. 曲げモーメント
最後に割り箸を両手に持って思いきり曲げてみよう。簡単に折ることができる。この時、割り箸に生じる力を曲げモーメントという。以上の実験より、割り箸は引張りに強く曲げに弱いことがわかる。曲げは主に梁に加わる。架け渡す距離が大きくなるほど曲げモーメントは大きくなり、大きなせいの梁が必要になる。

4. せん断力
これ以外に部材に生じる力には「せん断力」がある。これは断面に直角に働く力で、割り箸を二つの固い台の間においてバターナイフで切断しようとするときに働く力である。これも簡単に切ることはできないであろう。せん断力で壊れる構造部材は、石材やコンクリートなど、引張に弱く、曲げに対し鉄筋などで補強された部材に多い。

加わる力に対する構造部材の挙動を決める主な指標としては、「強さ」と「剛性」がまず挙げられる。圧縮力に対する同断面の鉄素材の強さや剛性はコンクリートの約10倍あるが、架構になると柱梁の断面積の小さい鉄骨造はRC造より剛性が低く、揺れやすい性質がある。もう一つの大事な指標に「靭(じん)性」がある。これは粘り強さを示し、鉄などの金属材料が他の材料に比べ圧倒的に優れている。下図左のようにゆでる前のパスタを束ねて曲げてみると、最大強さでもろく折れる。このようなもろさを脆(ぜい)性という。一方、下図の右のように針金を曲げると、降伏して耐力が頭打ちになっても粘り強くなかなか切れない。こういった性質を「靭性がある」という。靭性のある構造は優れた耐震性能の建築構造を実現するために重要な性質である。RC造の靭性は鉄筋に、木質構造の靭性は釘等の鉄材に依存していることが多い。

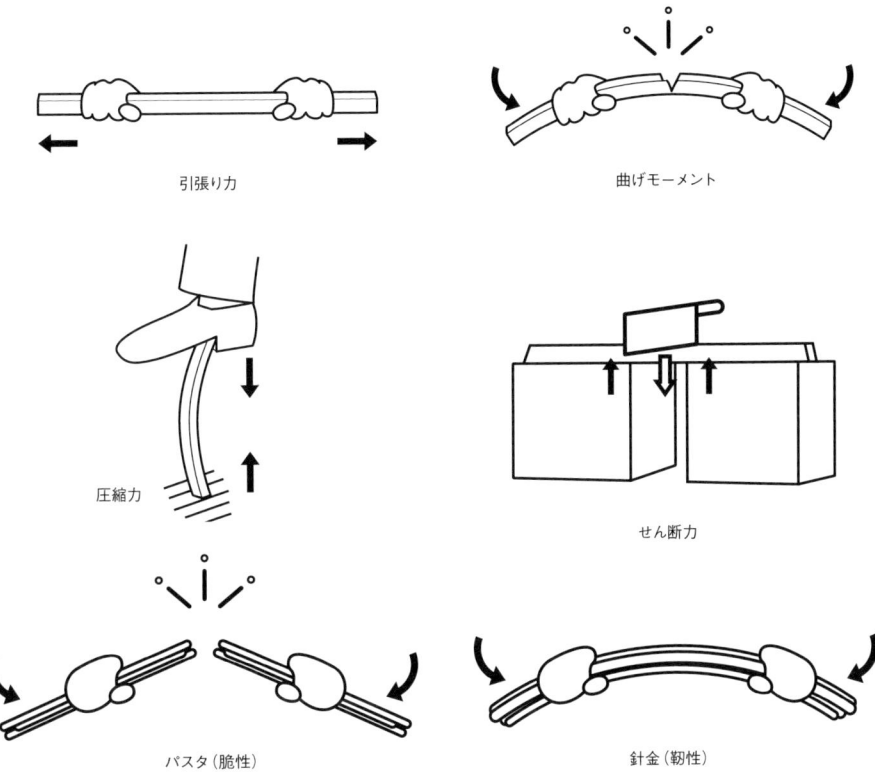

引張り力　　　　　曲げモーメント

圧縮力　　　　　せん断力

パスタ(脆性)　　　針金(靭性)

3　構造の形式

柱や梁を堅く接合する方法や三角形に組む方法など、骨組の組み方はいろいろあるが、それを構造形式という。建築に用いられる代表的な構造形式を以下に示す。

1. ラーメン構造
Rahmenとは剛節架構を意味するドイツ語で、食べ物とは関係がない。柱と梁が接合部で曲げに対して回転しないように剛強に接合され、机のフレームのように自立する構造をいう。平面の自由度が高く、最も一般的に用いられる構造形式である。地震や風などの水平力に対しては弱く揺れやすい傾向がある。

2. ブレース構造
地震や風などの水平力に対する抵抗力を増すために、柱・梁で囲まれた枠の一部にブレース材と呼ばれる斜め材を平面的にバランスよく配置した構造をブレース構造という。ブレース構造では梁と柱の接合部が剛節である必要は必ずしもなく、柱や梁の部材をラーメン構造より細くすることができる。

3. トラス構造
体育館やスタジアム等の大きな空間を覆う梁には自重により大きな曲げモーメントが働く。トラス部材は軸方向の弦材と斜材を三角形状に組み合わせた構造部材で、自重が軽く曲げに強いため、このような大スパン構造に多く用いられる。また立体的に組み合わされたトラス構造を立体トラス構造と呼ぶ。

4. シェル構造
「シェル」とは貝殻の意味である。2方向に曲面を形成する薄板は、卵の殻のように薄くても大きな強度を有するため、コンクリートでこのような形状を作ると、薄く軽くても大きなスパンを架け渡すことができる。鉄骨の網目で形成したシェル構造をラチスシェル構造という。

5. テンション構造
「テンション」は引張りを意味し、ガラス繊維やテフロンで構成された膜を骨組やケーブルの間に張り渡したり、空気の圧力で膨らませることで安定させた構造を膜構造と呼んでいる。膜には引張り力が常に働いた状態になっている。また高振力のケーブルで吊られた構造をケーブル構造と呼ぶ。

1／ラーメン構造（Kタワー）　2／ブレース構造（ポンピドューセンター）　3／トラス構造（幕張メッセ）　4／シェル構造（オーシャン・グラフィック）　5／膜構造（BDS柏の杜　出品会場）

4 構造の種別

世の中に建築に用いられている材料は数多いが、安価で大量に使用するという経済的理由と強さ・剛性が安定しているという構造上の要求から、構造の材料は以下の種別がほとんどとなっている。

1.木造

日本では古くから木材が豊富に採取できたことから、近代以前の建築は殆ど木造である。梁・柱からなる軸組構造に加え、合板を用いた壁式構造や集成材を用いた構造等を総称して「木質構造」と呼ぶ。

2.RC造（鉄筋コンクリート造）

セメント系のコンクリートは紀元前より用いられてきたが、19世紀に鉄筋と組合せて曲げや引張に強いRC造が実用化され一般化された。現場で構造と外壁を一体で成形できるため、デザイン自由度が高い一方、重量が重いため大スパン構造には不向きである。工場であらかじめ固めたRC部材を現場で組み立てる構造をPCa（プレキャストコンクリート）構造、鋼より線・ケーブル等で張力を入れたRC造をPSC（プレストレストコンクリート）構造という。両者ともにPC構造と呼ばれることもある。これらの方法を組み合わせることで、大スパンにも対応できるようになる。

3.S造（鉄骨造、鋼構造）

18世紀の産業革命以降、強度が安定した鋼材が大量に供給できるようになり、軽く強い鉄骨構造は超高層ビルや大スパン構造等、従来不可能であった規模・形態の建築を実現してきた。鋼材は降伏強度に達した後も安定して延びる特性（靱性）を有していることから、耐震性にも優れると言われている。

4.SRC造、CFT

RC部材に鉄骨を内蔵したSRC造、鋼管にコンクリートを充填したCFT柱等、2種類以上の構造形式を組合せたものを複合構造、混合構造等と呼ぶ。建物の一部をRC造、他をS造とする場合もある。

5.組積造

良質な石材が採れる欧州では石材、それ以外の地域では粘土を焼き固めた煉瓦を積み上げて建物を構成する組積造も古くから数多く建設されてきた。地震に弱いため日本では現存するものが少なくなったが、最近では耐震補強されたり免震構造によって保存・活用される建物もある。

1／木造（国際教養大学図書館棟） 2／RC造（国立西洋美術館） 3／S造（東京スカイツリー） 4／混合構造（信興広場） 5／組積造（横浜赤レンガ倉庫）

5　外力と荷重

建築構造にはいろいろな外力が加わり、それぞれの力や
その組合せに対して構造を安全に設計しなければならない。主なものを以下に示す。

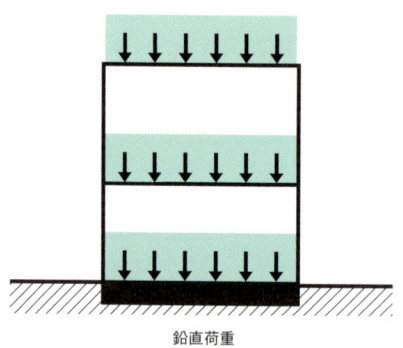

鉛直荷重

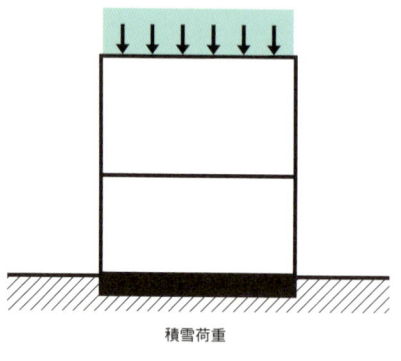

積雪荷重

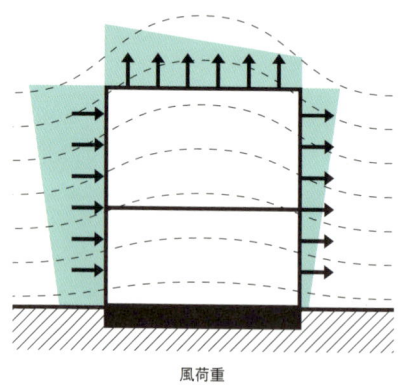

風荷重

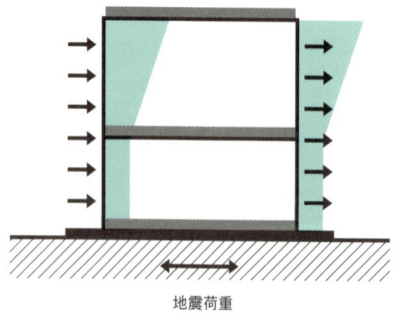

地震荷重

1. 鉛直荷重（自重・積載荷重）

建物は自分自身が大変重い。RC造は床面積1㎡あたり1〜1.5 t（10〜15 kN、乗用車1台分）程度で、中規模の建物は数万tに達する。このため建築構造はまず建物自身の重量に対し計画される。中に入る人や家具などの積載荷重はその1/2〜1/3程度となることが多い。

2. 積雪荷重

日本海側の多雪地域では、冬期の積雪荷重も大変大きな荷重となる。太平洋側では自重の1/10程度だが、多雪地域では自重かそれ以上になることも多い。鉛直荷重との足し合わせになるため、体育館や工場倉庫などの軽量大スパン構造が雪で崩壊する事故例も多い。

3. 風荷重

風荷重は建物に主に水平方向に働く外力であるが、屋根では形状によって上向きに吹き上げたり下向きに圧力をかけたりする。台風やハリケーンが多い地域では風荷重が大きく、一般的に高い位置程大きくなる。建物の形状によっては風が渦を巻き、建物を振動させたり、仕上げ材を破壊することも多い。

4. 地震荷重

我が国や米国西海岸等の地震の多発地域では地震荷重が建物の構造設計を行う上で重要な要素となる。我が国では数十年に一度の地震荷重を建物鉛直荷重の0.2倍程度、数百年に一度の地震荷重を建物鉛直荷重相当の水平荷重と想定して設計基準を構成し、後者に対しては構造部材の塑性化を許容している。

CHAPTER 1

MARUNOUCHI GINZA

丸の内・銀座

東京駅丸の内駅舎
東京国際フォーラム
三菱一号館美術館
東京海上日動ビル本館
東京サンケイビル
JPタワー
京橋センタービル
パシフィックセンチュリープレイス丸の内
グラントウキョウノースタワー／グランルーフ
三愛ドリームセンター
メゾンエルメス
MIKIMOTO Ginza 2
ヒビヤカダン 日比谷公園店
ニコラス・G・ハイエック センター
ヤマハ銀座ビル
日本テレビタワー
汐留住友ビル
中銀カプセルタワービル
静岡新聞・静岡放送東京本社
COLUMN：メタボリズム

001　Tokyo / Chiyoda-ku / Tokyo Station Marunouchi Station Building

東京駅丸の内駅舎
300m超の細長免震レトロフィット

丸の内駅舎復元改修

　東京の表玄関、東京駅。現在駅として利用している部分は東京ドーム約3.6個分の広大な構内を持つ。皇居に向かう北西向きの丸の内口と山手線の外側に向う南東向きの八重洲口。2014年の創建100周年に向けて駅とその周辺の再開発と大改修が行われた。

　1914年の創建当初の東京駅が丸の内側の駅舎だ。皇居に対峙する長さ330m、幅25m、総3階建ての荘厳な構えの細長い建物。1945年5月、東京大空襲で大被害を受け、戦後応急的に2階建てに復興改築されたまま60年余りが経過した。建替えや高層化も検討されたが、2003年に国の重要文化財に指定され、2007年から2012年までかけて、駅として使いながら、3階部分やドーム屋根の復元を中心に大規模な改修工事が行われた。

　現在、文化財の修復保全では、オーセンティシティ（当初から変わらずに保持し続けること）が重要視されている。丸の内駅舎の復原では、創建当初の材料や工法の復原と、新しい機能付加とのバランスに多くの配慮がなされている。

保存：既存の鉄骨内蔵レンガ壁

免震レトロフィット

1／新しくなった東京丸の内駅舎全景　2／ドーム部分は3階部分がオリジナルデザインに復原されている　3／駅側コンコースには創建時壁面が見えるようになっている。穴の部分は釘が打てるように木レンガがはまっていた。地盤の不同沈下による斜めのずれも見える　4・5／建物と周囲の地震時の動きの違いを吸収するためのエキスパンションジョイントは免震構造の証しだ。足元だけでなく壁や天井の動きの違いはどうやって吸収するようになっているか見てみよう　6／約350基の積層ゴム（左・黒）と160台のオイルダンパーが免震層として丸の内駅舎を支えている

を極力保存し、応力の集中するレンガ壁はPC鋼より線を用いて上下方向に圧縮力を与え、ひび割れ強度を向上させている。空襲火災で曲がった鉄骨の梁も再利用や原位置保存がなされている。

復原計画：3階架構や尖塔等の復原はSRCやRC構造とし、ドームの装飾オーナメントなどは当初の工法や材料にこだわっている。

免震構造計画：既存の鉄骨レンガ造の駅舎は松杭によって支えられていた。ここに限られた地下空間を利用して場所打ちRC杭を新設し駅舎を仮り受け、既存基礎を撤去して地下2層分を新設、地上階GL直下に免震層を設け、駅舎全体を免震化するという高度な施工技術が用いられている。
※八重洲口再開発は25ページ参照

東京都千代田区丸の内1-9-1
創建建築設計：辰野金吾、葛西萬司
復元改修設計：東日本旅客鉄道、ジェイアール東日本建築設計事務所
施工：鹿島建設、清水建設、鉄建建設
竣工：1914年（復元改修2012年）
構造種別：鉄骨煉瓦、RC造、SRC造

002　Tokyo / Chiyoda-ku / Tokyo International Forum

東京国際フォーラム
2本の柱で支えられた巨大なガラスのアトリウム

屋根のキール鉄骨を中心とした構造

　東京国際フォーラムは、展示場や大小のホール、会議室を内包した都心の国際会議場である。見所はガラス棟の巨大なアトリウムであり、中に入り目につくのは、屋根の舟底状の巨大な白いキール鉄骨とそれを支える2本の大きな柱だろう（図1）。

　屋根のキール鉄骨は大柱をつなぐ鋼管によるアーチと、ケーブルによるテンション構造により支えられている（図2）。これらの構造形式を用いることで、スライスされた舟形梁を宙に浮かせるように大スパンを形成することができる。アーチとケーブルは両端に発生するお互いのスラスト力（水平反力）を打ち消し合って、自己釣り合い系を形成し、柱に曲げを加えることなく軽快に支えることを可能としている。

　外壁のガラスはキール鉄骨から両側に引き降ろされたケーブルによって支えられている。各ケーブルには風に対して安定性を増すために、初期張力を導入しており、これにより2本の柱には屋根の自重以上の軸力が作用する。初期張力は下部の3角形状のプレートをジャッキで引き下ろして固定することで導入された。

ケーブル、アーチ

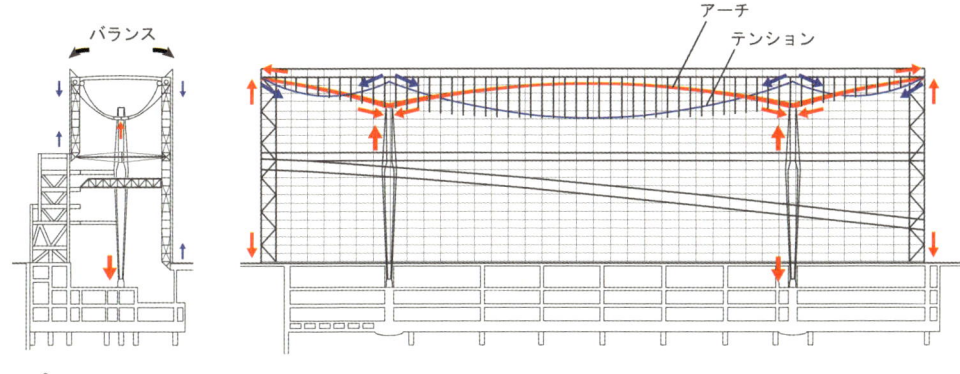

1／ガラス棟内観のスロープと渡り廊下は、壁面に働く風圧に抵抗する　2／両側のガラス面に張られたケーブル材が屋根を安定させる　3／東京駅側のエントランス。左がガラス棟　4／地上部ガラス棟内観

水平力を抑える構造が、デザインのアクセントにもなる

　本建物は地震を受けた時、柱だけでは水平力に耐えることができないため、より大きな水平力にも耐え得る会議室の架構に力を流す必要があった。柱の中央付近を3層にわたって床と接続することで、柱を介して屋根の揺れを抑えている。また、ガラス壁面に加わる風圧力に対しては、斜めに横切る鉄骨のガータで水平力を一度集約している。さらに、2組の三角形のブリッジにより、会議室ブロックと接続することで、壁面に発生する水平力のほとんどを耐震ブレースで固められた会議室の架構に流している。これらの鉄骨でできたフレームは、巨大な吹き抜け空間の中でデザインのアクセントとなっている。

東京都千代田区丸の内3-5-1
建築設計：ラファエルヴィニオリ建築士事務所
構造設計：構造設計集団〈SDG〉
施工：大林組、鹿島建設ほか
竣工：1996年
構造種別：S造、SRC造

003　Tokyo / Chiyoda-ku / Mitsubishi Ichigokan Museum

組積造、復元、免震構造、松杭

三菱一号館美術館
平成生まれの明治建築

1／クイーンアンスタイルの外観　2／現・丸ビルに展示されている松杭

丸の内オフィス街の先駆け

　馬場先通りと大名小路の交差点の北西角、高層ビルに抱かれた英国ビクトリア様式の建物が佇んでいる。1894年に竣工したオリジナルの建物は丸の内に近代オフィス街の先駆けとして建築され賃貸ビルで銀行などが入っていた。設計はジョサイヤ・コンドル（1852〜1920）。このビルを基点として英国様式のオフィスビルが相次いで建設された馬場先通り一帯は、後に「一丁倫敦（ロンドン）」と呼ばれた。5000本の松杭の上に煉瓦造で建てられ、屋根は洋風木造小屋組み、開口部は帯鉄筋により補強されていた。歴史上貴重な建物とされていたが、高度成長の波に押されて1968年にあっさりと解体されてしまった。その後40年を経て丸の内周辺の再開発で2009年に再び煉瓦造で復元された。復元建物では、直接基礎に33基の積層ゴムによる免震構造を採用。上部構造は工法から細かな装飾まで、極力オリジナルに忠実な復元が試みられている。煉瓦230万個は明治期日本の製法に近い中国より調達、丹念に積み上げられた。煉瓦の帯鉄筋補強、木造小屋組みも接合金物に至るまで忠実に再現されている。銀行営業室を復元したレストランも必見。

丸の内の建物を支えた松杭

　松杭は水につかった状態での耐久性が非常に高い。丸の内一帯は深い沖積層であり極端な軟弱地盤なため、基礎に松杭が多く使われた。旧丸ビルを支えていた立派な松杭が現・丸ビルの行幸通り沿いのエントランスホール床に埋め込まれて展示されている。

東京都千代田区丸の内2-6-2
建築設計・構造設計：三菱地所設計
復元竣工：2009年
施工：竹中工務店
構造：煉瓦組石造、免震構造

004　Tokyo / Chiyoda-ku / Tokio Marine & Nichido Fire Insurance Building

鉄骨構造、チューブ構造、景観論争

東京海上日動ビル本館
丸の内地区再開発の先駆け

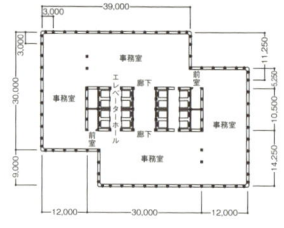

難産だった丸の内の超高層

　東京駅正面から皇居へと延びる行幸通りと日比谷通りが交差する和田倉門の交差点にある、赤みを帯びた籠状の高層ビル。東京海上日動ビルは、霞が関ビルに続いて、高さ127m、30階建ての本格的超高層ビルとして1966年に設計を完了。翌年着工の予定であったが、皇居前という場所柄から超高層ビルを建設することの是非を巡り長い美観論争に巻き込まれ、建築許可が3年以上もの間、塩漬けになってしまった。結局、1970年にビルの高さを100m以下（5層減）とする妥協案で合意。

　のっぺりとしたカーテンウォールを意図的に避け、チューブ構造（外殻構造）をそのまま表わしている。サッシ面は75cm内側とし、ルーバー効果による冷房負荷の低減、メンテナンス作業の安全化、上階への火災延焼防止などが図られている。

　構造は、1階以上は純S造、地下1、2階はSRC造、地下2階以下はRC造。外殻鉄骨は強軸が外周線と一致するように配置されたH形鋼の柱と、同じくH形鋼の桁梁材により剛接合格子を形成。PCaの耐火被覆で覆われている。各階の床は外殻とコア部の鉄骨にピン接合されたH形鋼拡幅加工によるハニカム梁で支えられている。

　基礎は布基礎であり-20.7mで底面が東京礫層に直接接地。立体ラーメンモデルによる応力解析、26質点と32質点の串団子型の振動解析、柱梁接合部の実大実験やPCa耐火被覆の鉄骨変形への追従試験なども行い、当時の日本の最先端技術を駆使して設計と構造挙動の確認が行われた。

東京都千代田区丸の内1-2-1
建築設計：前川國男建築事務所
構造設計：横山不学構造設計事務所、東京建築研究所
施工：竹中工務店、大林組、鹿島建設、清水建設JV
竣工：1974年　構造種別：S造、RC造

005　Tokyo / Chiyoda-ku / Tokyo Sankei Building　超高層

東京サンケイビル
メガストラクチャーによる高層ビル

　東京サンケイビルは、東京大手町中心のビジネス街に位置する既存3棟（本館・別館・新館）の段階的建て替えによる再開発として計画された。Ⅰ期工事にオフィス、新聞社、文化ゾーン、商業施設を併せ持つ高さ146mのタワーが建設され、Ⅱ期工事に大手町の地下ネットワークと接続し、自然光を取り込んだメトロスクエア（地下広場）および地上の公共空間が整備された。高さ制限のある中で、基準階の有効率向上を図るため、メガブレースとメガトラスによるハイブリッド構造によって、稼働する既存本館上部にぎりぎりまで跳ね出すことで、最大ボリュームが建設された。そのため、高層棟は取り壊された凸型の本館を写した、凹型の不思議な形態をしている。地上東側の広場からはダイナミックな架構で支えられ独特の形態をした高層棟を見上げることができる。

東京都千代田区大手町1-7-2
建築設計：竹中工務店
構造設計：竹中工務店
施工：竹中工務店、北野建設共同企業体
竣工：Ⅰ期2000年、Ⅱ期2002年
構造種別：SRC造、RC造、S造

006　Tokyo / Chiyoda-ku / JP Tower　免震改修、超高層

JPタワー
免震改修と高層棟

　JPタワーは東京駅丸の内駅舎の南西側に位置し、1931年に吉田鐵郎によって設計された近代建築の名作、東京中央郵便局の北面と北東立面を保存し再開発した建物である。既存建物は、東京駅前広場の歴史的景観を継承するため、広場に面するファサードから2スパン分を保存・復元・整備している。また1階床下での免震を採用することで耐震補強による構造内部空間の改変を最小限にとどめている。その際建物北東部分は、免震化工事に必要なクリアランスを確保するために、約60mにも及ぶ既存建物の半分を平行移動し、さらに約0.9°回転させる曳家が行われた。
　低層部の商業施設「KITTE」の内部には、5層吹き抜けのガラスのアトリウムがあり、白く塗られた美しい保存部と新築部の新旧が織り交ざった空間を感じることができる。また、保存部から見ることのできる復原された東京駅も必見。

東京都千代田区丸の内2-7-2
建築設計：三菱地所設計
構造設計：三菱地所設計
施工：大成建設　竣工：2012年
構造種別：RC造、S造

007　Tokyo / Chuo-ku / Kyobashi Center Building　AMDシステム

京橋センタービル
世界初のアクティブ制振ビル

　京橋センタービル（旧京橋成和ビル）は、間口4mの狭い敷地に建設された地上10階建て高さ33mの非常に細長いビルである。このため地震や風に対して揺れやすく、本設地盤アンカーを採用することで転倒防止を図っている。加えて、世界で初めて実用化された能動型制震・制風装置「AMD（アクティブ・マス・ドライバー）システム」を屋上に大小2台設置している。これは各所に設置されたセンサーにより建物の揺れを感知し、屋上に設置された錘をコンピュータ制御で動かすことで、震度4程度までの地震と20〜30m/sまでの風に対して揺れを大幅に軽減するシステムである。本来なら居住性を考慮すると5階建て程度までが限度である細長い建物であるが、AMDシステムの採用により、細長いビル特有の揺れを制御し、10階建てを実現している。ぜひこの非日常的なプロポーションを眺めてみてほしい。

東京都中央区京橋2-12-3
建築設計：アイ・アンド・アイ建築研究所
構造設計：鹿島建設
施工：鹿島建設
竣工：1989年
構造種別：S造

Tokyo / Chiyoda-ku / Pacific Century Place Marunouchi

大規模構造、超高層

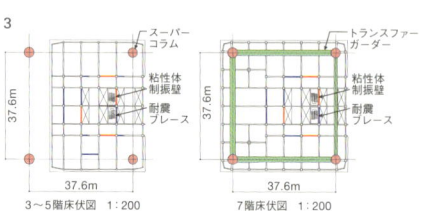

パシフィックセンチュリープレイス丸の内
建物直下に巨大なピロティ空間を有する超高層オフィスビル

スーパーストラクチャーで巨大なピロティを実現

パシフィックセンチュリープレイス丸の内は、地上32階建の超高層建物であり、デザインは「透明なガラスのオフィス」を目指している。

敷地は鍛冶橋通りと外堀通りに面し、交差点にある首都高換気塔に隣接し（図1）、地下でJR京葉線の通路と直結する。こうした周辺環境において、設計上の課題は超高層を周辺の既存街区のスケールと呼応させ、かつ特徴的な換気塔のヴォリュームと調和することであった。さらに京葉線東京駅出入口に面する駅前広場を含む南側の大きなオープンスペースの構成も課題となった。

これに対し、オフィスを地上30mに浮かせ、その下部にロビー・商業施設・ホテルを、オフィスとは表情の異なるもう一つの箱として配置した。南側に巨大なピロティとこれに連続する緑豊かな広い公開空地を計画し、総合設計制度の適用を受けている。

巨大なピロティを実現するため、スーパーストラクチャーを採用した。以下に構造設計のポイントを述べる。

スーパーストラクチャー

スーパーストラクチャーは、最大100mm厚のSA 440材を使用した径3.4mのCFT柱4本と、2×6mのボックスガーダーにより構成されている。柱径3.4mは運搬可能な大きさから決定され、CFT柱としてわが国最大級のものとなっている。これらの部材は大地震時（レベル2）の水平・上下を組み合わせた応力に対しても短期許容応力度内に収まるよう設計され、各種施工試験を行って安全性を確認している。

制振構造

大地震時（レベル2）においても主要機能を確保できる耐震性能を確保すべく、通常と比べ大きな観測波や人工地震波を採用した。

基準階は、ボックス柱によるブレース付きラーメン架構としているが、加えて3.2m×2.8mの大型粘性体制振壁96台をコア部分に配置し、地震時応答値を低減している。

1／南西側外観　2／構造パース　3／左：3～5階床伏図、右：7階床伏図
写真1：堀内広治／新写真工房

東京都千代田区丸の内1-11-1
設計・監理：PCP共同設計室（日建設計・竹中工務店）
施工：竹中工務店・鹿島建設
　　　共同企業体
竣工：2001年
構造種別：S造、一部SRC造・RC造

009　Tokyo / Chiyoda-ku / GranTokyo North Tower / GranRoof　　大規模構造、超高層、膜構造

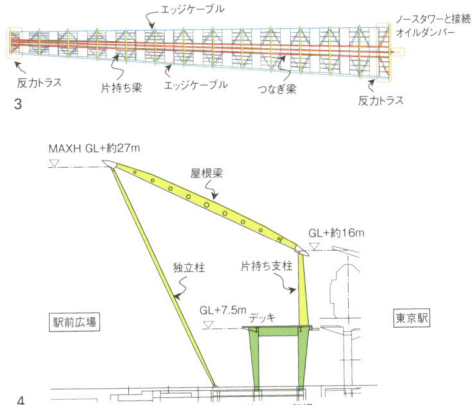
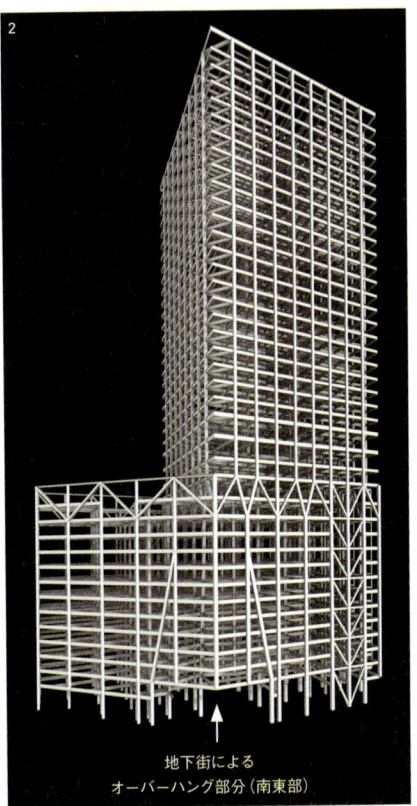

グラントウキョウノースタワー／グランルーフ
商業と事務所の複合用途を有する超高層と膜屋根構造

東京駅八重洲口玄関

東京駅八重洲口における再開発計画であり、地下部分で一体化される超高層（ノースタワー）と膜構造の大屋根（グランルーフ）により構成される。南にあるサウスタワーも含め外装などの統一を図っている。

オフィス＋商業の超高層

低層部に商業施設、高層部に事務所を有するノースタワーは、低層部の柱スパンは9.6m（一部9.0m）、高層部の外周柱スパンは6.4mで、19.5mの無柱空間を有する正方形のプランとなっている。そのため、中間層で斜め柱による柱の乗り換えが行われている。

南東コーナー部分は、地上レベルで既存地下街と干渉しており、構造骨組パースに示すように隅部が迫り出しオーバーハングしている構造になっている。

低層部にオイルダンパー、高層部に鋼板壁を設け境界梁を先行降伏させる制震梁を採用している。事務所エントランス部分は耐火検証法により無耐火被覆とした箱形小断面の鋼材により構成されるガラスのエントランスがある。

膜構造の大屋根

グランルーフは1枚の白布を広げた屋根を空中に浮遊させるイメージをもつ斬新な膜構造である。駅前広場側を大きく傾けた細い鉄骨柱で支持し、広場側のダイナミズムを一層強調する架構表現を目指した。234m×約10～30mのテフロン膜は、18mピッチに設けた鉄骨フレームと東西端のケーブルにより支持されている。膜、ケーブルには各荷重に対し引張領域で挙動するようプレストレスを導入し、両端に設けた反力トラスと釣り合うように計画した。また、北端をオイルダンパーでノースタワーに連結し、大屋根の地震時の挙動を制御した。

全体工程はI期とII期に分割され、I期完成後既存建物（鉄道会館）を解体し、II期のノースタワーとグランルーフを施工した。

1／手前の屋根がグランルーフ、奥がノースタワー　2／ノースタワーの構造骨組パース　3／グランルーフの構造　4／グランルーフの断面
写真1：鈴木研一／鈴木研一写真事務所

東京都千代田区丸の内1-9-1
建築設計・構造設計：東京駅八重洲開発設計共同企業体（日建設計・ジェイアール東日本建築設計事務所）、デザインアーキテクト：JAHN,LLC（契約時・Murphy/Jahn,Inc）　施工：鹿島建設JV　竣工：2007年／ノースタワーI期、2012年／ノースタワーII期、2013年／グランルーフ　構造種別：S造、一部SRC造、RC造、膜構造／グランルーフ

010　Tokyo / Chuo-ku / San-ai Dream Center

プレファブリケーション、逆打ち工法

三愛ドリームセンター
人口地盤に建つ光の円筒

銀座のシンボル

銀座4丁目の角地300㎡弱（約90坪）の狭小敷地に建つ地下2階、地上9階の商業ビルである。当初から銀座のシンボルになるような、光の円筒として計画が進められた。その立地の特異性は華やかな建ち方を要求する一方で、施工的には作業場の問題、作業時間の問題など負の側面が大きく、設計段階から『つくり方の設計』をすることが試みられている。

光の円筒ビル

当初のスケッチでは菱形平面の中央にコアがあるプランだった。日本一地価の高い場所のため、面積を有効利用するよう、敷地形状に合わせた平面形状とするのは当然のことだが、構造にとってはその形状が不利に働いた。菱形のキャンチレバー床では、中央コアの壁に曲げモーメントが発生し、壁が厚くなる。円形スラブであればコア部は軸力を受けるだけで、壁は薄くできることになる。結果的には構造の合理性を優先し円形スラブが採用され、光の円筒ビルというコンセプトが生まれた。

『つくり方の設計』

建築の部材を徹底的に工場生産し、現場では主に組み立て作業を行うという、大きな方針が立てられた。地下部分は、隣接建物への配慮と工期短縮のために「逆打ち工法」が採用された（図a）。地上4階までは隣地にそったL字状の壁と円筒を一体化することで剛性強度を高めている。さらにコア部分には、円筒上に鋼板を配したSRC造が採用されている。ひとえに、4階に十分強固な人工地盤をつくり、そこに光の円塔を突き刺した状態にするためである（図b）。4階からコアをラチス状の鉄骨で構成し（図c）、5階以上の床をプレキャスト・コンクリート製の一体型スラブ（PC床版）としている。PC床版はコアに取り付けられたクレーンから吊り上げ設置がされ（図d・e・f）、工期の大幅な短縮が実現した。

PC床版の設計では、施工精度によって支持点が「何点になるのかわからなかった」ことから安全率を数倍高めて設計をしたそうである。

1／コアにタワークレーンがとりつけられた様子　2／建設当初の竣工写真　3／PC床版見上げ見下げ写真　4／PC床版取りつけ時の様子　5／施工手順解説図
東京工業大学 安田幸一研究室作成

東京都中央区銀座5-7-2
建築設計：日建設計
構造設計：日建設計
施工：竹中工務店
竣工：1963年
構造種別：SRC造

011　Tokyo / Chuo-ku / Maison Hermès　　　ステッピングコラム

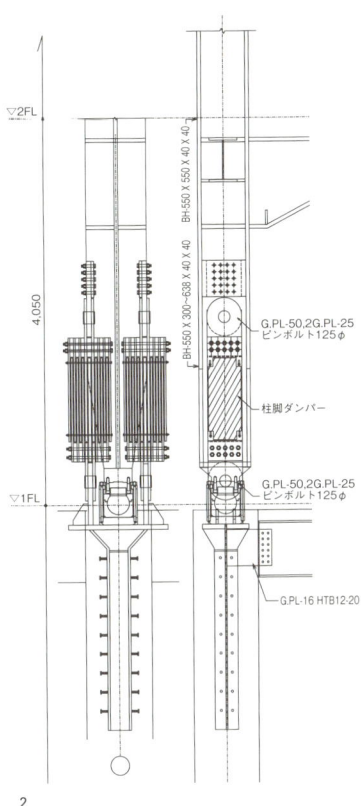

2

メゾンエルメス
現代の光る五重塔建築

上下動を許容する浮く柱

　エルメスの本社ビルである。ファサードには特別にデザインされたガラスブロックが使用され、設計者レンゾ・ピアノ氏が「マジックランタン」と呼ぶように夜の銀座の街に美しい明かりを灯している。

　店内の意匠設計イメージを実現するため、構造計画では地震力を負担するコア部分と、自重のみを支える店舗内のピン柱に明確な役割分担がなされた。店舗側の梁は、先端にガラスブロックのフレームを吊る強度をもちながらピン柱によって先端の変形を抑えている。このため、梁の剛性が小さくなり、アウトリガーとして働いた際のピン柱への負担を最小限に抑えている。

ステッピングコラムシステム

　また本建築には画期的ともいえる構造システムが取り入れられた。塔状建築とも言えるプロポーションに対して、柱脚部を浮き上がらせることにより地震力を受け流す構造システム「ステッピングコラムシステム」である。本システムの最大の特徴は自律的な制振構造という点にある。一定以上の地震力に対して柱が浮き上がる事により、建物の固有周期が変化し、加えてダンパーの効果で減衰も変化することにより地震力を低減している。また逆方向への加振の際は一旦着地することで、共振を避け、地震による建物損傷を抑えている。実施例は土木にわずか2件のみであり、建築構造への適用は世界初の試みであった。

最新の自律式制振構造

　このシステムの独創的な点はセンサーやコンピュータなどがついているのではなく、外力に応じてそれ自身が変化し制振効果を得ている（検討の結果ベースシア係数にしておよそ40％軽減になった）。

　我が国の五重塔が幾多の大地震を免れてきたのは、脚部の浮き上がりによる地震入力エネルギーの低減や部材仕口に生じるめり込みによるエネルギー吸収とされている。この建物は、現代の構造技術によってこうした考えを実現して、建築家の求める建築デザインに見事にレスポンスしている。

1／夜のファサード　2／ステッピングコラム詳細図面

東京都中央区銀座5-4-1
建築設計：レンゾ・ピアノ・ビルディング・ワークショップ、レナ・デュマ・アルシテクチュール、竹中工務店
構造設計：アラップ
施工：竹中工務店　竣工：2001年
構造種別：S造

Tokyo / Chuo-ku / Mikimoto Ginza 2 自由な開口、鋼板コンクリートパネル構造

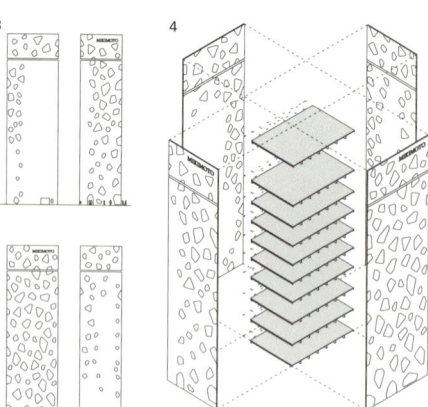

MIKIMOTO Ginza 2
自由な開口を可能にしたハイブリッド

独創的なファサードと空間

MIKIMOTO Ginza 2は銀座の町並みの中で一際目を引く建築である。その特徴的なファサードは、流動的な開口パターンを持ち、継ぎ目のない仕上げが施されている。この建築において表層と構造は一体であり、そのことが商業建築の立ち並ぶ銀座においても周辺環境に埋もれることのないオリジナリティを生み出している。

意匠性の高い構造体

構造体でもあるこの独特のファサードが建物の全重量を支え、14m×17mの長方形平面の無柱空間となっている。このファサードは鋼板コンクリート構造によって実現されている。鋼板コンクリート構造は2枚の鋼板をスタッドによって緊結し、その間にコンクリートを充填して一体化した構造体である。充填されたコンクリートは建物剛性への寄与と鋼板の局部座屈を防止するための補剛材として働き、建物にかかる荷重はすべて鋼板のみで支えている。コンクリートを充填することで、鋼板の耐力を最大限に活かすことができ、約200mmという薄い壁厚で48mもの高さを支えている。また、火災時にはコンクリートによって全重量を支持できるように設計することで、鋼板を無耐火被覆とすることが可能となった。それにより塗装によるシームレスなファサードが実現している。鋼板の溶接時のひずみと構面による開口面積の違いを考慮して、鋼板の厚さは6〜12mmと内外や位置によって異なっている。

シームレスなファサード

鋼板コンクリート構造壁をつなぎ合わせるためには現場溶接が必須条件であった。1枚の鋼板パネルの大きさは、幅2.4m高さは階高（4.5mまたは5.0m）である。それらを溶接でつなぎ合わせ平面形で14m×17m×高さ48mの建物の外壁をつくっている。実際の施工時に鋼板パネルの溶接に要した総長は6800m以上にもなったという。それを削って、表面をスムースに仕上げている。

1／建物全体　2／内観　3／立面図（左上が北、右上が西、左下が南、右下が東）
4／鋼板コンクリート構造

東京都中央区銀座2-4-12
建築設計：伊東豊雄建築設計事務所、大成建設設計本部
構造設計：佐々木睦朗構造計画研究所、大成建設設計本部
施工：大成建設　竣工：2005年
構造種別：鋼板コンクリート構造、一部壁式鉄筋コンクリート造

013　Tokyo / Chiyoda-ku / Hibiya-kadan Hibiya Park store　　極薄ラーメン構造

ヒビヤカダン 日比谷公園店
溶接組立鋼による極薄ラーメン構造

薄い構造体で、境界を曖昧に

　日比谷公園の一角に建つ分棟形式の小さな生花店である。各棟はとても小さく5棟全て合わせても床面積は100㎡に満たない。小さな床面積に対し7.5mもの大きな階高をとって垂直方向を強調し、さらに各外壁面に大きな開口部を設けることによって、屋内外の明確な境界のない不思議な空間を実現している。

　不思議な空間の実現にはこれをさりげなく囲む外壁の薄さと高さが大きく影響している。周辺のビルに合わせて御影石張りにされた外壁は、高さ7.5mに対して厚さ167mmと極めて薄く、そのうち構造体の厚みはわずか90mmである。

小さな工夫で薄さを実現

　構造体には、厚みと幅がなるべく小さくなるよう、溶接組立鋼の柱と梁を用いた鉄骨ラーメン構造を採用している。溶接組立鋼は、最大板厚40mmもの極厚鋼板で構成し、構造体の厚みがなるべく小さくなるようにしている。また、柱や梁の断面形状は適材適所にH形やL形のものを使い分けている。さらに柱を地下のRC部分に埋め込むことで柱脚部を拘束し、薄い壁が座屈しないように工夫している。

　この小さな生花店の構造は、既存の小さな技術を使った細かい工夫の積み重ねによって成立している。

東京都千代田区日比谷公園1-1
建築設計：乾久美子建築設計事務所
構造設計：KAP
施工：清水建設　竣工：2009年
構造種別：S造
写真：阿野太一

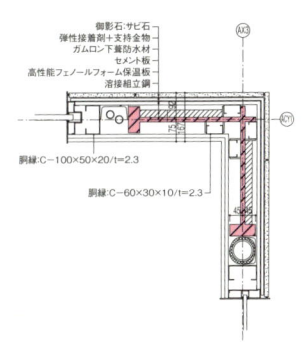

014　Tokyo / Chuo-ku / Nicolas G. Hayek Center　　マスダンパー

ニコラス・G・ハイエックセンター
世界一高価な敷地を最大限利用したスマートな制振建築

狭小な空間と路地

　ニコラス・G・ハイエックセンターは、世界最大の時計メーカー、スウォッチ グループの初の海外法人本社ビルとして銀座7丁目に建設された建築である。

　間口の広さから銀座中央通りに面することができるのは6ブランドのショールームのうち2つのみとなってしまう。この問題の解決方法として採用したのが、1階をパブリック空間として開放するという案であった。3層吹き抜けにし、敷地の前面と背面には開閉式のガラスシャッターが取り付けられた。日中開放された1階は銀座にかつてあった路地を作り上げた。

見えざるマスダンパー

　建物の基本架構は2.4mピッチのシンプルな門型フレームの連続体である。その上で、要求される耐震性能を満たすためSelf Mass Damper（SMD）システムが取り入れられた。設計当初に振り子のような制震構造が提案されていたが、大地震に対してマスダンパーを効かせるためには膨大な質量が必要となる。結果として3層ずつの構成の内、2層（9.10.12.13F）を上部階から吊ることで床自重をマスダンパーとして利用することとなり、600mmの梁せいに収まるデバイスが必要となった。大地震の応答時には水平移動が最大で200～300mmに納まる剛性や動いた後に元に戻る復元力など多くの条件が求められた。それらは鉛直荷重をすべり支承で支持、水平荷重に関しては全て高減衰ゴムダンパーで賄うSMDシステムによって実現した。

東京都中央区銀座7-9-18
建築設計：坂茂建築設計
構造設計：アラップ
施工：スルガコーポレーション、鹿島建設
構造種別：S造

015　Tokyo／Chuo-ku／Yamaha Ginza Building　　ファサード、ガラスカーテンウォール、ケーブルグリッド

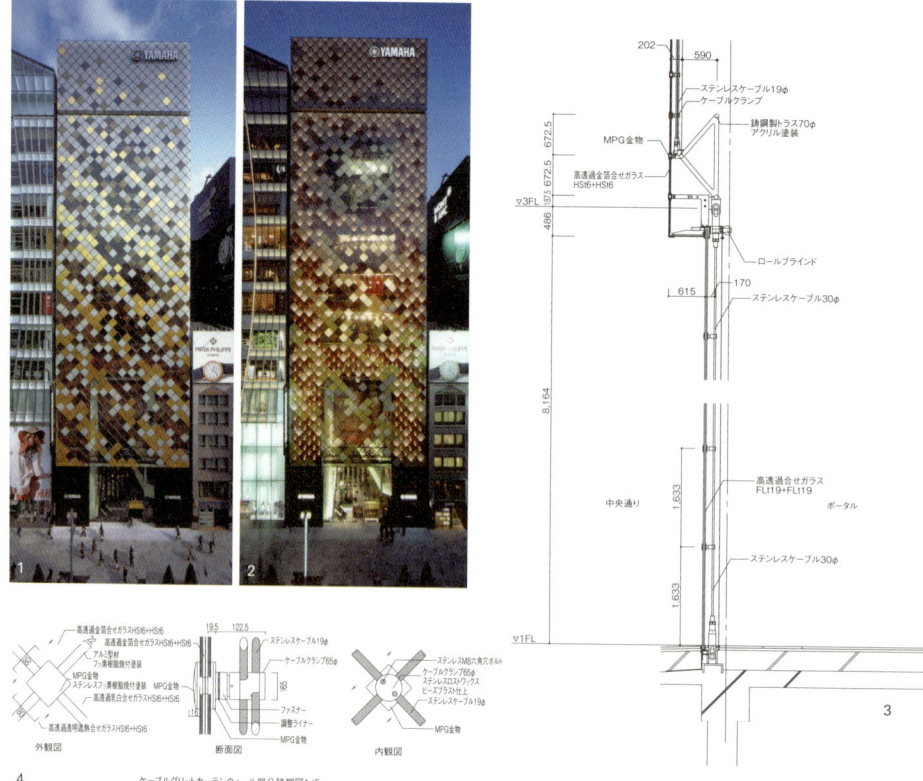

ヤマハ銀座ビル
ケーブルグリッドシステムにより、音楽的なゆらぎを表現

銀座の街と響き合う建築

　この建物は、世界的な総合楽器メーカーであるヤマハの旗艦店であり、「音楽を感じさせる建築」をデザインテーマとして、企業ブランドの表現を試みている。

　コンサートホール、音楽教室、楽器店など、多様な音楽施設が有機的に複合された施設内は、楽器をイメージさせる木質系材料と柔らかな曲面で構成されている。通りに面する音楽を感じさせる3つのアトリウム空間が外部に表出することで、銀座の街と響きあう建築となることを目指している。

　7～9階に入るヤマハホールは、「降り注ぐ豊かな響きの中で明瞭な音を感じられる空間」を目指し、楽器に使用される木材を仕上に採用し、ファサードのデザインを踏襲した凹凸のある側壁と波型の正面壁と天井によりアコースティック楽器に最適な音響空間を実現している。

金箔合わせガラスを支持するケーブルグリッドシステム

　外装は金管楽器をイメージさせる新開発の金箔合せガラスを用いたダイアゴナルケーブルグリッドにより、繊細な光の反射や変化による音楽的なリズムやゆらぎを表現している。金箔合わせガラスは、職人の手により金箔の撒かれた中間膜を挟んだ合せガラスとし、ガラスの耐久性を中間膜ピール試験等で検証している。

　ケーブルグリッドシステムは、ステンレス鋼ケーブル（直径19mm）を950mm間隔に斜め格子状に設け、交点に設けた鋼棒（直径65mm）を介して、80角MPG（ガラス点支持構法）金物でガラス端部を支持する。1階エントランスは上下方向のみのステンレス鋼ケーブル（直径30mm）で高透過合わせガラスを支持する。

　1階と上部ガラスは壁面外方向に位置がずれており、上下のケーブル張力により、大きなねじれ力が発生する。このねじれ力に抵抗するため、直径70mmの無垢の鋼棒により構成する立体トラスを設け、ファサードの透明感を確保しつつ、常時および強風時の剛性・耐力を確保している。

1／外観昼景　2／外観夜景　3／ファサード断面詳細図　4／ケーブルグリッドカーテンウォール部分詳細図
撮影：鈴木研一／鈴木研一写真研究所

東京都中央区銀座7-9-14
建築設計：日建設計
構造設計：日建設計
施工：鹿島建設
竣工 2010年
構造種別：RC造、SRC造

016　Tokyo / Minato-ku / Nippon Television Network Corporation Tower　　メガフレーム、バットレス

セミアクティブ・マスダンパー
建物の一次固有周期に同期させた重りの慣性力で、揺れを低減する。主に風揺れを抑える。

192.8m

アンボンドブレース
アンボンド（緩衝）材を塗布した鋼製プレートを鋼管とコンクリートで拘束した部材。大地震時の長辺方向の揺れを抑える。

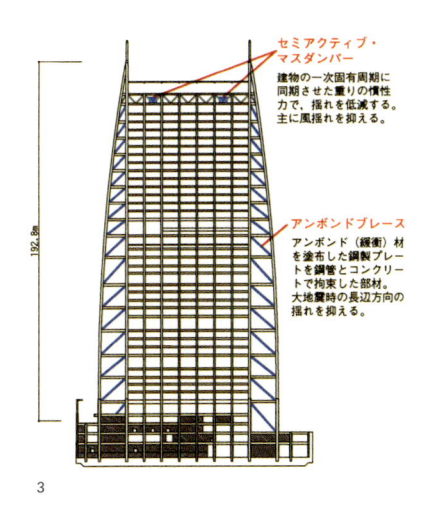

3

バットレス
3本の柱が梁とブレースによって一体化された組柱。建物4隅の緩い曲線をなすバットレスは、建物頂部でのトラス梁で結ぶことにより、全体として大きな門型ラーメンを形成する。

38.4m
4.8m
15.0m　67.2m　15.0m
97.2m

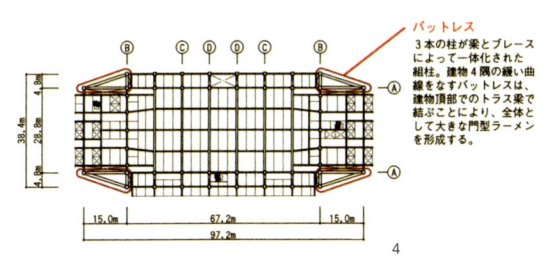

4

日本テレビタワー
メガフレームと巨大トラス柱で大空間を実現した超高層ビル

建物概要
本建物は、限られた敷地の中で放送局としての機能を満足させるため、地上約100mまでの部分にスタジオなどのコンテンツ制作工場を置き、その上にオフィスを設ける構成となっている。放送施設の大空間を確保するために以下の架構システムを採用している。

メガフレーム
3層のスタジオ大空間を支える架構システムとして、建物の低層部を剛性・耐力の高いメガフレームを採用し、高い耐震性を確保した。このメガフレーム構造は、トラス部材の柱・梁で構成した4層のラーメン構造となっており、断面寸法としては、組柱が4.8m、組梁が4.0～7.0mとなっている。この架構システムで、スタジオ大空間の鉛直荷重と水平荷重（短辺方向の約70％）を支持している。

バットレス
スタジオ大空間を支えるもう一つの架構システムとして、3本の柱が梁と制振ブレース（アンボンドブレース）によって一体化された組柱である。3本の柱は、直角3角形を形成しており、長辺が15m、短辺が4.8mで、建物上部へ緩い曲線をなしている。また、建物頂部のトラス梁で連結することにより高い耐震性を確保すると共にデザインの中心でもあり、建物の水平荷重（長辺方向の約40％、短辺方向の高層部で約40％）を支持している。

4種類の制振装置
4種類の制振装置を建物の各所に分散配置し、耐震性および居住性を高めている。バットレスの斜材にはアンボンドブレースが用いられ、大地震時に建物の長辺方向に生じる揺れを低減する。短辺方向に生じる地震時の揺れは、バットレスと建物内部架構をつなぐリンク梁とブレース状に配置したオイルダンパーで抑えている。建物頂部には、セミアクティブ・マスダンパーを配置し、強風時の揺れを抑えて居住性を高めている。

1／建物外観　2／施工中のメガトラス　3／長辺方向の構造詳細図　4／低層部伏図　写真1：川澄・小林研二写真事務所

東京都港区東新橋1-6-1
建築設計：三菱地所設計
基本構想デザイン協力：リチャードロジャースパートナーシップ
構造設計：三菱地所設計（基本構想協力：アラップ）
施工：日本テレビ放送網新社屋建設工事共同企業体（清水建設、大成建設、鹿島建設、大林組）
構造種別：地上S造、地下SRC造

33

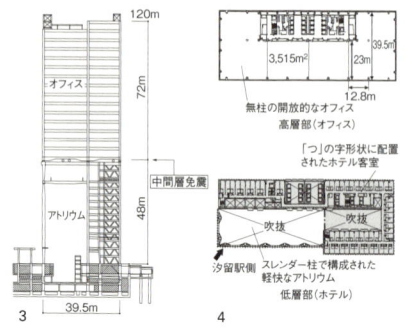

017　Tokyo / Chiyoda-ku / Shiodome Sumitomo Bldg.　中間層免震、エネルギー吸収、マスダンパー効果

汐留住友ビル
中間層免震構造によるオフィスとホテルの複合ビル

地震エネルギーの大半を免震層で吸収

本建物は低層部にホテルおよび大規模なアトリウム、高層部にオフィスと一見して複雑な断面構成を有する。この計画は中間層に免震構造を設けることによって、高い耐震性を実現している。

敷地の前面をゆりかもめ・JR線が近接、ホテルがビジネス向け、の条件より低層部にホテルを眺望のよい高層部にオフィスをとの構成とした。低層部にはロビーとしての透明性の高いアトリウムを設けた。この吹抜けに立ち上がるエンタシス状の柱は、上層のオフィス階を支えている。

この建築計画を満足させるためホテル・アトリウム低層部とオフィス高層部の異なる用途の境界部に免震層を配置し、大部分の地震エネルギーを吸収させる設計とした。この発想により構造上難度を有する建築計画を実現するだけでなく、大地震時でも弾性設計された、ハイグレードな耐震性能を確保した設計となっている。

中間層免震構造により上部事務室部がマスダンパーとして作用し、地震入力エネルギーの大半を免震層のダンパーで消費する。結果的に下部のホテル部も揺れが抑えられ高い耐震性能が確保できている。

高層部オフィス部では免震効果により大地震時にかかる水平力が同規模の高層建物の半分以下となるため、12.8×23mの非常に大きなスパンの無柱オフィス空間を実現している。また低層ホテルは「つ」の字の不整形の平面に大きなアトリウム空間の構成も中間層免震構造により可能となった。

エレベーターのシステムにも工夫がある。低層部のエレベーターは乗降の必要がないため、支えるフレームを構造体から独立させ免震層の変形を吸収できる機構とした。

透明感を追求したアトリウム空間

アトリウム部では架構の透明性を高めるため、柱は高層部の重量のみ支え地震力を負担させない設計方針とした。1階柱脚をピン接合としスレンダーで美観にも配慮した形状としている。またガラスファサードは、リブガラス・ステンレスケーブル材によって支持させることで開放的な空間をつくっている。

1／建物全景　2／アトリウム内観
3／断面図　4／高層部（オフィス）・低層部（ホテル）平面
写真：篠澤建築写真事務所

東京都港区新橋東新橋1-9-2
建築設計：日建設計
構造設計：日建設計
施工：鹿島建設JV　竣工：2004年
構造種別：S造、一部CFT造、SRC造

018　Tokyo / Chuo-ku / Nakagin Capsule Tower Building　メタボリズム

中銀カプセルタワービル
メタボリズムを実現した集合住宅

メタボリズムの具現

中銀カプセルタワーは、日本の建築・都市デザイン運動であるメタボリズムの記念碑的建築である。人間の移動に必要なEVや階段あるいは給排水や電気の配管・配線といった基幹要素はシャフトとして固定される。一方住居は生活スタイルと共に可変なものである。そこで、メタボリズムの考えを取り入れ住居の機能をカプセルに集約しニーズに合わせて新陳代謝を繰り返すことを志向した。内部はベッド、収納、机、ユニットバス（バス、トイレ、洗面）、流し台で構成され、特徴的な直径1300mmの丸窓が設置されている。この建物はその思想を形としてわかりやすく実現した建築である。2007年には老朽化に伴い、取り壊すことが決定された。しかし、反対運動が起こるなど、保存を求める声が少なくない。

コアシャフトとカプセルの設置

SRC造でつくられた2本のコアシャフトにカプセルが上下2カ所ずつ取り付けられるという構成である。コアシャフトは中央にエレベーター、周囲に階段が廻る5m角のタワーである。各タワーは角と辺の中央に鉄骨柱を立てた密度の高いラーメン構造である。このタワーは2階で梁によってつながり、地震による転倒に対して抵抗している。

カプセルは幅2.5m、奥行き4m、天井高2.2mのミニマムなものである。この大きさはカプセル運搬時のトレーラーのコンテナサイズから決定された。カプセルの構造は軽量鉄骨の全溶接トラス箱である。全8パターン用意され、縦横に組み合わせることで外観を形成している。

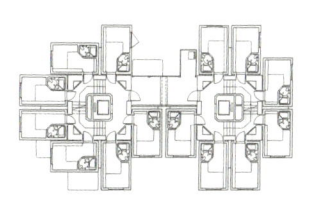

東京都中央区銀座8-16-10
建築設計：黒川紀章建築都市設計事務所
構造設計：松井源吾＋ORS事務所
施工：大成建設
竣工：1972年
構造種別：SRC造、一部S造
写真：大橋富夫

019　Tokyo / Chuo-ku / Shizuoka Press and Broadcasting Center in Tokyo　樹木状構造・メタボリズム

静岡新聞・静岡放送東京支社
巨大な基礎に支えられた樹木状建築

幹と枝・葉からなる建築

新橋駅から銀座へ向かおうとすると交差点の角部に立つ独特な形状をした本建築が目に入ってくる。

硬いSRC造のシャフト部分に対して、軽くしなやかなS造で事務所部分を作ることにより「樹木」という意匠と構造のコンセプトが見事に一致した建築作品である

この設計手法は、メタボリズムの影響を強く反映し、無秩序に膨張する都市を再編する試みであり、丹下氏の東京計画や山梨文化会館、オラン大学などの一連の作品の流れに通じる。巨大なシャフトは、人や物の垂直方向の動脈・情報交換のケーブル・エネルギー供給・排泄の幹線を担う。そして水平に広がる枝・葉によってシャフト同士が繋がりあたかも森のようなネットワークを生み出すのである。その中で本建築は最小要素である1本のシャフトを利用して設計された。

樹木を支える巨大な根

高さ57mの1本の樹木形状となっているため、地震などの水平力が発生した場合大きな転倒モーメントが発生する。そのため、樹の根となる基礎は直径7.7m深さ地下24mと非常に巨大であり、基礎を人の力で確実に掘る深礎を用いていることからも転倒モーメントに対し如何に腐心したか感じられるだろう。この巨大な基礎への側土圧により地震時の大きな転倒モーメントへの抵抗力を得ることができたのである。

目に見える樹の幹と枝・葉の部分だけでなく、それを支えている巨大な根の存在も併せて感じて欲しい。

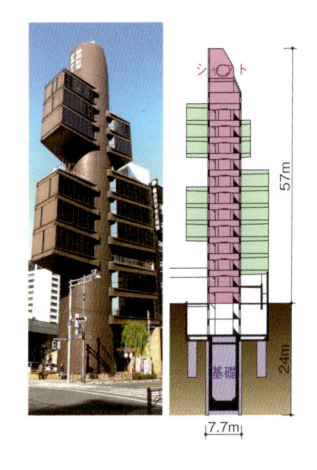

東京都中央区銀座8-3-7
建築設計：丹下健三＋都市・建築設計研究所
構造設計：青木繁研究室
施工：大成建設
竣工：1967年
構造種別：SRC造、S造

COLUMN

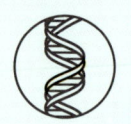

メタボリズム

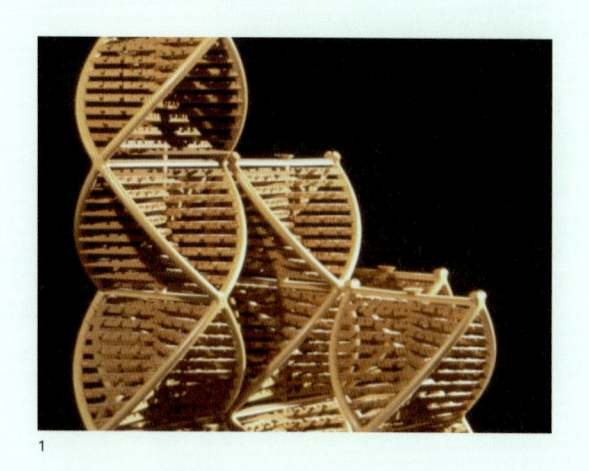

1

　メタボリズムは「新陳代謝（metabolism）」を理念として1960年代に日本において展開された都市・建築運動である。1960年、東京で開催された「世界デザイン会議」を機に、浅田孝、川添登、菊竹清訓、黒川紀章、栄久庵憲司、粟津潔といった丹下健三に影響をうけた若い建築家、デザイナーらによって推進された。この会議において、彼らはマニフェスト『METABOLISM／1960 ― 都市への提案』を発表した。その中で新陳代謝という時間的な概念を導入することで可変性や増築性を含んだ建築・都市空間のアイデアを提示している。

　丹下健三は高度成長期にあって拡大変容する都市・東京への構造改革として「東京計画1960」と題する東京湾上の新しい都市の構想を発表する。この構想では次の3点が提案された。

2

1. 求心型放射状システムから線形平行樹状システムへの改革
2. 都市・交通・建築の有機的統一を可能にするシステム
3. 現代文明社会の、その開かれた組織、その流動活動に対応する都市の空間体系の探究であった。

　丹下は都心という求心型の閉じた系を否定して、新たに都市軸という概念を導入した。都市軸は線型発展を可能にする開いた系の軸を設定することである。都市軸の骨格を担うのはサイクル・トランスポーテーションと呼ばれる交通システムである。このシステムは大量輸送と個人輸送を上下層で分離し、内包している。都市軸の内側はオフィスや公共施設を中心とした空中都市である。空中都市には垂直動線や設備コア等を集約した32m角の柱が一定間隔に建設され、巨大な橋を架けわたし成立している。また、都市軸から垂直に外側に伸びた交通網には住居棟が配置される。

　黒川紀章は垂直にねじれながら伸びる螺旋構造のヘリックスシティを構想した。DNAの二重螺旋構造から類推し、都市的スケールのスペース・ストラクチャーで、空間に秩序を与

3

えるシステムとして提案された。螺旋状に上昇するチューブは、垂直動線を内包し、積層する人工土地を支持する構造体でコアである。螺旋から螺旋へと水平にかけられた人工土地は、全体に凹面の空間秩序をもち、空気との接触面積の多いスペースを得ることができる。増殖方法にしても、点で接して伸びてゆく点接合であることから自由度も高く、高密度で建築面積の少ないコンパクトシティの思想も含んでいる。

　磯崎新はシャフトから空中に伸びる空中都市を構想している。このアイデアは新宿計画、渋谷計画、丸の内計画といった再開発計画において発表された。空中都市は地面に打ち立てられた巨大なコアによって空中に人工地盤を築いた。

　新宿計画においては、垂直動線をおさめた柱状のコアが、オフィスを内包した巨大なトラスによって結ばれる。渋谷計画においては、東大寺南大門の挿肘木に着想を持ち送り構造でコア間を連結し、巨大なキャンチレバーで空中に飛び出している。肘木にはカプセルが取り付けられる。丸の内計画では、方形のコアと空中歩廊であるボックス梁が立体グリッドを形成し、オフィス空間を支持している。

4

1／黒川紀章の「ヘリックスシティ」　撮影：大橋富夫　2／丹下健三の「東京計画1960」模型　撮影：川澄・小林研二写真事務所　3／磯崎新の「空中都市－渋谷2011年」　制作：芝浦工業大学八束はじめ研究室・菊池誠研究室、デジタルハリウッド大学院メタボリズム展示プロジェクト、森美術館　4／東大寺南大門

5／丹下健三の「東京計画1960」海上の都市建設を構想　撮影：川澄・小林研二写真事務所　6／菊竹清訓設計で大阪万博で建てられたエキスポタワー

　菊竹清訓は塔状都市と海上都市を構想した。塔状都市の構想の一部はエキスポタワーとして実現している。
　エキスポタワーは万博博覧会において計画された高さ127ｍの展望施設である。構造は鋼管と鋳物製のボールジョイントからなり、3本の組柱に多面体の展望室が取り付けられ、組柱の真ん中にエレベーターが設置されている。塔状都市においては柱に設置される多面体が未来の住居モデルであった。
　海上都市は沖縄海洋博のアクアポリスとして実現している。アクアポリスはロワーハルと呼ばれる4本の巨大な浮きの上に16本の円柱を立て主構造とした、高さ32ｍ、100ｍ四方の浮遊式構造物である。ロワーハル内のバラストタンクに海水を注入することで喫水を5.4ｍから20ｍまで変化させることが可能である。バラストタンクに海水を入れて喫水を12.5ｍ-15.5ｍにまで下げ半潜水状態にし、海底のアンカーに固定することができる。これにより台風接近時等の高波から構造物を保護する。
　これらは2つとも現存していないが、実験的な未来都市の構想を実現したとして評価されている。
　メタボリストたちには、この時代表面化し始めた都市の諸問題は、都市において無秩序に繰り返される建設と解体にあるという意識があった。そのため都市の新陳代謝を秩序づけるシステムとしてメガストラクチュアと呼ばれる巨大なコアが提案された。それは都市に有機的な統一性をもたらすものである。彼らの提案するメガストラクチュアは海上あるいは空中に構築される人工地盤である。その一方で、社会の急激な変遷に対応しながら新陳代謝する部分として、カプセルやムーブネットといわれるサブストラクチュアが計画された。このようにメタボリズムはメガストラクチュアに取り替え可能なサブストラクチュアを設置することで、フラクタルでダイナミックな都市全体像を構想した。
　このような都市全体の計画案はほとんど実現されず、高度経済成長の終焉とともに、メタボリズムも急速に失速していった。しかし、メタボリストたちは都市的思想を背景に新陳代謝するシステムを持った建築作品を数々計画・実現している。中銀カプセルタワー、静岡新聞・静岡放送　東京支社やスカイハウスはその一例である。
　メタボリズムは日本初の国際的な建築運動としても再評価されている。

CHAPTER 2

SHIBUYA AOYAMA

渋谷・青山

国立代々木競技場
渋谷ヒカリエ
SANKYO新東京本社ビル
ナチュラルエリップス
明治神宮 外拝殿
レーモンドメモリアルルーム
TOD'S表参道ビル
表参道ヒルズ
プラダ 青山店
ディオール表参道
GYRE
フォーラムビルディング
Aoビル
東京体育館
ONE表参道
塔の家
コウヅキキャピタルイースト
青山タワービル
COLUMN：表参道ファサード群

原宿・代々木
Harajuku, Yoyogi

- 代々木PA
- 高速4号新宿線
- 南新宿駅へ
- 北参道入口
- 宝物殿
- 至誠館
- 参宮橋
- 東京乗馬倶楽部
- 小田急小田原線
- 代々木出入口
- カルチャー棟
- オリンピック記念青少年総合センター
- **25 レーモンドメモリアルルーム P.49**
- 青少年センター前
- スポーツ棟
- 国際交流館
- センター棟
- **24 明治神宮 外拝殿 P.49**
- 祓場
- 社務所
- 参集殿
- 神楽殿
- 明治神宮御苑
- 隔雲亭
- 明治神宮文化館
- 代々木八幡駅へ
- 代々木神園前
- 参宮橋門
- 代々木公園
- 南池
- 南参道
- 西門
- 中央広場
- 代々木公園西門前
- 千代田線
- 神宮橋
- 原宿
- 原宿橋
- 五輪橋
- 代々木公園
- 南門
- 渋谷門
- 原宿門
- 代々木公園交番前
- 413
- 第一体育館
- **20 国立代々木競技場 P.42**
- 岸記念体育会館前
- NHKホール
- 第二体育館
- 岸記念体育会館
- SHIBUYA-AX
- NHK放送センター
- NHKセンター西門前
- 渋谷区役所前
- 井ノ頭通り
- 渋谷税務署前
- 渋谷公会堂
- NHKセンター下
- 渋谷税務署
- 渋谷区役所
- 渋谷駅へ

渋谷 Shibuya

23 ナチュラルエリップス P.48
21 渋谷ヒカリエ P.46
22 SANKYO 新東京本社ビル P.47

原宿・代々木

20　国立代々木競技場　東京都渋谷区神南2-1-1　P.42
24　明治神宮 外拝殿　東京都渋谷区代々木神園町1-1　P.49
25　レーモンドメモリアルルーム　東京都渋谷区代々木5-58-1　P.49

渋谷

21　渋谷ヒカリエ　東京都渋谷区渋谷2-21-1　P.46
22　SANKYO新東京本社ビル　東京都渋谷区渋谷3-29-14　P.47
23　ナチュラルエリップス　東京都渋谷区円山町7-1　P.48

国立代々木競技場
今も新鮮なデザイン

第1体育館

　国立代々木競技場は、1964年の東京オリンピックに際して、水泳(第1体育館)、バスケットボール(第2体育館)用の競技施設としてつくられた。極端に短い作業期間の中で、日本にとって初体験のオリンピックに向けて、当時世界に類のない大スパン吊り屋根構造を実現させようという意気込みに燃え、設計、施工が行われた。この競技場のデザインは竣工後半世紀を経た今も、いささかも古さを感じさせない。

　第1体育館は、直径約120mの円形プランと、エントランス用の両サイドスパンを持つ、吊り屋根構造である。中央構造を形成している1対のメインケーブルは、吊橋に類似の構造原理を用いているが、バックステイの平面は建物の軸線に平行ではなく、また、メインスパンではスカイライトおよび人工照明用の空間のために、中央で大きく開いているなど、吊橋とは異なる構造特性を持っている(図2)。屋根面は、メインケーブルから競技場スタンドの外周にかけて走る多数のセミ・リジッド吊り材(曲げ剛性のあるテンション材)で形成されるが、さらに屋根面に均質な剛性を与えるため、

吊り材を縫って、一群の押えケーブルを配し、これらを緊張することによって、屋根構造全体にプレストレスを与えている。セミ・リジッド吊り材の応力を図3に示す（鉛直荷重＋プレストレスの状態）。設計当時はセミ・リジッド吊り屋根構造の概念は、世界的にも得られていなかったので、まず基本式を作り、これを線形化して、手廻しの計算機で解くという方法で、屋根構造の応力、変形が求められた。同じ問題を近年コンピュータ解析し、当時の解析結果が設計上十分な精度で与えられていたことが確認された（図3）。

中央構造を形成するメインケーブルは、特に施工中に大きな変形を示す（スパン中央で約2m）。この際の複雑な接合部相対変位に無理なく追随するため、吊り材とメインケーブルの接合には、全方向に回転可能な、土星の環をイメージさせる形態の鋳鋼ジョイントが使われている（図4）。このジョイントは、同一の形のものがどの接合位置にも適合するため、鋳造効率が高い。

世界初の制振構造

代々木競技場の屋根構造は比較的軽量であるため、風に対する安

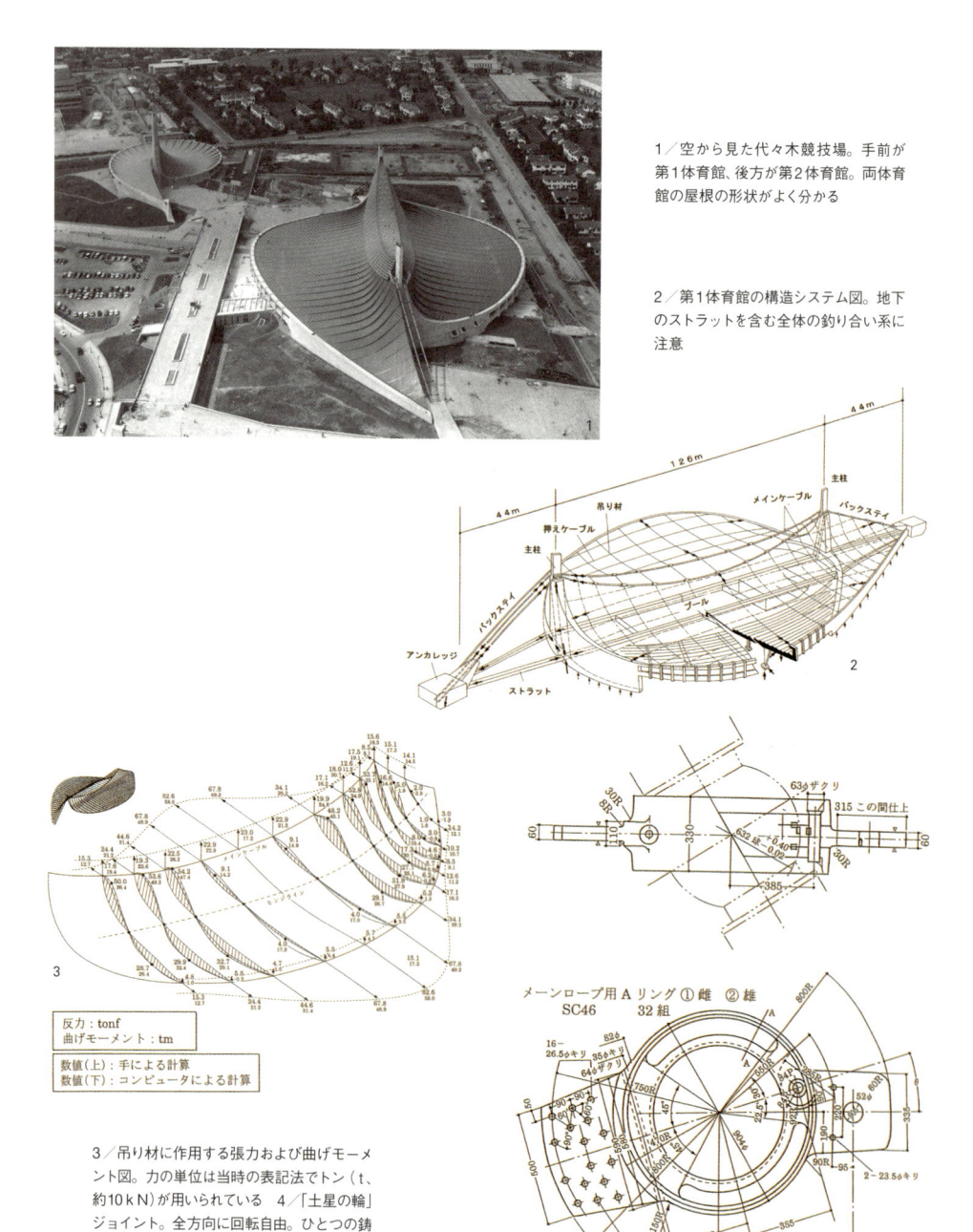

1／空から見た代々木競技場。手前が第1体育館、後方が第2体育館。両体育館の屋根の形状がよく分かる

2／第1体育館の構造システム図。地下のストラットを含む全体の釣り合い系に注意

3／吊り材に作用する張力および曲げモーメント図。力の単位は当時の表記法でトン（t、約10kN）が用いられている　4／「土星の輪」ジョイント。全方向に回転自由。ひとつの鋳型ですべてのジョイントが作られる

全性の検討が重要であった。風の静的影響については、風洞実験に基づく検証で安全が確認されたが、動的影響については、本建物が災害時の防災センターとなる可能性が高いことを考慮して、メインケーブルの不測の動的変形を制御する目的で、制振システムが設計された（図6）。制振は柱頭付近に設置した片側6個ずつのオイルダンパーによるエネルギーの吸収で行われる（図7）。

第2体育館

第2体育館は直径65mの円形プランを持っている。この建物も構造原理は第1体育館と同じであるが、中枢構造を形成しているのは、1本の主柱の頂部からアンカレッジをめがけてラセン状に走っているメインパイプである（図8）。このメインパイプのつくっている空間曲線は、これにとりつく吊り鉄骨の末端での力に関して描いた立体的連立図の1つが定める曲線に近いものであるが、建築上の要求から、ある程度この曲線からはずれている。このずれと、荷重変動による吊り材張力の変化を、安定した形で処理するために、メインパイプと主柱の間に一群

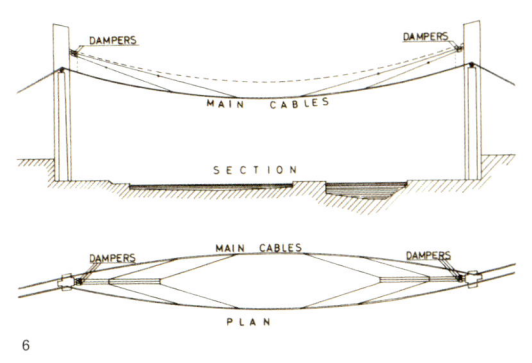

5／エントランス付近では「土星の輪」ジョイントが間近に見られる 室内のジョイントも望遠鏡を使えば見ることができる　6／屋根構造に対する減衰システム。メインケーブルの動的変形をコントロールする　7／柱頭付近に設置されているオイルダンパー（2段×3基）は赤く塗られ、外部から認識できる　8／第2体育館の構造システム図。主柱頭部からアンカーブロックに向けて走るメインパイプが、中枢構造をなす　9／主柱、メインパイプ、ストラット群が織りなす彫刻的造形

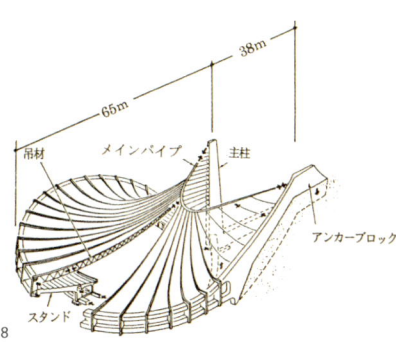

のストラットが設けられており、これがメインパイプと一体となって、1つの立体トラスを構成し、トップライト用のサッシの支持構としても機能している。

第2体育館のメインパイプは、第1体育館のメインケーブルとは異なり、バックステイを有しない。このため、主柱とタイビームには常時大きな曲げモーメントが生じるが、この曲げに対して両者にポストテンション方式によるプレストレスを与え、ひび割れ発生による剛性低下が生じないように配慮されている。屋根面は、吊り材が十分なせいを持つ鉄骨トラスでつくられており、さらにトラス間につなぎ材を設けて屋根面全体としてのシェル作用を期待し、押えケーブルを用いていない。その点が第一体育館と異なる。

東京都渋谷区神南2-1-1
建築設計：丹下健三都市建築研究所
構造設計：坪井善勝研究室
施工：第1体育館：清水建設
　　　第2体育館：大林組
構造種別：鉄骨吊り屋根構造

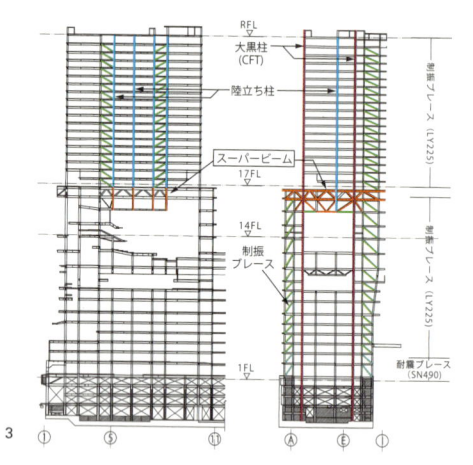

制振構造、複合用途超高層ビル、劇場

渋谷ヒカリエ
中層に大規模な劇場をもつ複合用途超高層ビル

「渋谷から世界を照らす」
渋谷の新しいランドマーク

　渋谷ヒカリエは、高さ約185mの複合用途超高層ビルであり、商業・娯楽・文化・業務といった異質のものを重層化することによって、新しい文化や生活スタイルが創出されることを意図している。それぞれのユニットは文字どおり垂直に積み重ねられ、その多様性をそのまま街に向かって表現した外観としている。

異質なものの重層を実現する
構造計画

　劇場のための大きな吹き抜けの存在や、高層部と低層部の平面形状が異なることが構造計画上の課題であった。
　一般に、異なる用途を重層化すると上下方向に柱が通らず、大架構を形成して鉛直荷重および水平荷重に抵抗する解決方法が多く用いられる。しかし渋谷ヒカリエでは、事務所・ホール・商業施設が積層した複雑な建物であるにもかかわらず、明快でシンプルな構造計画を採用することで課題を解決している。
　まず、劇場の存在により陸立ちになる柱を最小限（4台）に留め、劇場両脇に建物を上から下まで貫く一対の「大黒柱」を配置するように建築計画を整理した（図3）。
　4台の陸立ち柱は、劇場上部の2層分の構造空間を利用した大型トラス（スーパービーム）により支持した。そして、スーパービームを支えるのが大黒柱である。
　大黒柱には約45,000kNの極めて大きな軸力が発生する。この部材にCFT柱を採用することで軸剛性を高め、隣接する一般の鉄骨柱との軸縮みの差を低減した。
　また常時に最も高軸力となる大黒柱をはじめとした内柱をせん断剛性の高いCFT柱とすることで、地震時に大きな付加軸力を受ける外側の制振ブレース付の鉄骨柱の負担せん断力を軽減させる意図もある。
　制振ブレースは、低降伏点鋼を使用し、地震時に早期に降伏させることで、応答を低減している。吹き抜けを有する劇場を建物中層に配置するが、制振ブレースを連層配置することで、地震力が断面方向にスムーズに流れるようにした。

1／西側外観写真　2／劇場内観写真
3／構造計画概要図
写真1：©Shibuya Hikarie
写真1・2：エスエス東京／走出 直道

東京都渋谷区渋谷2-21-1
設計：日建設計・東急設計コンサルタント共同企業体（構造設計：日建設計）
施工：東急・大成建設共同企業体
竣工：2012年
構造種別：S造、一部SRC造

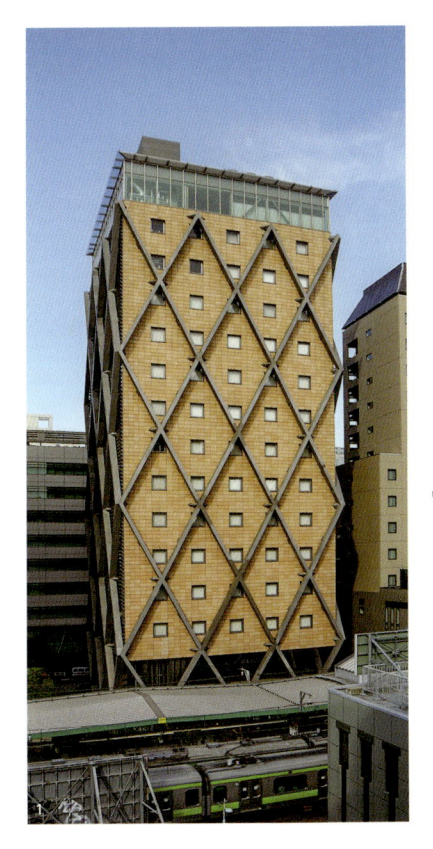

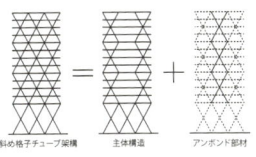

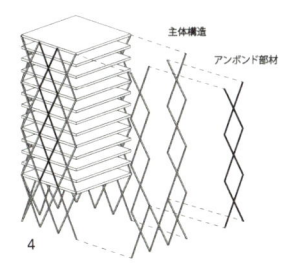

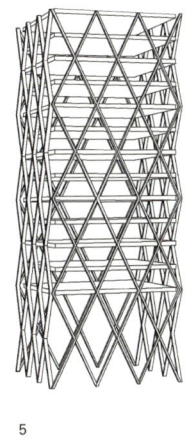

022　Tokyo / Shibuya-ku / SANKYO New Headquarter Building in Tokyo　　外殻構造、制振構造

SANKYO新東京本社ビル
斜め格子チューブにより浮いたビル

バンブーバスケットで床を浮かせる

　渋谷駅のすぐ近く、オフィスビルの並びに鉄骨斜め格子（バンブーバスケット）によって囲まれたビルが現れる（図1）。道路側より近づいて見ると、開放された足元には柱がなく、地上と最低限つながるコアは、ガラスで囲まれている。地上部の構造は外周の斜め格子のみであり、この構造は地下1階から立ち上がり、平面形24m×24m、高さ63mの直方体を空中に浮かせている。

　この地区は、旧国鉄の清算事業として開発された地区の先駆けとなる。建築家はこの地区でオフィスビルが7棟計画され、景観が変化してしまうことを問題視し、視覚的な問題を構造形式と一体として考え、籠状のチューブ構造によりオフィス空間を持ち上げ、足元を開放する解を示した（図2）。このビルの前に立つと視線が抜け、開放感を感じることができる。

斜め格子チューブ構造

　この建物では斜め格子チューブ構造が採用されている。外壁があるため想像しづらいが、外観に現れる斜め格子は主構造体として各階の床を支えており、足元だけでなく、各階の室内には柱が全くない（図5）。斜め格子チューブ構造は、斜め柱と床組から3角形を単位とする軸組構成のトラス構造とみることができる。斜め柱に対し床から伝達される面外曲げは発生するが、地震時の応力は軸方向力が支配的となる。これより一般的なラーメン構造に比べて細い部材で剛性の高い架構を構成することができる。

　しかし、軸力系の構造は地震力が大きくなると座屈を生じ不安定な挙動となる。そこで各辺の中央部柱を図4のように、軸力系の履歴型制振ダンパーである座屈拘束ブレースに置き換え、4隅の床を支える鋼管（アンボンド部材）柱に先行して塑性化させることで靭性の高い架構を実現している。大地震の際には、この座屈拘束ブレースの部分が地震のエネルギーを吸収し、この部位を交換することで建物の再利用が可能となる。外観からは両者を区別することはできないが、トラス架構に損傷制御設計を取り入れた巧みな構造デザインの好例である。

1／斜め格子に囲まれたファサードが印象的　2／地下まで吹き抜けたアトリウム　3／構造ダイアグラム

東京都渋谷区渋谷3-29-14
建築設計：プランテック総合計画事務所
構造設計：アルファ構造デザイン事務所
施工：大林・新日鐵・不動・長谷工共同企業体　竣工：1998年
構造種別：S造

023　Tokyo / Shibuya-ku / NaturalEllips　柱梁一体型楕円リング

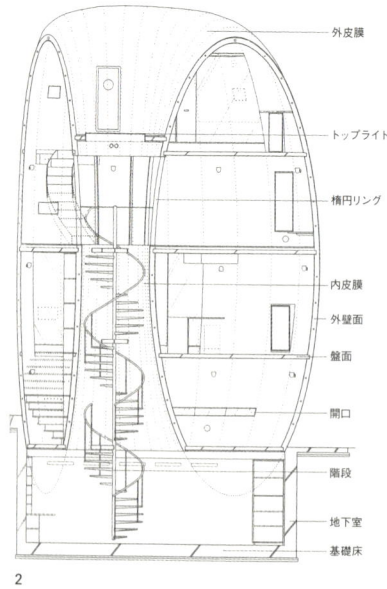

ナチュラルエリップス
リングとブレースで実現した楕円の回転体

楕円の連続体

　敷地は渋谷の円山町、周囲は怪しいネオンが連なる街中に、このユニークな形状をした建築は建っている。わずか16坪の極小の敷地に地下1階地上3階建の住居として計画された。

　この建築形状を決定づけているのは24個の楕円形をしたリングである。楕円リングは放射状に並べられ、回転して配置することで全体を形作っている。プラン・斜線制限・構造・仕上げなど内外のさまざまな要素に反応するようにリングの幾何学となる長短辺の比率が調整され、内外の要素が釣り合った所で静止するように全体形状が決められている。一見すると3次曲面をした複雑な形状に見えるが、部材単位の構成は非常に平面的である。

座屈拘束した楕円リング

　通常、住宅に求められる開口部がこの環境下では求められず、それを利用するように構造では、外壁に細かなブレースが配置されている。一般的にブレースは各階の柱梁をつなぐように配置されるが、ここでは600mm程度の間隔で中桟を配置し、楕円形状に沿うようにブレースを設置し、壁厚を一定に抑えるように考えられている。

　楕円リングを構成する22mm厚のスチールプレートは、壁と屋根を支持する柱梁として機能している。柱としては薄いため座屈拘束を考える必要があるが、外壁に設置されたブレースがその役割を担っている。小さな区間を結ぶブレースのため、通常用いられる長さ調整用のターンバックルを配置せず、現場で実測の上ブレースを配置するなど、現場での苦労が伺える。

　興味深いのはこの楕円リングの製作方法。実はリングを三分割した長さで一枚のスチールプレートから切り出されている。製作方法も一風変わった建物だ。

　各階床厚も100mmで抑えられ、構造体としての厚みは100mmで統一されている。それぞれの楕円フレームをつなぐ外壁はねじれた曲面となるが、その外装材にFRP（繊維補強樹脂）を用いていることにもただならぬ建物と感じさせるものがある。

1／上空からの写真　2／断面図　3／建物外観

東京都渋谷区円山町7-1
建築設計：EDH遠藤設計室
構造設計：池田昌弘建築研究所
施工：阿波根組
竣工：2002年
構造種別：S造

024　Tokyo / Shibuya-ku / Meijijingu Gehaiden

伝統木造、構造長押

明治神宮　外拝殿
現代の解析技術と古来の大工技術による耐震改修

木造技術のみを使った耐震改修

　初詣の参拝者数、日本一を誇る明治神宮。年間約1000万人が手を合わせに集まるのが、この外拝殿である。2011年に耐震補強が行われたが、気づいた人はほとんどいないのではないだろうか。
　伝統的木造建築の補強工事では、鉄骨補強が一般的だが、外拝殿では伝統的な木造技術のみの補強となっている。外観を変更せず、全解体をしない建ったままの半解体工事が行われた。

長押（なげし）を構造材にする

　小屋裏の水平構面の補強、既存の板壁を耐力壁とした他、特徴的な補強は、柱と長押の仕口の改良だ。化粧材だった長押を、柱とはめ合わせ和釘で緊結することで、構造材として働くようにしている。中世以降、長押は単なる化粧材であることが一般的で、構造材であったのは古代まで遡る。古来の技術によって補強された外拝殿は、現代の構造解析手法によってその安全性が確認されている。

東京都渋谷区代々木神園町1-1
建築・構造設計：角南隆
耐震改修設計：木内修
耐震改修施工：清水建設
竣工：1958年
耐震改修：2011年
構造種別：木造

025　Tokyo / Shibuya-ku / Raymond Memorial Room

丸太の木構造

レーモンドメモリアルルーム
小径丸太を巧みに組んだレーモンドスタイルの木造空間

足場用丸太を巧みに組む

　前川國男、吉村順三、増沢洵等、日本を代表する建築家を輩出したレーモンド事務所は、1951年〜1974年、麻布笄町（こうがいちょう）にあった。この事務所に併設された自邸の一部が、現在代々木にあるレーモンド事務所の5階に移築され、メモリアルルームとして保存されている。
　レーモンドは、太さと長さに限りのある木材を巧みに用い、聖オルバン教会や聖パウロ教会など、伝統木造とも近代木造とも異なる独特の美しい木構造を生み出してきた。メモリアルルームでは小径（直径80〜100 mm）の丸太材を一貫して使い、丸太で組んだ柱梁フレームを半割丸太の方杖で挟み込むことで構造をつくっている。しかもこの丸太は当時の足場用に使われていたものの再利用である。短い部材を細かく繋いでつくるしかない木構造では、つくりやすさや見た目を踏まえつつ、断面欠損の少ない強い接合部をいかにつくるかが課題になる。この建物では、半割丸太とボルトを使うことで接合部の混雑を解決しながら、簡易な接合と簡素で美しい空間を実現している。
　レーモンドの代表作の1つである群馬音楽センターの建設を推進し、当時の建築家のパトロンとしても知られる人物に井上房一郎がいた。彼は、火災で焼失した自邸の再建をレーモンドに依頼し、麻布自邸とほとんど同じものを再現してもらった。この自邸（1952年）は群馬県高崎市にほぼ建設当初のかたちで現存しており、レーモンド・スタイルの原型を現代に伝える貴重な資料になっている。

東京都渋谷区代々木5-58-1
建築設計：アントニン・レーモンド
施工：白石建設
竣工：1950年、移築：1978年
構造種別：木造

千駄ヶ谷
Sendagaya

33 東京体育館 P.58

表参道・青山
Omotesando, Aoyama

35 塔の家 P.59

30 GYRE P.56

27 表参道ヒルズ P.54

29 ディオール表参道 P.56

34 ONE表参道 P.58

26 TOD'S 表参道ビル P.52

32 Aoビル P.57

28 プラダ青山店 P.55

千駄ヶ谷

33　東京体育館　東京都渋谷区千駄ヶ谷1-17-1　P.58

表参道・青山

26　TOD'S表参道ビル　東京都渋谷区神宮前5-1-5　P.52
27　表参道ヒルズ　東京都渋谷区神宮前4-12-10　P.54
28　プラダ青山店　東京都港区南青山5-2-6　P.55
29　ディオール表参道　東京都渋谷区神宮前5-9-11　P.56
30　GYRE　東京都渋谷区神宮前5-10-1　P.56
31　フォーラムビルディング　東京都港区南青山2-24-11　P.57
32　Aoビル　東京都港区北青山3-11-7　P.57
34　ONE表参道　東京都港区北青山3-5-29　P.58
35　塔の家　東京都渋谷区　P.59
36　コウヅキキャピタルイースト　東京都港区北青山1-2-7　P.59
37　青山タワービル　東京都港区南青山2-24-15　P.59

TOD'S表参道ビル
グラフィカルなRC樹状構造

ケヤキ並木のシルエットの構造

　地下鉄メトロの表参道駅から地上に出て表参道を明治神宮方面に向かっていくと、左手に表参道のケヤキ並木のシルエットを外壁面にプリントしたようなファサードを持つビルが現れる（図1）。根元の「ケヤキの幹」から上方に向かって有機的に広がっていく「ケヤキの枝」は打放しのRC造でつくられ、枝の隙間にはサッシレスの二重ガラスが躯体と同一面にはめ込まれている。鉄骨造の構造体にガラスのカーテンウォールを取り付けた「ガラスの箱」のような商業ビルが多い中、このRC樹状構造体とガラスの対比によるファサード構成が、表参道の街ゆく人々の目をひきつける。

　建築家伊東豊雄と構造家新谷眞人は、「ブルージュ2002パビリオン」で既にこのようなグラフィックデザインを構造形態に使った仮設建築を実現しており、本建物ははじめての本格的グラフィック建築である。スタディ時の紙模型はまるで切紙細工のようである（図2）。

　根元の太い幹から段々先端の枝が細くなっていく樹木のかたちは、支えるべき荷重が少なくなる上階ほど部材が細くなる構造物と同じく

RC樹状構造、基礎免震

Over Raying Tree Patterns

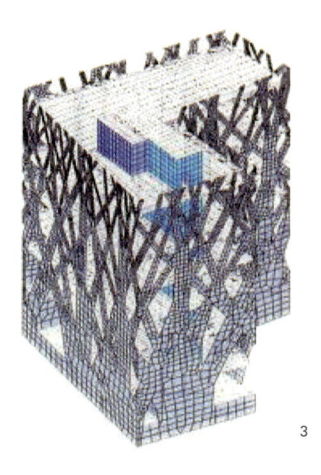

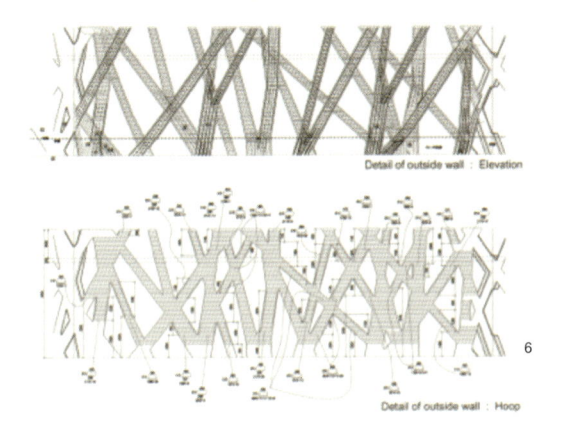

Detail of outside wall : Elevation

Detail of outside wall : Hoop

1／ケヤキ並木のような外観　2／ケヤキパターンからL字型外壁へのプロセス　3／構造解析モデル　4／RC躯体のモックアップ　5／高精度に組み立てられた型枠と配筋　6／樹状構造体配筋詳細図
写真1：Nacasa & Partners Inc.

力学的合理性をもっている。これを生かし、より大きな開口が必要なオフィスやパーティールーム等の部屋ほど上階に設けられている。

樹状の柱がブレースの効果になる

この建物には明確な柱や梁がなく、柱の厚みも通常のRC造に比べて300mm厚と非常に薄いが丈夫な構造になっている。この理由は、傾斜している樹状の柱が鉄骨造や木造の耐震要素として用いられるブレース（筋交）と似た効果を持っていることと、地下階の最下部に免震装置を設けた免震構造であるからだ。さまざまな角度で幾重にも鉄筋が交差したり、約270カ所ある窓寸法が全て異なったりするなど、施工上の難解な課題を、設計者と施工者が協力し合って解決している。

東京都渋谷区神宮前5-1-5
建築設計：伊東豊雄建築設計事務所
構造設計：オーク構造設計
施工：竹中工務店
竣工年：2004年
構造種別：RC造、S造（ペントハウスのみ）

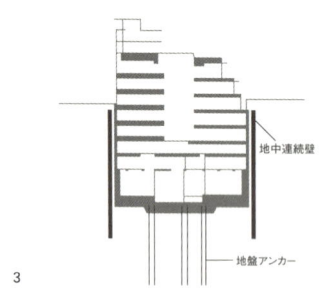

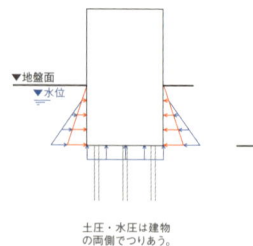

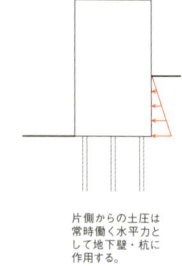

027 Tokyo / Shibuya-ku / Omotesando Hills　　　中間免震、地盤アンカー

表参道ヒルズ
浮力・土圧・水圧に耐える構造により、地下の大空間を実現

都市の記憶
1927年に関東大震災の復興住宅として建設された同潤会青山アパートの建て替え計画である。表参道のケヤキ並木に面した全長約280mからなる敷地のなかで、同潤会アパートのもっていた街並みの風景や人々の記憶をどのような形で継承し、また新たに創造してゆくのかが主題となっている。

建物は地下6階地上6階として計画され、地下3階から地上3階までが商業施設で、それを挟むように駐車場と住居が配置されている。地上部分のボリュームは表参道のケヤキ並木に同調するように低く抑えられ、商業施設中央には三角形の大きな吹抜けと、その周囲を表参道の1/20勾配と合わせたスロープがまわるよう計画されている。

片土圧と水圧に抵抗する
構造的ポイントは巨大な地下空間の実現にある。地下水位がGL−3.5mに対し、基礎底は28.5mとかなり深いため、非常に大きな浮力・土圧・水圧の影響を受ける。そのため、外周部には山留め壁兼用のSRC造の連続した壁を設けている。地下にある吹き抜け空間によって、土圧抵抗の壁はスラブを介して両方向から釣り合うことができず、片土圧を受けることになるため十分な剛性耐力が必要とされた。また吹抜けの関係で中央の建物重量が軽いため、水圧による浮き上がり防止のための地盤アンカーを多数配置している。

中間層免震
住居部と商業施設とを構造的に遮断し、住居部の耐震性能を向上することを目的に中間に免震層を設けている。免震構造は一定の重さがある建物に効果を発揮するが、この場合、免震層上部が二層の鉄骨造と軽いため、上部構造の支点となるアイソレーターの数を減らすことで負担重量を増やす工夫が施されている。そのため、支持スパンが中間部では17.5m、両端部では12.5mの跳ね出しと大きくなるが鉄骨造で可能な構造とし部分的に吊り材を配置することで大スパンを実現している。

1／エントランス。大きくはね出した住居階の様子　2／中央の6層吹き抜け空間　3／断面図　4／土圧概念図

東京都渋谷区神宮前4-12-10
建築設計：安藤忠雄建築研究所、森ビル
構造設計：金箱構造設計事務所、入江三宅設計事務所
施工：大林組
竣工：2006年
構造種別：SRC造、RC造、S造

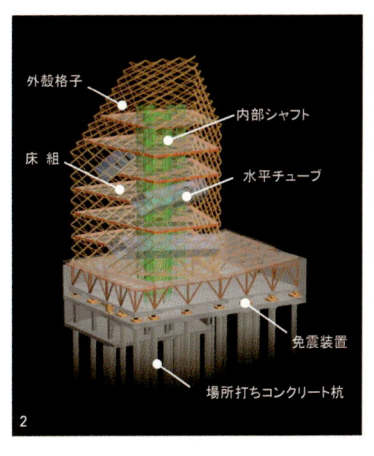

028　Tokyo / Minato-ku / Prada Aoyama　　免震構造

プラダ 青山店
免震構造が可能にしたガラスの宝石箱

限られた構造部材の設計

　スイスの建築ユニット、ヘルツォーク&ド・ムーロンが日本で初めて手がけた作品。斜線規制や日影規制により決定された外形を、軽快な菱形ガラス格子で覆った宝石のような外観を有する（図1）。柱がなく、建物全周を斜め格子が取り巻くこの構造は、デザイン面より格子のピッチ、角度が決定され、部材寸法は仕上げ込で250mm×300mm、外壁の格子を構成する構造部材は150mm×250mmに収めることが要求された。

　地上部は鉄骨造で斜め格子と階段周りの柱がすべての力を負担している。部材の外寸法は全て等しいが、部位ごとに掛かる応力が異なることから、7種類の板厚の異なる部材が用いられ、最も厚い鋼材板厚は60mmに達する。

　扁平な斜め格子は、鉛直荷重を伝達するには不利な構造であり、パンタグラフのように広がろうとする。これを止めるため、床の外周に水平つなぎ梁を配置し、斜め格子と接続することで広がりを抑え、頂部の沈み込みを3cmに抑え込んでいる。また、建て方時に鉛直方向に各格子を3mm持ち上げる工夫もなされた。ただし、床の吹き抜けのある場所では軸力伝達に有効な格子部材は限られており、大きな力を負担する部材と力を負担しない部材が混在している。

免震構造の導入

　最も大きな力を伝達する格子部材外寸法を150mm×250mmに抑えるためには、地震の際に部材に加わる力を小さくする必要があった。このため、本建物は敷地ごと免震構造となっている。地下1階の床下には免震装置が設けられ、建物上部への地震力の影響を和らげることで、軽快な欧州デザインが地震国日本で実現可能となった。内部から見える格子状の部材は鉄骨を厚さ50mmの耐火被覆で囲ったものである。ガラスの箱を貫通する菱形断面のフィッティング・ルームは船舶のような鉄板のモノコック構造となっている。

　大地震の際には敷地周辺の苔で覆われたエキスパンションジョイントパネルが跳ね上がり、建物が移動する設計となっている。

1／斜め格子に囲まれたファサードが印象的　2／構造ダイアグラム　3／施工中の様子
写真1提供：プラダジャパン
図2・写真3提供：竹中工務店

東京都港区南青山5-2-6
建築設計：ヘルツォーク&ド・ムーロン・アルキテクテン、竹中工務店
構造設計：竹中工務店
施工：竹中工務店　竣工：2003年
構造種別：S造、RC造

029　Tokyo / Shibuya-ku / Dior Omotesando　　制振ブレース

ディオール表参道
外壁面の構造的要素を排除したファサード

4階建てで8層のファサード

さまざまな商業ビルが立ちひしめく表参道の一角にこの建築はある。服飾ブランド、クリスチャン・ディオールの自社ビルである。

一見すると地上8層の建物のように見えるが、断面図をみるとこの建築が地上4階建てであることがわかる。各階の天井懐に高さの異なる設備階を設け、その天井ラインがファサードに表れているのである。

コアとポスト柱のバランス

ハイブランドの自社ビルということもあり、外装もガラスとアクリルによる特徴的なデザインとなっているが、外壁面の構造的要素を極端に排除するため、内部の2つのコア(階段とエレベーター)と一部外周のポスト柱が絶妙に配置されている。偏心を抑えるように配置されたコアの壁内には制振ブレースが設置され、柱梁ともにブレース付きラーメン構造を形成している。また、天井懐の空間にはトラス梁があり、コアを曲げ戻している。曲げ戻しにより発生する地震時軸力は外周ポスト柱が負担し、該当するポスト柱の肉厚は他より厚くなっている。

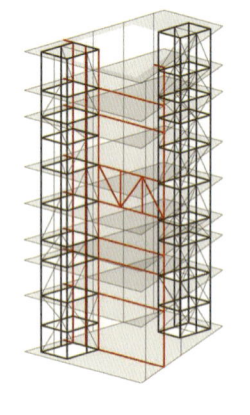

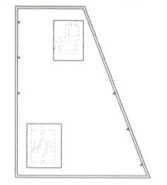

東京都渋谷区神宮前5-9-11
建築設計：SANAA
構造設計：佐々木睦朗構造計画研究所
施工：清水建設
竣工：2003年
構造種別：S造

030　Tokyo / Shibuya-ku / GYRE　　キャンチレバー、制振構造

GYRE
5層の箱をずらして、回遊性を創出

回遊する商業空間

華やかな表参道の一角に位置するこの建築はオランダの設計集団MVRDVによる建築である。"SWIRL"(回転する)というコンセプトを掲げ、5層の箱をただ回転するという単純なルールによって、建物外周に回遊空間を設けている。従来の商業ビルとは違い、すべての階に直接アクセスができ、階数によるヒエラルキーを極力なくすという試みがなされている。

5層の箱を貫通する通し柱

各層を回転してずらしているため、柱の合理的な配置と回転することで生じる約7mの長大跳出し梁が構造上のポイントとなる。可能な限り上下階で通し柱を配置し、CFT柱(充填コンクリート強度Fc60)を用いた高強度のラーメン構造を基本構成とし、耐震設計においては「水平動+上下動同時入力時の、跳出し部および陸建ち柱周辺部材は弾性限以内にする」という設計クライテリアが設けられている。跳出し部での上下方向最大応答加速度は1587gal、最大応答変位は4階で39.9mm、上下方向相対変位は3階と4階の間の17.9mmとなり、これらを根拠に外装ガラスのクリアランスが決定されている。

また、7mの長大跳出し梁の課題として日常における振動の問題が挙げられる。梁せい600以下という制約がある中で、ジョイスト状に跳出し梁を並べ、振動抑制のため直交方向にも防振用ラチス小梁を配置している。さらにTMDによる減衰効果を付加し振動対策とするなど細心の注意が払われている。

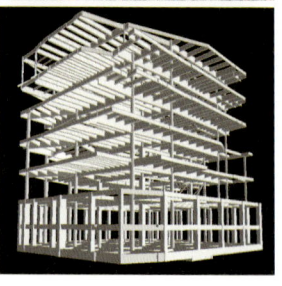

東京都渋谷区神宮前5-10-1
建築設計：MVRDV、竹中工務店
構造設計：竹中工務店
施工：竹中工務店
竣工：2007年
構造種別：S造

031　Tokyo / Minato-ku / Forum Building

極細の柱

フォーラムビルディング
用強美を兼ね備えた繊細なフレーム

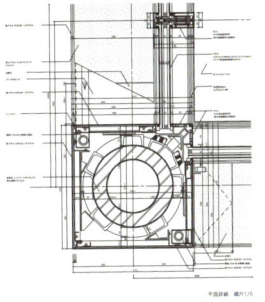

柱梁の極細フレーム

　青山通りに林立するオフィスビル群の中に佇むこの建築のファサードはシンプルで洗練されている。設計者は谷口吉生である。極細の柱と梁のステンレスフレームによる3.6m×3.6mの正方形グリッドとガラスによる立面が、光に呼応してさまざまな表情を作り出す。1階にはピロティ空間があり、周辺環境と新しい街並みを形成している。12階建の細長いプロポーションとグリッドがスマートな雰囲気を醸し出す。平面は無柱のオフィス空間と垂直動線のコアで構成されている。

　ファサードの正方形グリッドを形成する柱梁は、ともに見付け幅410mmと驚くほど細い。仕上げと耐火被覆を除いた実際の柱梁の形状は、柱が直径273.1×48mm、梁はビルドH型鋼275×275×12×55mmが使われている。柱は建物外周部に3.6mピッチで配置され、建築背面にはS造のコアが配置されている。肉厚の部材による外殻架構とS造のコアが地震力をバランスよく負担することで、極細の柱梁によるスレンダーなプロポーションを実現している。

至高のディテール

　表には柱梁フレームのグリッドが現れ、アルミサッシュは室内側に付けられている。梁の上端にたまる雨水を垂れ流しにすると、雨水が外壁を伝い流れ、汚れてしまう。そこで梁の上端はアルミパンチング仕上げにし、仕上げの内側に設けた樋に梁の上端にたまる雨水を流し、柱フレームの角にある直径33mmの竪樋に接続させ、表に樋を見せずに雨水を処理している。

東京都港区南青山2-24-11
建築設計：谷口建築設計研究所
構造設計：竹中工務店
施工：竹中工務店　竣工：2009年
構造種別：S造、SRC造、RC造

032　Tokyo / Minato-ku / Ao building

斜め柱によるファサード

Aoビル
シンプルな構造計画で、特異な形態を実現

特徴的なスカイライン

　Aoビルは青山通りに面して建つ、地上16階、地下2階の商業用途のテナントビルである。形態がとても印象的で、青山のランドマークとなっている。この特異な形態はテナントの賃料設定から決められている。賃料の高い高層と低層を広げ、中層を絞ることが基本的な考えである。実際には、収益の最大化に加え、周辺への日影やビル風等の環境的な問題をシミュレートして、形状と配置が決定された。青山通りから一歩奥に入った住居地域に対しては、低層のステップガーデンを配置することで周辺と調和するように計画されている。

特異な形態を成り立たせる構造

　青山通りに面した高層棟部分は西面が7階から上階に向かって最大9m、東側角部が4階から上階に向かって約4m迫り出している。高層棟の構造はコンクリート充填鋼管柱を用いている。迫り出し部分では、隅部稜線位置に斜め柱を主柱から枝分かれさせることにより変則的な平面形に合わせている。また、北側隅部を占めるコア部分にオイルダンパーを配置している。これにより、迫り出しがあることによって、地震発生時に生じるねじれにも対応している。低層部分は鉄骨ラーメン構造形式で、4F床レベルまでは高層棟と一体の構造としている。低層棟と高層棟が平面的に偏在していることによる、地震時のねじれ低減のために、高層棟から離れた低層棟のコア内にもオイルダンパーを配置している。このように、制振装置を利用して特異な形態により生じる課題を解決している。

東京都港区北青山3-11-7
建築設計：日本設計
構造設計：日本設計
施工：鹿島建設
竣工：2008年
構造種別：CFT柱＋S梁

033　Tokyo / Shibuya-ku / Tokyo Metropolitan Gymnasium

キールアーチ、円弧アーチ

東京体育館
屋根に架かるアーチが力を伝達する

2枚の葉が円盤をおおう屋根

　施設全体は大アリーナ、小アリーナ、プールによって構成されている。特に大アリーナは優れた建築デザインと構造システムが融合した建築である。建物周辺は人々が回遊できる広場がある。周辺に威圧的とならないよう、建物の屋根の高さは制限されている。このため広い空間をおおう構造は、屋根と天井の狭いスペースの間に架け渡される。

　一方この地域は豊かな地下水脈が高い水位を流れ、この水位ぎりぎりの深さまで体育館の床を掘り下げ、体育館施設の大部分を収納している。そのため地上には屋根のみが現れる。

　上空からの写真は、大きな2枚の葉が円盤型の屋根を覆うよう見える。構造はこの大きな葉の主葉脈が平行する2本のキールアーチとなっている。このアーチに並んで水平に弧を描く円弧アーチが屋根中央部にかかる。このアーチとキールアーチの間、キールアーチと外周の間に支脈となるサブトラス梁が架かる。

低いライズのキールアーチ

　主たるキールアーチはライズが低く、はじめに曲げ材として荷重の50％を負担して変形した後に、アーチ材として残りの荷重を支持する。次に屋根中央の円弧アーチは鉛直と水平に弧を描いて、屋根中央の重量を支持するとともにキールアーチ端部でのスラストを受けとめている。建物内部に入るとすべてのトラスが見えるので、構造を成立させている力の流れをイメージすることができる。

東京都渋谷区千駄ヶ谷1-17-1
建築設計：槇総合計画事務所
構造設計：木村俊彦構造設計事務所
施工：清水建設・東急建設・鴻池組・大日本土木・小川建設共同企業体
竣工：1990年
構造種別：RC造、S造、SRC造

034　Tokyo / Minato-ku / One Omotesando

無柱空間、はね出し空間

ONE表参道
けやき並木と調和する木のルーバー

木のルーバーによる表層デザイン

　ブランドビルの立ち並ぶ東京・表参道の入り口に、けやき並木と調和して、リズミカルに並ぶ木のルーバーをもった一際目を引く建築がある。隈研吾が設計した作品には、木を外装材として用いたものは数多くあるが、この建築では木のルーバーが外装材としてだけでなく、ガラスカーテンウォールの縦枠材であるマリオンの役目を果たしている。

　この木のマリオンの芯材にアルミニウム合金が使用され、ガラス重量・ルーバー自重などの鉛直荷重を負担している。台風などの強風に対してはルーバーである木のマリオンが抵抗する。外壁には耐火性が求められているので、木のルーバーには3本おきにドレンチャーヘッドがアルミのマリオンのジョイント部分に設置されている。

ルーバーに空が透けるテラス

　この建築の5、6階の部分は吹き抜けのテラスがあり、木のルーバーに透けて向こう側の空が見える。テラスの上部は8mほど片持ちでせり出しており、建物側面から見ると迫り出しがよくわかる。片持ち部分を支えるためテラス上部の壁面にはトラスが入っている。

　また、上階のオフィス部分は最大20mスパンの大きな無柱空間となっており、格子梁が組まれている。外周の骨組によって各階の梁や屋根が支持され、地震力や風圧力に抵抗している。

©Takeshi YAMAGISHI

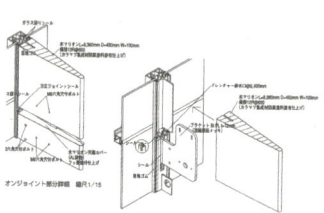

東京都港区北青山3-5-29
建築設計：隈研吾建築都市設計事務所
構造設計：オーク構造設計
施工：安藤建設
竣工：2003年
構造種別：S造

035　Tokyo ／ Shibuya-ku ／ House of the Tower

RC壁式構造による狭小住宅

塔の家
大都会における狭小住宅の金字塔

　わずか面積20㎡の直角三角形の鋭角部を切片した不整形な大都会の狭小敷地に自邸を建てようとした建築家の挑戦の成果である。各階10㎡程度しか床面積がないプランを見る限り、居住空間の確保とコストの条件から、外周の壁を使ったRC壁式構造のほかに選択の余地はない。
　設計当時は、直交壁以外の斜め方向の壁を評価する規準がなく、構造設計者や建築主事と議論を交わしながら実現している。
　小さな室内に内部空間のつながりを持たせるよう、便所や浴室さえも間仕切や戸がない。さらに床や壁の開口の配置やレベル差等を追求し、狭いながらも階段や吹抜けから家族の息づかいが感じられる開放的で豊かな住空間となっている。一見内外部とも荒々しい打放コンクリートでできたこの建築は、大都会における狭小住宅の金字塔となった。

東京都渋谷区
建築設計：東孝光
施工：長野建設
竣工：1966年
構造種別：RC造

036　Tokyo ／ Minato-ku ／ KOZUKI CAPITAL East

直径190mm鉄骨極細柱、透明感、大組柱

コウヅキキャピタルイースト
鉄骨極細柱により軽快感を追求

　2002年4月、大阪駅前に完成した同じ建築主のコウヅキキャピタルウエスト（以下KCW）とのデザイン的な関連性を持たせ設計が行われている。
　できる限り矩形の大きな事務室部をとり、街に対しては抑制の効いたデザインとなっている。KCWと同径の直径190mm鉄骨極細柱を採用し、内部空間では実質有効スペースを確保し大型透明ガラスにより開放感を高めている。
　主体構造は、建物両妻面に設けた大組柱（柱SRC造、梁・ブレースS造）で大部分の地震力に抵抗させている。鉛直荷重は3.2mピッチの直径190mm鉄骨細柱で支え軽快で透明感のあるデザインである。短辺方向は両妻面の片持ち大組柱とし、長辺方向はSRC柱とS梁、コア内ブレースのラーメン架構である。メイン架構と直径190mm極細柱架構をずらすことにより、浮遊感のある外観を演出している。

東京都港区北青山1-2-7
建築設計：安田幸一（東京工業大学（元日建設計））　構造設計：原田公明（日建設計）　施工：鹿島建設　竣工：2003年
構造種別：SRC造、一部S造
写真：石黒守

037　Tokyo ／ Minato-ku ／ Aoyama Tower Building

片側コア形式

青山タワービル
4本の柱とコアだけで支えられた高層オフィスビル

　青山通りに面して建つ地下3階地上16階建ての高層ビルである。主な用途は事務所であり、横連窓とアルミのカーテンウォールによるシンプルな外観の建物である。
　竣工当時は、ピロティを通ってつながった奥に、220席収容の音楽ホールが建築されていたが、現在は閉鎖され、別の用途として改修されている。
　基準階は、片側コア形式のプランであり、1フロア・1テナントにして無駄なスペースをなくすなどの合理性の追求により、基準階のレンタブル比86％を実現している。
　構造種別は、S造（地下RC造）である。十字にデザインされた4本の鉄骨柱と片側コアだけでこのオフィスビルは支えられており、非常にシンプルな構造計画となっている。4本の柱とコアだけで建物を支えるために、床スラブや内外装壁の軽量化が図られている。

東京都港区南青山2-24-15
建築設計：吉村順三設計事務所
構造設計：温品建築研究所
施工：竹中工務店
竣工：1969年
構造種別：S造

COLUMN

表参道ファサード群

　表参道沿道は、国内外の高級ブランドの旗艦店や有名美容室の店舗等が軒を並べる日本屈指のファッションゾーンである。店舗が入る建物の多くも日本や世界を代表する建築家・構造家によってデザインされており、ケヤキ並木とともに沿道の上品な景観を特徴づけている。特に店舗の顔となるファサードにはさまざまなコンセプトのもとアイデアや工夫が凝らされ、店舗イメージを表現している。実際にJR山手線原宿駅の表参道口を出て、神宮橋交差点から南青山方面に向かって表参道を辿ってみよう。

　まず視界にはいってくるのが、高級マンションの元祖「コープオリンピア（清水建設、1965年）」（図1）。雁行形出窓とグレー色タイル壁の対比が特徴的なファサードが数十メートルに渡り、沿道に落ち着きと風格を与えている。そこから少し歩くと明治通りにぶつかる。交差点の北東角には「東急プラザ表参道原宿（中村拓志、竹中工務店、2012年）」（図2）、マッスなボリュームの隙間から見える屋上の緑が参道のケヤキ並木と呼応している。

　さらに進むと右手に、各階ボリュームを回転させたようなダイナミックな外観の「GYRE（MVRDV、竹中工務店、2007年）」（図3）、ガラス建築の多い表参道でも一際透明感のある「ディオール表参道（SANAA、佐々木睦朗、2003年）」（図4）、1軒おいて、裏側のカフェへ抜ける空間が気持ち良い「日本看護協会ビル（黒川紀章、織本匠構造設計研究所、2004年）」（図5）、さらに数軒おいてガラスの箱を積み重

1／コープオリンピア　2／東急プラザ表参道原宿　3／GYRE　4／ディオール表参道　5／日本看護協会ビル　6／ルイ・ヴィトン表参道ビル　7／表参道ヒルズ　8／TOD'S表参道　9／表参道ヒルズ前の落ち着いた歩道　10／美しいケヤキ並木

ねたような「ルイ・ヴィトン表参道（青木淳、佐々木睦朗、2002年）」（図6）と多彩なファサードが並ぶエリアである。このエリアは約1.1kmの全長を持つ表参道のほぼ中間に位置する。この北側沿道には、かつて関東大震災の義損金により設立された同潤会がつくった「同潤会青山アパート」があった。それが2003年に解体されその跡地に建てられたのが、表参道最大のショッピング施設である「表参道ヒルズ（安藤忠雄、金箱温春、2006年）」（図7）である。

　表参道の美しいケヤキ並木は、1919年の参道整備とほぼ同時期に植樹されたものだが、1945年の東京大空襲によって周囲の建物とともにほとんどが焼失した。現在のケヤキは奇跡的に残った11本を除き、戦後に植樹された

11／BOSSビル　12／プラダ青山店　13／カルティエ南青山店　14／フロムファーストビル

ものである。「TOD'S表参道ビル（伊東豊雄、新谷眞人、2003年）」（図8）は、そのケヤキ並木をプリントしたようなファサードを持ち、コンクリートとガラスの対比が異彩を放つ。隣接する「BOSSビル（團紀彦、アラップ、2013年」（図11）は、繊細なコンクリート柱をリングで束ねたような構造を持つ。表参道には珍しい木製ルーバーが柔らかい表情をつくっている「ONE表参道（隈研吾、新谷眞人、2003年）」を左手に通り過ぎると、石灯篭が立つ表参道の入口にたどり着く。

ここから先は御幸通りとなるが、この沿道にも高級ブランド店が立ち並び、閑静な南青山の住宅街に連なる更に落ち着いた雰囲気を創出している。南側に建つ「プラダ 青山店（ヘルツォーク・ド・ムーロン、竹中工務店、2003年）」（図12）は斜め縫いの同ブランドのバッグをイメージしてデザインされていて、繊細な鉄骨斜交格子フレームと曲面ガラスで構成された外観が鮮やかである。隣接する「カルティエ南青山店（光井純、KAJIMA DESIGN、2005年）」（図13）は、ブリリアンカットのダイヤモンドをイメージしてデザインされたという。商業・住居複合施設の金字塔として知られる「フロムファーストビル（山下和正、竹中工務店、1976年）」（図14）は、壁から床まで全面茶褐色の煉瓦タイルで仕上げられ、沿道に落ち着きを与えている。更に歩くと、切妻屋根を伝統的な瓦と現代的なシャープな薄い鉄板を組み合わせてデザインされた「根津美術館（隈研吾、清水建設、2009年）」が現れて、御幸通りの終点にたどり着く。

CHAPTER 3

ROPPONGI

六本木

ミッドタウン・タワー
デザインウィング
ミュージアムコーン
泉ガーデンタワー
国立新美術館
COLUMN：シェル構造

六本木
Roppongi

- 39 デザインウィング P.66
- 38 ミッドタウン・タワー P.66
- 42 国立新美術館 P.70
- 40 ミュージアムコーン P.67

38　ミッドタウンタワー　東京都港区赤坂9-7-1　P.66
39　デザインウィング　東京都港区赤坂9-7-1　P.66
40　ミュージアムコーン　東京都港区六本木6-10-1　P.67
41　泉ガーデンタワー　東京都港区六本木1-6-1　P.68
42　国立新美術館　東京都港区六本木7-22-2　P.70

41 泉ガーデンタワー P.68

038　Tokyo / Minato-ku / Midtown Tower

CFT、座屈拘束ブレース

ミッドタウン・タワー
シンボルタワーとしての250m級制振構造超高層

肌理細やかなフォルムの外装

日本庭園の石群の中心（シンボル）として存在するミッドタウン・タワーは、当時、都内一の高さとして250m級の建物とすることと、シンボリックなフォルムとして少し膨らみをもったエレベーションが求められた。このフォルムに肌理細やかな表皮のような外装が纏われたデザインを実現している。

センターコアに制振部材を集中配置した構造計画

構造計画は、まず、南北面の対角に円弧形状に膨らむ曲率の決定から始まった。形状に合せて柱を曲げることにより発生するスラスト力を抑えつつ経済的な形状を探し出すことが第一命題であった。さらに、250m級の建物として、強風対策も視野に入れて、慎重に耐震計画を進めた結果、センターコア周りに、オーソドックスに、座屈拘束ブレースを配した設計とした。なお、強風時の居住性対応として、別途アクティブ制振装置を44階の構造切り替え階に配している。曲がり柱のディテールは、施工精度管理を含めた施工性も考慮にいれ、施工者と幾度も協議を重ねた上で改良を重ねている。

コンパクトなセンターコアの構造は、タワーのしっかりとした心棒を形成し、これを核とした経済的な柱スパン計画により、このクラスの高さの建物としては、かなり鉄骨数量を低く抑えた設計を実現した（185 kg/㎡）。なお、建物剛性確保重視の観点から、CFT柱（最大Fc 100）を採用している一方で、鋼材の強度としては、SM 520 Cに抑えた設計となっている。

東京都港区赤坂9-7-1他
建築設計：日建設計（コアアーキテクト）
　　　　　SOM（マスターアーキテクト）
構造設計：日建設計　施工：竹中・大成建設工事共同企業体　竣工：2007年
構造種別：S造（一部SRC、RC造）
写真：ミヤガワ

039　Tokyo / Minato-ku / Design Wing

鉄板屋根

デザインウィング
大きな一枚の鉄板＝一枚の布

鉄板＝構造材＝仕上げ材

ミッドタウン・タワーが隠れた骨組であるのに対して、このデザインウィングはその場で構造躯体のデザインを楽しむことができる。

建物を覆う大きな一枚の鉄板（一枚の布というイメージ）に見せるデザインコンセプトをいかに構造的にも実現するかが最重要課題であった。

屋根の鉄板は溶接により、地面に向かってなだらかに傾斜する巨大な一枚の板としてつくられ、鉄板＝構造材＝仕上げ材として扱っている。長辺約50mの一枚の鉄板を実現するにあたり、主に次の2点の課題があった。

温度応力の処理

真夏時においては、鉄板の熱膨張にて、屋根面全体で約30 mmもの変形が生じる。この屋根変形を拘束することによる応力は非常に大きいため、壁柱のほとんどの支持点にゴム支承を設けることで、屋根を自由に膨張・収縮させると共に、下部構造に屋根変形による外力を極力与えない計画とした。地震力の処理については、建物ほぼ中央2箇所に拘束点を設け、屋根に生じる全水平力を下部構造に伝達させる計画としている。

製作方法・精度

特徴的な形状の鉄板屋根は、自重による建方時の変形や溶接による反りや歪みが懸念された。解析等による変形量の把握や、実物大の模型を製作し、溶接方法・順序、開先形状の工夫等、屋根製作に関わる細かな点を詰めていくことで、設計で意図した形状を実現した。

東京都港区赤坂9-7-1
建築設計：日建設計、安藤忠雄
構造設計：日建設計
施工：竹中工務店、大成建設
竣工：2007年
構造種別：RC造、S造
外観写真：吉村昌也
内観写真：カツタ写真事務所

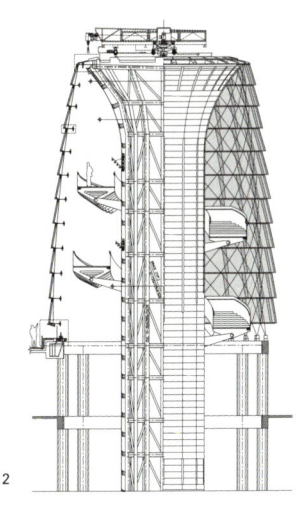

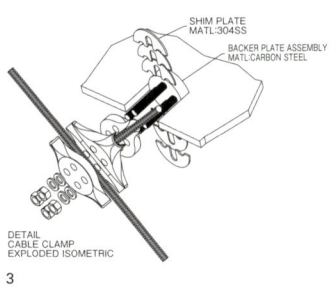

040　Tokyo／Minato-ku／Mori Art Museum Museum Corn　　　　ファネル、ケーブルネット、ガラス

ミュージアムコーン
水平リングが浮かび上がるガラスの透明体建築

楕円錘状のガラスの透明体
　六本木ヒルズの一角、毛利庭園を見下ろせる位置に楕円紡錘形状のガラスの透明体が建っている。六本木ヒルズ高層部の美術館および展望台の専用エントランスとして建てられたミュージアムコーンである。
　空間を構成する基本要素は、中央のエレベータ、それを巡る螺旋階段、ガラスカーテンウォールのみである。白色ドット柄のセラミック焼き付けガラスが使用され、昼と夜とで全く異なる表情をつくり出している。

ファネル・水平リングプレート・ケーブルネットによる構造システム
　上述の空間構成要素は全て直接的な構造要素となっている。ガラスカーテンウォールを直接支持するのは、楕円の径が少しずつ変化する12段の鋼製水平リングプレートである。この水平リングプレートは、エレベータシャフトを兼ねた中央部の鉄骨造ファネル（上にいくにしたがって広がりをもつロート形状のこと）の上部から外周基壇まで螺旋状2方向に張られたケーブルネットにクランプ金物でジョイントされており、ケーブルネットに初期張力を与えることであらゆる荷重に対して安定する仕組になっている。
　螺旋階段はファネルからの片持ちプレートで支持されており、カーテンウォールとは縁が切れている。

透明体を支えるディテール
　ファネル・ケーブル・水平リング・ガラス等の各要素同士の接合ディテールは、この透明体を実現させるために細心の注意のもとデザインされている。特に秀逸なのが、クランプ金物によるケーブルネットと水平リングの接合部のディテールである。楕円紡錘形状であるがゆえに全て異なる接合角度に対応できるようになっている。
　これらの工夫によって接合金物やケーブルはほとんど目立たず水平リングプレートが強調されるため、あたかも白いリングが宙に浮いているように見える。

1／外観　2／断面図　3／クランプ金物によるケーブルネットと水平リングの接合ディティール

東京都港区六本木6-10-1
建築設計：森ビル、Gluckman Mayner
構造設計：仁藤喜徳＋名和由美、Dewhurst Macfarlane and Partners
施工：大林組・鹿島共同企業体
竣工：2003年
構造種別：S造

Tokyo / Minato-ku / Izumi Garden Tower

泉ガーデンタワー
井桁フレームで開放感を達成した超高層ビル

平面形状を変化させた超高層ガラスタワー

泉ガーデンタワーは、上層に行くにつれて平面形が変化する形態の200m超高層建物である。濃いグリーンのガラスタワーは、都心の風景の中でも印象に残る外観を示す。足元ではピロティー状に建物の基壇部を上方に持ち上げ、開放感を持たせている。

平面形は60m角で中央部に16m角のボイドコア、人・空気の通り道が設けられた。コア外側に基準スパン16m事務室が配置されている。

この構造の特徴は、16m・6.4mスパンに柱を配置し大梁を井桁状に組み、中央のボイドコアに耐震要素を集中配置した明快で簡潔な架構である。これにより、外周の柱を可能な限り減らし透明性の高い事務室空間を実現している。

この建物の形態は、シカゴに建つ「シアーズタワー」を連想させる。外周部およびコア内に細かく柱を設けたチューブ架構であり、それをある高さごと束ねたバンドルチューブ構造でもある。両建物は、構造的には全く異なったものである。200mと443mの高さの違いはあるものの、2つの構造の相違を探ること

井桁フレーム、制振構造、フライングアトリウム

【図中ラベル】
- ハイブリッドマスダンパー
- エネルギー吸収部材(アンボンドブレース)
- CFT柱基準値 900φ
- 大梁せい基準値 900mm
- スーパーガーダー
- スーパーコラム 2,400φ(SRC)
- 地下鉄六本木一丁目駅
- 16×16m 床組格子ラチス梁(せい900mm)
- CFT柱(900φ)
- ボイドコア
- フライングアトリウム
- エネルギー吸収部材(アンボンドブレース)
- 16,000 6,400 16,000 16,000 6,400 16,000 60,800

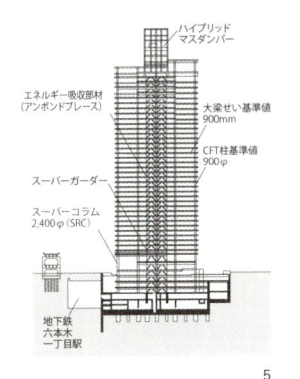

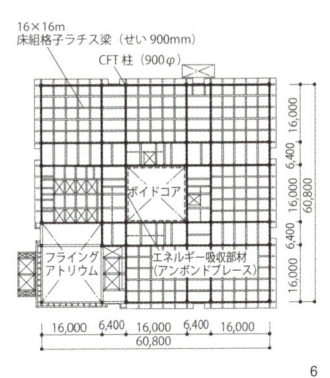

1／建物外観　2／テンショントラスのフライングアトリウム　3／リブガラスCW基準階外装　4／ボイドコアーの制振ブレース(芯材：SS 400材)＋CFT構造の架構概念図　5／軸組図　6／井桁フレーム床梁伏図
写真：川澄・小林研二写真事務所

も面白いのではないか。

ボイドコアに制振ブレースを集中配置

　制振部材は、大地震時のエネルギー吸収部材として座屈補剛制振ブレースを用い、主要構造部材はほぼ弾性域にとどめた。コア部を除く7階以上のCFT柱を直径900mm)とし少ない柱本数を可能とした。

足元のピロティ空間の剛性・耐力を向上のため大口径のSRC造柱(直径1.6〜2.0m)と7階直下に設けた一層の大梁の大架構とした。

透明性追求のフライングアトリウムとガラスリブの外装計画

　また7階以上の平面の一角にてフライングアトリウムの吹抜け空間を持たせ、開放性を高めている。

東京都港区六本木1-6-1
建築設計：日建設計
構造設計：日建設計
施工：清水・鴻池・鹿島他JV
竣工：2002年
構造種別：地上S造(CFT造)、地下SRC造、RC造

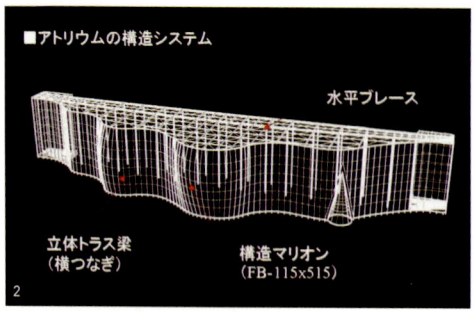

042　Tokyo / Minato-ku / National Art Center.Tokyo　　　　　　　　　湾曲マリオン柱

国立新美術館
湾曲マリオン柱による美しいガラスファサード

柱の役割を持つ湾曲マリオン

　うねりのある曲面ガラスファサードが鮮烈な印象を与える国立新美術館は、千代田線乃木坂駅に隣接する国内最大の展示面積を持つ美術館である。独自の収蔵品を持たず企画展や公募展に特化している。展示室とコアを内蔵する幅130m×奥行60m×高さ23mの整形な直方体箱に曲面のガラスアトリウムが取り付いている。アトリウムは巨大な吹き抜け空間であるが、内部に屋根を支える明確な柱は見当たらず、ガラスカーテンウォールから明るい光が差し込む開放的なロビーとなっている。通常、大きな見附面積を持つアトリウムのカーテンウォールは面外方向に大きな風圧力を受けるため、ガラスを支えるためだけにマリオン（細い垂直部材）を設ける。この美術館では、マリオンを少し太くし、それぞれを水平材でつないで座屈留めをすることで、屋根からの大きな鉛直荷重を受けることのできる柱の役割も持たせている。一見、各々の柱が曲がったり倒れたりしていて、どのように屋根を支えているのかと不思議に思う来館者もいるかもしれない。曲面のかたちやマリオン・水平つなぎ材の入れ方を工夫することで、ガラスカーテンウォールと一体化した繊細な柱を実現しているのだ。

見えない工夫

　構造体が隠れてしまっているが、見えないところでもさまざまな工夫がされている。巨大な展示室は、交互に配置されたコア間を2.25m成のメガトラス梁で支えることでスパン34.2mの無柱空間を実現し、地震に対しては基礎部に免震装置、メガトラス梁に制振装置を配置して水平動と上下動を同時に軽減することで、安心して鑑賞できる展示空間をつくっている。

1／曲面ガラスファサードの外観　2／構造パース　3／ガラスアトリウム内観　4／展示室内観　5／上空からの外観
写真：koji kobayashi/SPIRAL

東京都港区六本木7-22-2
建築設計：黒川紀章建築都市設計事務所・日本設計共同体　構造設計：日本設計　施工：鹿島・大成・松村JV、清水・大林・三井JV　竣工：2006年
構造種別：S造、一部SRC造

COLUMN

シェル構造

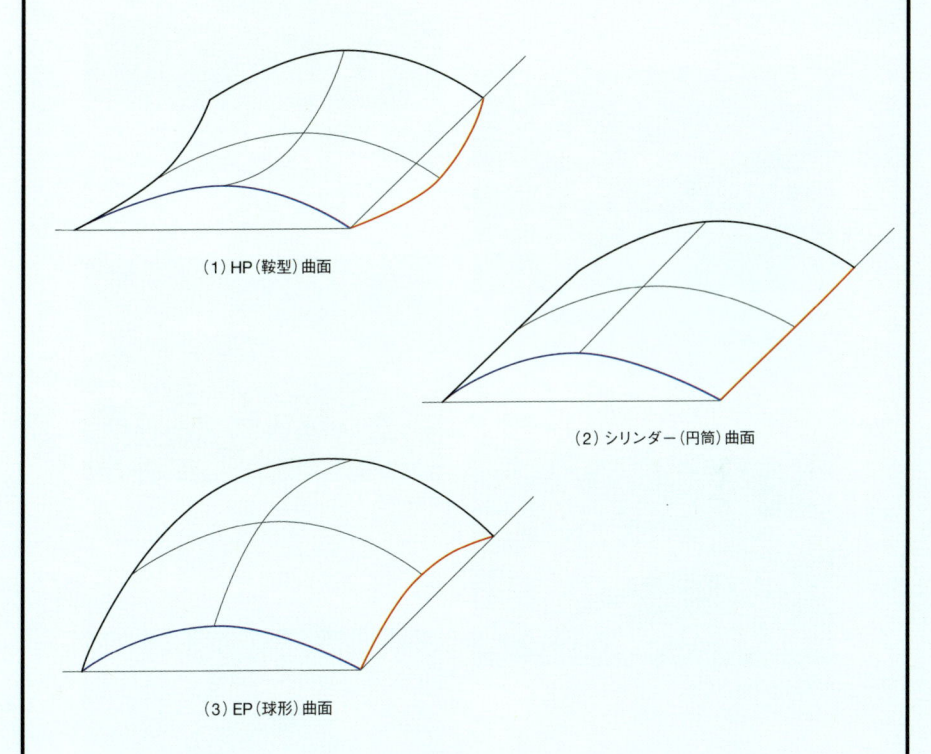

(1) HP(鞍型)曲面

(2) シリンダー(円筒)曲面

(3) EP(球形)曲面

　クリスタルパレスに代表される鉄とガラスを使った大スパン建築が隆盛を極めていた19世紀末のヨーロッパに、新しい建設材料、鉄筋コンクリート(RC)が加わった。RCを使うと石のような構造体を自由自在に一体成型することができる。1910年頃にはドイツ周辺で貝殻のように薄くて軽くて強いRC曲面構造(シェル構造)が活発に試みられるようになった。シェルが強い秘密は、3次元曲面に実現する曲げの少ない膜応力状態にある。当初は応力状態が手で計算できる円筒、球形等の単純幾何的シェルの設計が先行したが、実験や洞察力によってより多彩な曲面を実現する天才的エンジニアも登場した(エドアルド・トロハやハインツ・イスラー等)。連続曲面の持つ強さと美しさ。少量の材料で大空間を覆う画期的な構造とそこに要求される高度な設計・施工技術。シェルは優れたエンジニアのみに許される建築構造のプリマドンナ的存在となった。構造合理性、芸術性そして健全性を兼ね備えた緊張感のある多くの名作が現れた。

　日本では戦前に絵画館ドームやニコライ堂などで球形ドームの実施例が先行。京都大学の坂静雄等が理論を導入、戦後は東京大学の丹下・坪井等がシェル構造の名作を実現した。現在は大日本インキ志村工場、東京カテドラルマリア聖堂などが残っている。RCではなく細い鉄骨部材で作った曲面構造はラチスシェルと呼ばれ、学校体育館などに多く用いられた。

　現在では計算機が発達し、どのような自由

イエナのプラネタリウム
（カールツァイス社とディビダッグ社　1926年）

サルスエラ競馬場の屋根
（エドアルド・トロハ　1935年）

ニューヨークJFKケネディ空港の旧TWAターミナル
（エーロ・サーリネン　1962年）

ダイティンゲンのサービスエリア
（ハインツ・イスラー　1968年）

大日本インキ志村工場
（海老原一郎・坪井善勝　1960年）

ヴァレンシアの科学博物館のオペラ座：
これはRCシェルではなくて鉄板構造を白く塗ったもの
（サンチアゴ・カラトラバ　2005年）

パリのラデファンスにある世界最大のRCシェルCNIT
（ニコラ・エスキヤン　1958年）

　曲面でも応力計算が可能となり、最適化手法なども利用できるようになった。反面、構造合理性や健全性の議論は影をひそめ、シェル構造は特別なデザイン性を獲得するためにのみ用いられることが多くなった。鉄板を任意の曲面に加工し白いペンキを塗ることでRCのように見せることも多くなったが、これをRCシェルの偽物と見るか、鉄板シェルの表現とみるかは見る側の眼識にゆだねられているといえるだろう。

CHAPTER 4

SHINAGAWA MITA

品川・三田

ポーラ五反田ビル
SHIBAURA HOUSE
建築会館(日本建築学会本部ビル)
ソニーシティ
イグレック
慶應義塾大学三田キャンパス南館

五反田
Gotanda

白金台
Shiroganedai

五反田
43　ポーラ五反田ビル　東京都品川区西五反田2-2-3　P.76

白金台
47　イグレック　東京都港区白金2-5-16　P.79

三田・芝浦
44　SHIBAURA HOUSE　東京都港区芝浦3-15-4　P.78
45　建築会館（日本建築学会本部ビル）　東京都港区芝5-26-20　P.78
48　慶應義塾大学三田キャンパス南館　東京都港区三田2-15-45　P.80

品川
46　ソニーシティ　東京都港区港南1-7-1　P.79

三田・芝浦
Mita, Shibaura

48 慶應義塾大学三田キャンパス南館 P.80

45 建築会館（日本建築学会本部ビル）P.78

44 SHIBAURA HOUSE P.78

品川
Shinagawa

46 ソニーシティ P.79

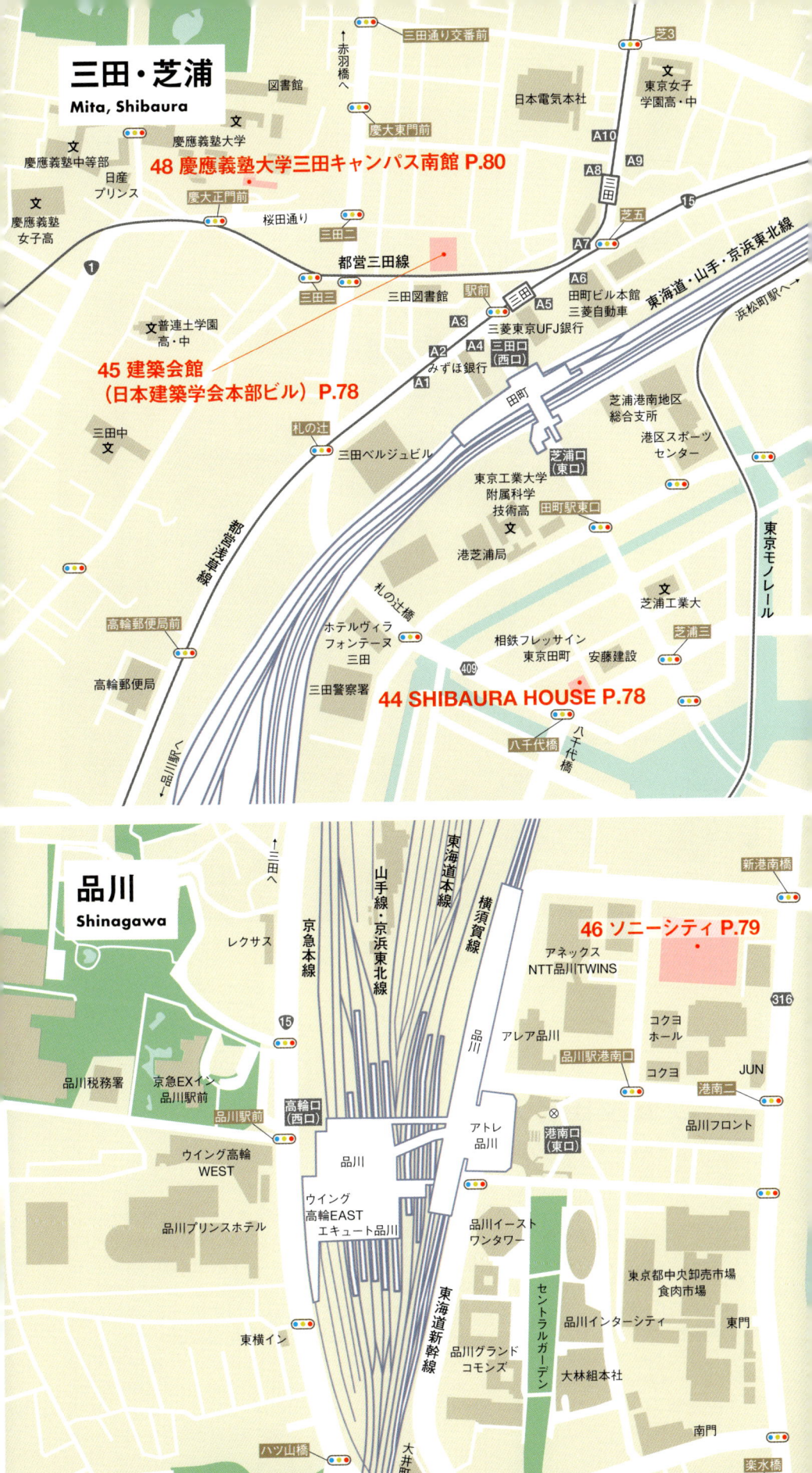

043　Tokyo / Shinagawa-ku / Pola Gotanda Building

ポーラ五反田ビル
メガフレームによる40mの無柱空間

両端の2つのコアによる無柱空間

　山手線で五反田駅を目黒に向かって出ると、西側に図1のようなビルが見えてくる。よく見ると両足の足元の間には全く柱が無く、向こう側の緑の斜面がガラス越しに見えている。その間約40m。奇抜な建物が多い昨今ではあまり目立たないが、本建物が竣工した1971年には大きな話題となった。

　建物平面を図3に示す。この建物は中央に一体化した事務室空間を配してコアが両側に分かれたダブルコアと呼ばれる平面計画となっており、片方がエレベータ、階段、トイレ、もう片方が機械室と階段になっている。各階のオフィスからは火事などの際に2方向に逃げることができる。

巨大梁がつなぐ「日」字方フレーム

　構造はこの平面計画を利用し図4に示すような基礎梁合わせて「日」の字型のメガフレームを構成している。まず両側のC型平面を持つコンクリート壁で囲まれたコア構造を2階の高さで6m高さの巨大な梁でつなぎ、その下の無柱空間「クリスタルホール」を実現している。巨大梁は3.2m間隔で立つ2階〜9階

混合構造、メガフレーム

1／建物外観 2／施工中の建物 3／建物平面 4／構造システム 5／頂部つなぎ梁の役割

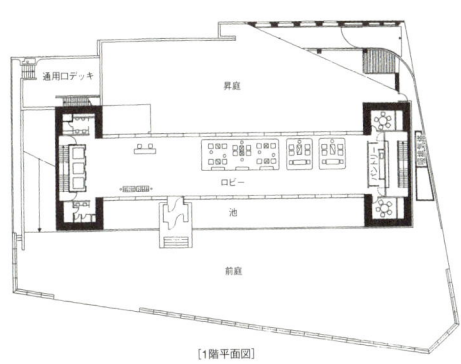

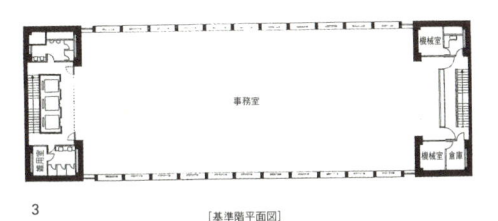

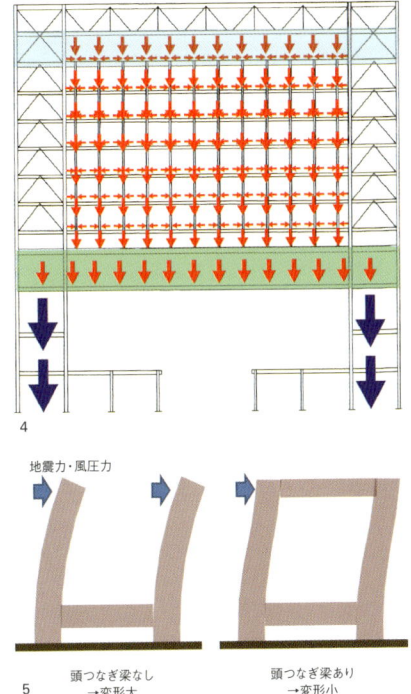

[1階平面図]

[基準階平面図]

頭つなぎ梁なし
→変形大

頭つなぎ梁あり
→変形小

の事務所階の柱を支え、オフィス各階の床は、この柱をつなぐ鉄骨梁で支えられ10m×38.4mの空間の中には柱が1本もない。

最後に頂部で高さ4.5mの巨大梁が両側のコアをもう一度つないでいる。頂部の巨大梁は9階の柱を不要とし図4に示すように、地震時のコアの曲げによる水平変形を抑制する役割を担っている。地上より生えた片持ち梁より、門型のフレームの方が、水平剛性が高いことは初等の構造力学で理解できるであろう。

建築計画と構造計画が合理的に融合した本建物の建築設計は竹橋のパレスサイドビル、銀座の三愛ビルの設計で著名な林昌二、構造設計は同じ日建設計の矢野克巳のコンビによる作品である。

東京都品川区西五反田2-2-3
建築設計：日建設計
構造設計：日建設計
施工：竹中工務店
竣工：1971年
構造種別：SRC造、S造

77

044　Tokyo / Minato-ku / SHIBAURA HOUSE

座屈拘束ブレース

SHIBAURA HOUSE
K型ブレースがアクセント

格子梁、段差梁が地震力を伝達

　JR田町駅東口を出て旧海岸通りまで来たら右折し、しばらく歩くと、2層にわたるK型ブレースが特徴的なガラスの箱と出会う。14m角の正方形平面を有する高さ30m、地上5階建てのオフィスビル。吹抜またはスキップフロアで構成され、階高が場所によって3〜9mと変化する空間構成となっている。

　250角の角型鋼管柱とH350の梁で構成されたスリムな外周フレームに耐震要素としての座屈拘束ブレースがバランスを考えて配置され、意匠的なアクセントになっている。

　平面形状は各階で変化し、ところどころに梁の無い吹き抜け空間が挟まれているため、各フロア平面がそれぞれ一体的に挙動するように床組として格子梁または段差梁を適宜配置し、地震力が外周部のフレームへスムーズに流れるような伝達機構を構成している。これにより単純な箱の中に立体的かつ開放的で連続した建築空間がされている。ガラス張り空間はフリースペースなどとしても利用されている。

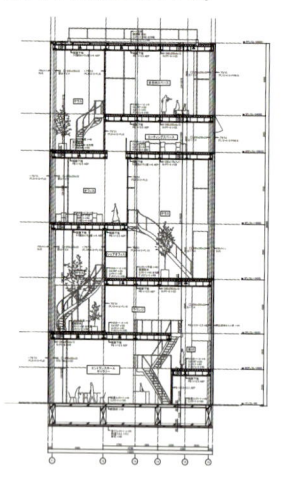

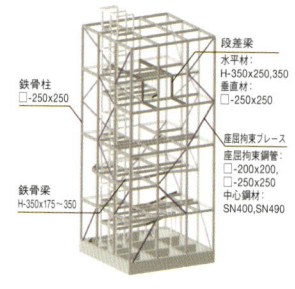

東京都港区芝浦3-15-4
建築設計：妹島和世建築設計事務所
構造設計：佐々木睦朗構造計画研究所
施工：清水建設
竣工：2011年
構造種別：S造

045　Tokyo / Minato-ku / Kenchikukaikan

日本建築学会

建築会館（日本建築学会本部ビル）
日本の建築技術と学術・芸術の総本山

造家学会から建築学会へ

　日本建築学会は産学が連携して数々の技術指針やガイドラインを発行し、日本の建築技術の根幹を125年以上にわたって支えてきた。「日本建築学会作品賞」は、優れた建築作品を設計した設計者に与えられる日本で最も権威のある賞だ。

　現在は会員数約35,000人を擁する大学会も、1886年に辰野金吾らによって「造家学会」として設立された時の会員数は26名だった。1897年に「建築学会」と改称し、1930年、銀座に本部ビル「(旧)建築会館」を建設、貸しビル業を営みながら学会事務局を運営していく形態が始まった（写真下）。矢部金太郎による抑えの利いたデザインで、細部にはアールデコ的な装飾が施されていた。

銀座から田町へ

　1979年に読売新聞社の田町の所有地との等価交換が成立、移転が決まった。設立コンペを行い秋元和雄が担当建築家として選ばれ、1982年に新「建築会館」が竣工、銀座から田町へ移転し、現在に至っている（写真上）。

　建築会館の中庭には旧館上部にあったエンブレムが保存されている。会館北側商店街側のゲートにも旧館細部の装飾が保存されている。

　地下の会員専用図書室には貴重な文献が収められている。正面1階右手にはさまざまなイベントや講習会に用いられる建築会館ホールとブックカフェがある。正面中庭でも時折オープンな展示イベント等が開かれる。

東京都港区芝5-26-20
建築設計：秋元和雄
構造設計：秋元和雄＋清水建設
施工：ゼネコン5社JV
竣工：1982年
構造種別：SRC造

046　Tokyo / Minato-ku / Sony City

斜め格子チューブ構造、免震構造

ソニーシティ
斜め格子チューブが覆う巨大オフィス

広大なワンフロア空間

　ソニーシティは高さこそ99.4mと現在の超高層ビルとしては際立ったものではない。しかし、ワンフロアのサイズは国際マッチが行われるサッカーグラウンド一面に匹敵する約100m×約70mと、日本を代表する企業の本社ビルに相応しい規模を誇る。これを実現するのが外殻を剛強な斜め格子チューブ構造、内部をロングスパンラーメン構造とし、地下の免震構造と組み合わせた構造計画である。

斜め格子チューブ構造

　建物外殻は軽やかなダブルスキンファサードで覆われ、ファサード内には斜め格子チューブ構造が透けて見える。このブレースフレームは三層おきに交わり象徴的な外観を現しているだけでなく、地下の免震構造と併せ、最も重要な構造要素となっている。

　ブレースフレームが地震時の水平力の多くを負担することでCFT内柱を地震時の応力負担から解放している。これにより25.5m×15mという非常に大きなスパンの無柱空間を実現した。ロングスパンの構造体に生じうる不快な床振動はTMDで除去している。また、ブレースフレームの高い水平剛性は免震構造により低減された建物の変形をさらに抑え、大地震時でも基準階の層間変形角を1/500以下と極めて小さくしている。これに伴い、本来80mm程度になってしまうカーテンウォールのマリオン見付け幅を55mmまで薄くするなどディテールの最適化も図ることができ、広大ながら明るく透明性の高いオフィス環境を実現している。

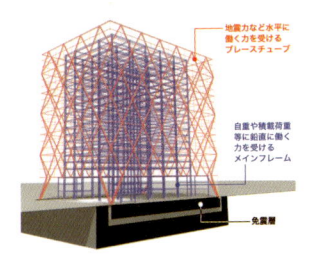

東京都港区港南1-7-1
建築設計：プランテック総合計画事務所
構造設計：アラップ、アルファ構造デザイン事務所
施工：清水建設他　竣工：2006年
構造種別：地上S造（柱CFT造）、地下SRC造
写真：スパイラル

047　Tokyo / Minato-ku / Igrek

CFT構造、免震構造

イグレック
優美でスレンダーな高減衰免震構造

最小の構造要素で、耐震性を確保

　白金の目黒通り沿いに建つ優美な集合住宅イグレック（フランス語でyの意味）は、平面が長辺方向16.8m、短辺方向9.7mの長楕円形、立面は曲面ガラスの外観をもち、地上12階、高さ39.1mのスレンダーな形態の免震建物である。

　頂部の2層はオーナーの住居であり、吹き抜けを通して目黒通りを見下ろす開放的な居住空間となっている。

　イグレックの構造的な課題は、最小の構造要素で最大の室内空間を確保しながら、居住者に強風時の揺れによる不快感を生じさせないこと、建物の優れた耐震性を確保することであった。これらを解決するために上部構造はたった4本の鋼管コンクリート充填構造で各フロアを支え、床スラブは梁の無いRCフラットプレートというシンプルな構造計画が採用されている。

　建物架構は主たる4本のCFT柱と厚さ500mmのRCフラットプレートのみで構成され、ル・コルビュジエのドミノ・システムの概念を再現したものとなっている。

　CFT柱とフラットプレートの間の接合部には曲げモーメントを伝達するために半径1300mmの円盤状の鋼板で床スラブを挟み込む接合部を採用している。免震装置としては、天然積層ゴムと各方向に300tの減衰力を持つオイルダンパーを配置している。これにより、固有周期は、基礎固定時の1.5秒から4.8秒まで長くなっている。

　建物内に入ることはできないが、周囲に建物の移動に追従するエキスパンションジョイントを見ることができる。

東京都港区白金2-5-16
建築設計：山口真一郎、竹中工務店
構造設計：竹中工務店
施工：竹中工務店
竣工：2007年
構造種別：SRC造

慶應義塾大学三田キャンパス南館
セミアクティブ免震システムによる複合校舎

複雑な構成の大規模校舎

慶應義塾大学三田キャンパス南館は、キャンパス内の南西端に法科大学院開設を機に建設され、丘の上下それぞれにキャンパスの内外に向けたエントランスを設けている。両エントランスをつなぐように、建物中央にアトリウムが設置され、地下に光をもたらし、建物の自然換気を促す。このアトリウムは、明るく開放的な空間を生み出すと共に、動線の要としても機能している。

クリエイティブキューブと呼ばれる高層部は、中央コア部のH型連層耐震壁(壁厚400〜700 mm)に耐震要素を集約することにより、教員個室階を梁無しのプレストレスト・PCaリブスラブ(リブせい450 mm、スパン約9 m)と壁柱(壁厚250 mm)で構成し、階高3.3 mにおいて柱型の無い快適な執務空間(2.55 m×6.0 m)を実現している。

免震システムはコンピュータ制御を取り入れたセミアクティブ免震を採用し、パッシブ免震とした場合に比べて2割以上の加速度低減効果を得ている。コンピュータ制御の導入にあたっては、コンピュータの故障や停電などの異常状態を検知できるシステムを構築し、異常時にはコンピュータを自動的に非制御状態とすることによって耐震安全性を確保する計画としている。

超高強度繊維コンクリートのブリッジ

見所はアトリウムに架け渡されたダクタルと呼ばれる超高強度繊維補強コンクリートを用いたブリッジである。ブリッジのせいは11.2 mのスパンに対して225 mmの薄さであり、コンクリートスラブとは思えないプロポーションを実現している。アトリウムはオープンシャフトのエレベータと相まって見通しの良い開放的な空間となっている。

この建物を計画するに当たり、既存建物として存在した、彫刻家イサム・ノグチと建築家谷口吉郎による萬來舎を、新校舎の屋上庭園へ新しい創造物として移築した(現在の名称は旧萬來舎)。移築に当たっては、内外装を建築家隈研吾、外構をフランスのランドスケープアーキテクト、M.デヴィーニュが協同で担当している。

1/アトリウムのブリッジ 2/旧萬來舎 3/キャンパス側エントランス

東京都港区三田2-15-45
建築設計:大成建設
構造設計:大成建設
施工:大成建設
竣工:2005年
構造種別:RC造

CHAPTER 5
SHINJUKU
新宿

東京都庁舎
代ゼミタワー OBELISK
モード学園コクーンタワー
新宿三井ビルディング
新宿NSビル
NTTドコモ代々木ビル
COLUMN：西新宿の高層ビル群

新宿・代々木
Shinjuku, Yoyogi

52 新宿三井ビルディング P.87
49 東京都庁舎 P.84
53 新宿NSビル P.88

49　東京都庁舎　東京都新宿区西新宿2-8-1　P.84
50　代ゼミタワー OBELISK　東京都渋谷区代々木2-25-7　P.86
51　モード学園コクーンタワー　東京新宿区西新宿1-7-3　P.87
52　新宿三井ビルディング　東京都新宿区西新宿2-1-1　P.87
53　新宿NSビル　東京都新宿区西新宿2-4-1　P.88
54　NTTドコモ代々木ビル　東京都渋谷区千駄ヶ谷5-24-10　P.88

新宿・代々木周辺地図

50 代ゼミタワー OBELISK P.86

51 モード学園コクーンタワー P.87

54 NTTドコモ代々木ビル P.88

049　Tokyo／Shinjuku-ku／Tokyo Metropolitan Government Office

東京都庁舎
スーパー柱・スーパー梁による大架構

日本の伝統的な格子状の外観をもつシンボリックな超高層

　東京都庁舎は新宿新都心の西側に位置する。石張りの集積回路を思わせる外装と日本の伝統的な格子の印象の外観である。議会棟、第1庁舎、第2庁舎の3棟からなり、第1庁舎は上層部でツインタワーに、第2庁舎は段々形状に形態を変化させた特徴をもつ。

　第1庁舎は、地上48階、高さ243.4m、延べ面積195567㎡と大規模であるが、圧迫感を感じさせない。シンボル性を感じさせながら周辺との調和を図った外装、形態のデザインとなっているためであろう。

大架構による合理的な構造計画

　構造計画に求められた性能は、災害時の防災拠点となる高い耐震性、柱の少ない自由度の高い事務室空間であった。これを実現するため平面形が高さ方向に変化する複雑な形態にもかかわらず、スーパーストラクチャー（大架構）による単純で明快な架構となっている。

　6.4m角のコアにある4本の柱をブレースで一体としたスーパー柱（大柱）と中間の機械室が集中する階を一層の大きな梁、スーパー梁

スーパーストラクチャー、K型ブレース、防災拠点

2

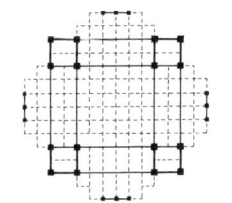

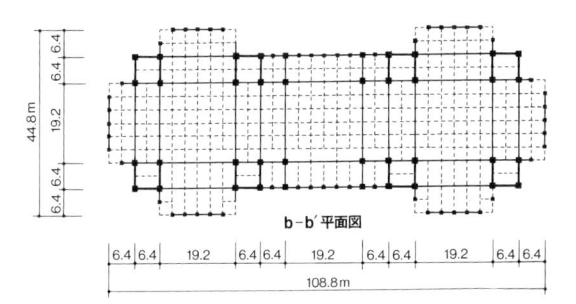

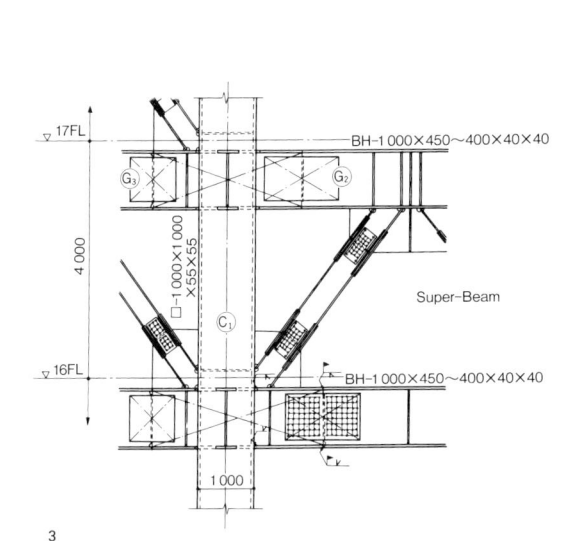

a-a′平面図

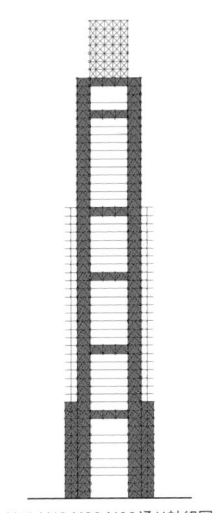

b-b′平面図

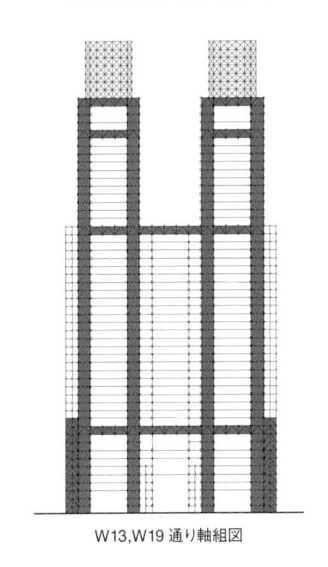

N13,N19,N33,N39通り軸組図

W13,W19通り軸組図

1／外観全景　2／6.4mグリッドの床伏図　3／メガストラクチャー鉄骨詳細図　4／第1庁舎軸組図

でつなぐ大組み架構となっている。地震力や暴風時の水平力をスーパーストラクチャーに負担させることで平面、断面共複雑な形態に対応できた。また塔状比が7を超える細長い短辺方向の架構も変形をおさえ、転倒安全性も確保できている。

基本モジュールを3.2mとし、6.4mと19.2mの二つのグリッドからなる整形で美しい伏図が本構造の透逸さを物語っている。柱は上階まで1.0mのBOX柱、大梁1.0m、トラスを構成するK形ブレースも300・350mmの梁せいのH型鋼として全階統一されている。

設計当時考慮されていなかった長周期地震動対策のために制振装置を設置して、大きな揺れを早く収めることにより業務の継続を図るための補強工事を行っている。

東京都新宿区西新宿2-8-1
建築設計：丹下健三・都市・建築設計研究所
構造設計：ムトーアソシエイツ
施工：大成建設、清水建設、竹中工務店などJV　竣工：1991年
構造種別：S造、一部SRC・RC造

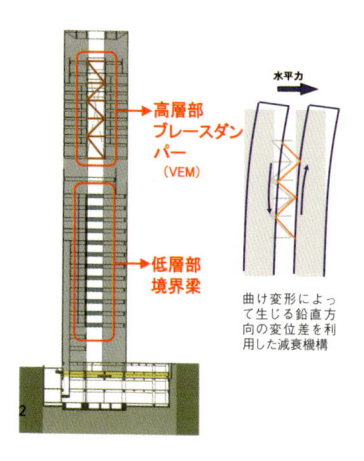

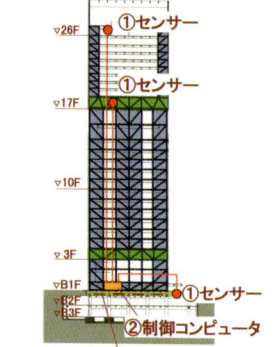

050　Tokyo / Shibuya-ku / Yozemi-Tower OBELISK　　RC連層耐震壁　セミアクティブ免震

→高層部ブレースダンパー（VEM）
→低層部境界梁
水平力
曲げ変形によって生じる鉛直方向の変位差を利用した減衰機構

▽26F ①センサー
▽17F ①センサー
▽10F
▽3F
▽B1F ①センサー
▽B2F ②制御コンピュータ
▽B3F ③可変減衰ダンパー

代ゼミタワー　OBELISK
連層耐震壁とセミアクティブ免震による意匠と構造の融合

高い透過性によって象徴性を実現

　新宿の超高層ビル群から少し離れた代々木に、きれいに納まったプロダクトのような透過性の高いビルが建っている。正面のガラスファサードを縁取る枠は、建物側面に立ち上がる連層耐震壁（スーパーウォール）である。塔状比が大きく、スレンダーでありながら簡潔で力強い構造形態は、本部校としての象徴性を表現している。低層部は教室・事務室、中層部に空中キャンパス、上層部は予備校生のための住居である。

連層耐震壁とコアフレーム

　上層は光庭を挟んで住居が平行して並んでいる。下層は光庭がなくなり大教室になる。このため、上層の柱の一列は下層では立てることができない。そこで、17階の設備専用フロアにメガトラス架構を設け、連層耐震壁に上層部の荷重を流し、中層の無柱空間および下層の大空間を実現している。また、短辺方向の水平力は連層耐震壁に、長辺方向は鉄骨ブレースによるコアフレームに流すことで、内部にある柱は水平力を負担しない細い柱で構成可能となり、フレキシブルで透過性のある空間を実現した。加えて、従来の粘弾性ダンパーより細い、筒型粘弾性ダンパーを開発し、上層の短辺方向にラチスのように配置することで、水平力により生じる二列の架構の曲げ変形の上下変位差を利用して減衰を付加し、上層階の居住性能を確保している。

世界初のセミアクティブ免震による超高層ビル

　建物の地下1階には天然ゴム系積層ゴム支承とオイルダンパーからなる免震システムが配置されている。オイルダンパーの半数は可変減衰ダンパーであり、建物の応答性状に応じて減衰係数を切り替えるセミアクティブ免震である。建物の応答は各所に配置したセンサーで計測し、制御コンピューターで管理している。このようにして、高い剛性と耐力を有するメガストラクチャーと免震の組み合わせにより、安全安心な建物が実現された。15階にあるレストランは一般にも開放されているため、広々とした中層の空間と薄い連層耐震壁を見ることができる。

1／建物外観　2／スーパーウォール／ダンパーによる減衰機構　3／スーパーフレーム／セミアクティブ免震システム

東京都渋谷区代々木2-25-7
建築設計：大成建設
構造設計：大成建設
施工：大成建設
竣工：2008年
構造種別：RC＋S造

051　Tokyo / Shinjuku-ku / Mode Gakuen Cocoon Tower

インナーコアとダイアゴナルフレーム

モード学園コクーンタワー
巨大な繭を支える構造

立体キャンパス

　西新宿に建つ高層学校建築で、高さ204m、地上50階建である。デザインコンセプトである「繭」をイメージし、外観は絹糸のような帯板がからみあった表現がされている。ブレースのように見えるが構造体ではなく装飾である。高層建築では各階でコミュニケーションが断絶されやすいが、3層ごと3カ所に吹き抜けを設けることでそれを解決している。

インナーコアとダイアゴナルフレーム

　地上部の構造はインナーコアとダイアゴナルフレームからなる。インナーコアは直径600〜900mmの12本のCFT柱による純ラーメン構造で、内部は階段とエレベータが配置されている。ダイアゴナルフレームはインナーコアの周りに3つ設置されている。コの字型の平面形状を持つ斜め格子架構である。斜め格子は概ねH-400×400によって概成されている。ダイアゴナルフレームは鉛直方向に楕円曲線を描くように1方向に湾曲していて、45階以上の部分で相互に連結し、門型架構のような形状となっている。水平荷重時には中層階において、各フレームの回転変形による層間変形が比較的大きくなることを利用して、インナーコアの15〜39階にオイルダンパーを6基ずつ設置して地震エネルギーを吸収している。また、教室エリアの床梁が外周斜め柱の座屈補剛材としてダイアゴナルフレームの面外方向へのはみ出しを防ぐ役割を担っている。

※1〜50階までの学校フロアは、入学希望者および学校関係者以外は立ち入り禁止

東京新宿区西新宿1-7-3
建築設計：丹下都市建築設計事務所
構造設計：アラップジャパン　施工：清水建設　竣工：2008年　構造種別：地上S造（柱CFT造）、地下SRC造

052　Tokyo / Shinjuku-ku / Shinjuku Mitsui Building

初期の超高層ビル

新宿三井ビルディング
ブレースが外観のアクセントとなる

日本初期の超高層オフィスビル

　新宿三井ビルは、新宿副都心のほぼ中央に位置する地上55階高さ約210mの日本における初期の超高層オフィスビルである。ガラス張りの外壁と、表に現われたブレースが特徴的な外観である。外壁のガラスには熱線反射ガラスが用いられ、周辺の超高層ビルや環境を映しこんでいる。また、高層化によって生まれる足元の空地には広場が設計され、市民生活の場として開放されている。平面は長辺方向58.4m、短辺方向44.4mの矩形で、廊下とセンターコアを挟むオフィススペースは無柱空間である。外周部とセンターコア縁に柱とブレースが配置されたラーメンチューブ構造である。地下3階から地上2階床までははSRC造、地上2階以上はS造である。柱は500×500mmのビルトボックスが用いられ、梁は800×200のH型鋼が用いられている。

ファサードにあらわれるブレース構造

　外観のアクセントにもなっているブレースは、短辺方向の中央、6階ごとに1つずつ架けられている。地震および台風時の水平剛性確保のために設けられている。ブレース本体は500×500mmのビルトボックスであるが、接合部は500×500mmのビルトHを用いている。ボックス鋼とH型鋼との接合は、ボックス断面の横面プレートを絞り込むことで接合している。新宿三井ビルは日本の超高層初期の傑作であり、今も新宿副都心にそびえ立っている。

東京都新宿区西新宿2-1-1
建築設計：日本設計
構造設計：日本設計
施工：鹿島建設
竣工：1974年
構造種別：S造

053 Tokyo / Shinjuku-ku / Shinjuku NS building

立体トラス

新宿NSビル
立体トラスで覆われたアトリウム空間

超高層の新境地

　超高層が高さを競い合っていた時代に、規模の大きさをアトリウム（吹き抜け）の魅力に生かした日本初のアトリウム型超高層である。

　建物平面は大きな口形をしており、その内部が大きなアトリウムとなっている。アトリウムは130m上空でガラス大屋根に覆われ、40m×65mの平面を持つピン支持立体トラスを構造としている（図1）。グリッド寸法は3.2mでトリプルレイヤーになっている。この立体トラスは、大阪万博のお祭り広場で使用されたシステムを工業製品化し、本格的に使用した初期の例でもある。

　この建物の魅力は外観からはわかりにくく、ぜひ中に入ってアトリウムから大屋根を仰ぎ見ることをお勧めする（図2）。上層部の空中に架かるブリッジからの光景も美しい。

安全性へのこだわり

　アトリウムの安全性には、大屋根自体の安全性を確保することが不可欠である。そこで立体トラスはあらゆる荷重に加え、±50℃の温度差による応力および下部建物の変形による影響を考慮して、応力度が弾性範囲内にとどまるように設計されている。屋根を覆うガラスは、接合部材であるエンドコーンを支持点にしたサッシに取り付いている。ガラス寸法は800mm×1,600mm、6,048枚の網入りガラスを使用している。ガラスの固定には耐候性を重視し、ガスケットの外側にアルミ板を取り付け、紫外線によるガスケットの劣化を防いでいる。工事の際には屋根トラスを地上でブロック組みし、建物端部で組み立て、送り出しながら施工した。

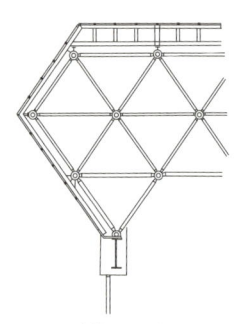

1／立体トラス断面図

2／アトリウムから天井を仰ぎ見るとブリッジが見える

東京都新宿区西新宿2-4-1
建築設計：日建設計
構造設計：日建設計
施工：大成建設
竣工：1982年
構造種別：S造

054 Tokyo / Shibuya-ku / NTT Docomo Yoyogi Building

制震

NTTドコモ代々木ビル
通信鉄塔の新形態

特殊な敷地

　NTTドコモのオフィスと携帯電話用通信設備を納める超高層建築である。

　敷地周辺は代々木公園・新宿御苑・明治神宮といった広大な緑地を有する一方、新宿駅南側の新たな商業エリアとして注目されているが、新宿のビル群からはやや離れて独立した地域にある。

　このような環境において240m以上の高さを有する建物の設計には、都市景観に対する多大な影響が懸念された。検討の結果、建物の上に通信鉄塔が立つという従来の形式から、建物と鉄塔を一体としたマンハッタン風の建築物とするデザインが採用された。

真の姿

　日本のエンパイアステートビルと通称され親しまれている当該建物は、プロポーションから50階近いフロアを有しているように見える。しかし、実際は26階（高さ約100m）までが建物部分に当たり、そこから上の階は、通信用鉄塔構造物が1フロアに納められている。つまり、アンテナ・支柱・ケーブルのみの空洞構造である。

　上層の段上部分の周囲にはアンテナが配置できるスペースが設けられており、頂部の尖塔はメンテナンス用のクレーンである。良く見ると先端が2つに分かれるようになっている。

　都心を訪れる機会があれば、必ず目にする建物である。しかし、外側からではこの建物の真の姿はわからない。中の構造を想像してほしい。運が良ければクレーンが開く瞬間が見られるかもしれない。

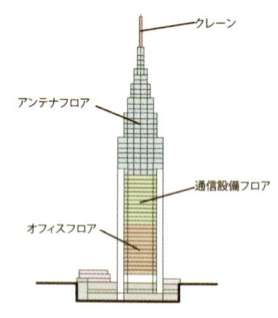

東京都渋谷区千駄ヶ谷5-24-10
建築設計：NTTファシリティーズ
構造設計：NTTファシリティーズ
施工：鹿島建設、フジタ、他
竣工：2000年
構造種別：S造

COLUMN

西新宿高層ビル群

霞が関ビル

新宿住友ビル

新宿三井ビル

ホテルニューオータニ本館
写真：ハットリスタジオ

損保ジャパンビル

新宿センタービル

　日本の耐震設計は、1915年に佐野利器によって定められた耐震設計法（震度法）で始まった。それ以降は、高さ31m以下の8、9階建てSRC造建物が法律上の最高高さであった。その後高度経済成長期などの時代背景もあり、1964年に前述の高さ制限が撤廃された。
　超高層建物の大臣認定取得第1号であるホテルニューオータニ（17階、72m、1964年、写真は2007年外装全面改修と制振ブレースによる耐震補強後を示す）、日本最初の超高層ビルの象徴である霞ヶ関ビル（36階、147m、1968年）などに続き1970年代は西新宿に200mの超高層ビルが次々建てられた。
　新宿住友ビル（210m、1974年3月）は三角形の平面形の三辺に事務室を配置し、中央部は全層吹き抜けとしたタワーである。三角形の平面内に三重のチューブとした構造である。H形鋼の柱梁を密に組んだ、ラーメンではあるが、開口の小さい壁的な架構として設計されている。経済性、施工性に考慮した床パネル工法などの採用により、鋼材量102kg／㎡（延べ面積）、29ヶ月の超短工期を実現している。
　建物の妻面の大ブレースが印象的な新宿三井ビル（225m、1974年10月）は、センターコ

アタイプの平面の超高層建物である。オフィス部を両側にコア部を中央部に配置した計画である。短辺方向は幅高さ比が4.5とスレンダーであるため通常のラーメンではなく6層1ユニットの大ブレース架構を用いた合理的な構造とした。500角のBOX断面ブレースは力の美も表現している。

損保ジャパンビル（旧安田火災海上本社ビル、200m、1976年3月）は裾広がりの外形を持った超高層である。損害保険会社の企業イメージを表す安心、安全の安定感を与える形態である。低層部を末広がりとすることで構造合理性に加え大空間の用途も配置可能となった。8,21,35階に一層のトラス梁、コア部全層に地震時の揺れを吸収するPC版制震壁を設け揺れを抑える架構となっている。

新宿センタービル（223m、1979年10月）もセンターコアタイプのの超高層建物である。外周柱を3mピッチで配置してチューブ構造とし、内部架構は連層のPC版制震壁と14,27,40,55階に一層のベルトトラスが配置されている。長周期地震動対策として2009年7月に制振構造補強（オイルダンパー）を行い、2011年3月の東日本大震災においてその揺れの低減効果が確認されている。

その他に初期のものではスレンダーな板状の京王プラザホテル（179m、1971年6月）、整形な形状の新宿野村ビル（203m、1978年6月）などがある。

最近では繭をイメージした特徴的な形態をもつ東京モード学園コクーンタワー（203m、2008年10月）も建てられている。将来のモード界を担う若者を育てる場を表現している。構造的には外側の3つの斜め格子架構（ダイゴナルフレーム）とコア部ラーメン架構（インナーコア）から構成されている。双方の架構間に設置したオイルダンパーにより地震力を低減させている。この有機的な形態は、コンピューターや建築技術の進歩による意匠、構造両面における自由度の広がりを示す一例と言えよう。

京王プラザホテル

新宿野村ビル

モード学園コクーンタワー

CHAPTER 6

UENO
BUNKYO

上野・文京

東京国立博物館法隆寺宝物館
国立西洋美術館本館
東京文化会館
東京ドーム
順天堂大学センチュリータワー
求道会館
住友不動産飯田橋ファーストビル
東京大学工学部2号館
東京大学弥生講堂アネックス
ニコライ堂（日本ハリストス正教会東京復活大聖堂）
東京カテドラル関口教会聖マリア大聖堂
COLUMN：免震構造と制振構造

上野
Ueno

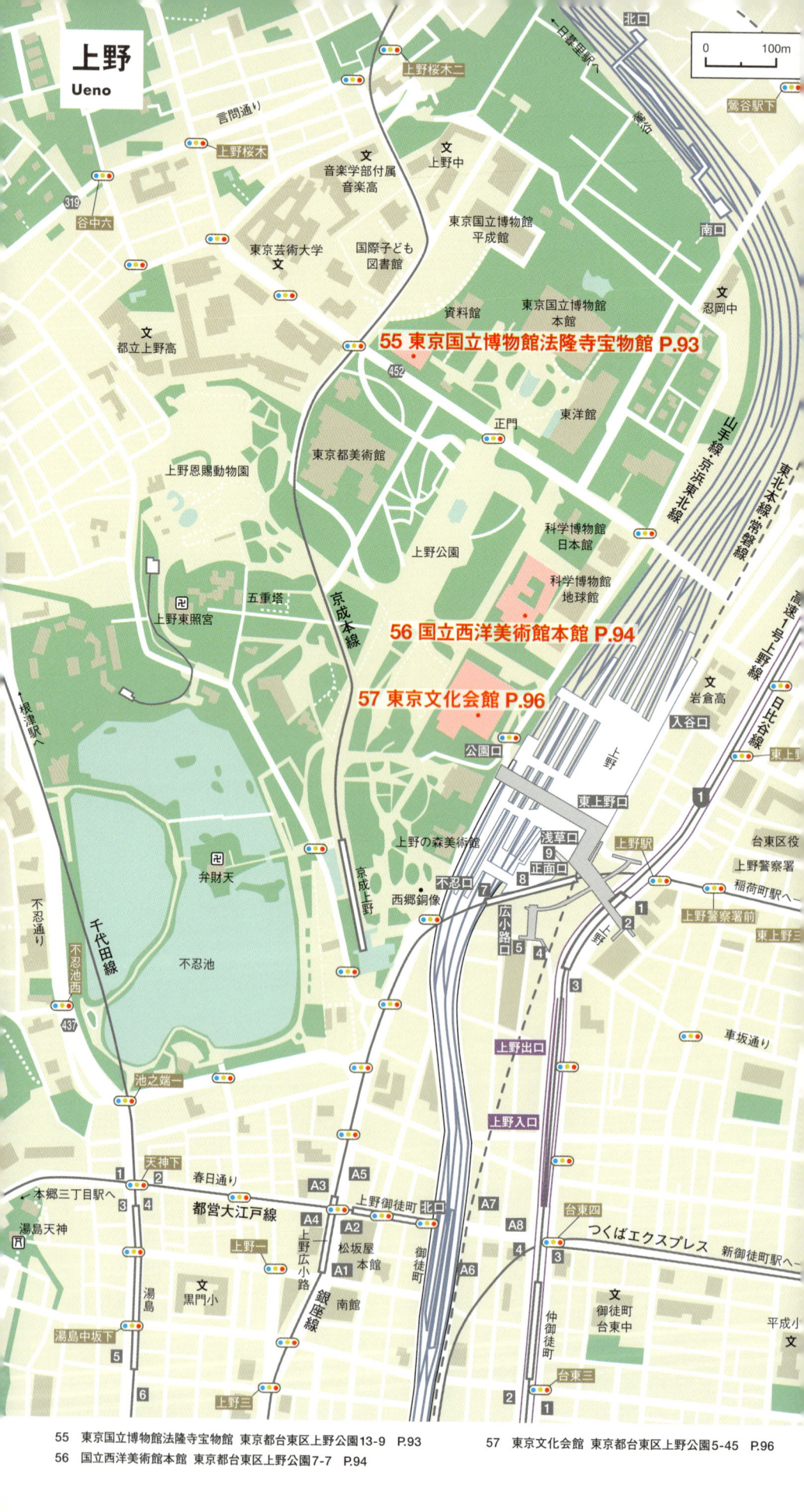

55 東京国立博物館法隆寺宝物館 P.93
56 国立西洋美術館本館 P.94
57 東京文化会館 P.96

---

55 東京国立博物館法隆寺宝物館　東京都台東区上野公園13-9　P.93
56 国立西洋美術館本館　東京都台東区上野公園7-7　P.94
57 東京文化会館　東京都台東区上野公園5-45　P.96

055　Tokyo ／ Taito-ku ／ The Tokyo National Museum The Gallery of Horyuji Treasures　ファサード構造、展示台制振

TEL 03-5777-8600（ハローダイヤル）
開館時間：9:30〜17:00、入館は16:30まで
※時期により変動あり
休館日：月曜日（祝日の場合は翌火曜休館）、年末年始

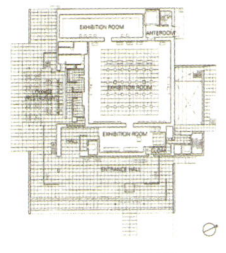

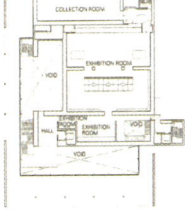

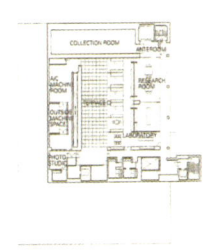

first floor plan　　second floor plan　　third floor plan　　forth floor plan

東京国立博物館法隆寺宝物館
屋根を支えるファサード

3つの要素からなる構成で、いくつもの表情をつくり出す

　この建築は上野の森の一角にひっそりと佇んでいる。建物前面には池が広がり、建物を映しこむ。ファサードは深いアルミのひさしと細かいサッシの入ったガラスボックスで構成されている。後方には分厚いライムストーンの壁があり、繊細な縦格子や軽やかなひさしと対比的である。門構えの構成をしたひさし、ガラスボックス、ライムストーンのヴォリュームは、それぞれズレながら後退して配置されている。正面に向かうと左右非対称の構成で奥行が感じられる。3つの要素からなるシンプルな構成でありながら、素材、光、プロポーションの変化でさまざまな表情を見せる。

閉鎖性と開放性

　東京国立博物館法隆寺宝物館は、法隆寺から皇室に献納された法隆寺献納宝物300件あまりを保存展示するための施設である。そのため永久保存と公開展示、言い換えると閉鎖性と開放性という、相反するものを同時に建築化する必要があった。設計者は指名プロポーザル方式により選定された谷口吉生で、この問題にシンプルな幾何学的構成で解を出している。展示物を保管する収蔵庫と展示室は、保存のための閉鎖性が求められる。そのためコンクリートと石で覆われた閉じた空間とし、中央に配置している。一方、ロビーやラウンジといった開放性の求められる空間は、鉄とガラスで覆い、周辺に配置されている。

明快な構造計画と緻密なディテール

　構造は意匠のコンセプトに合わせ、中央の収蔵庫や展示室をRC造、周辺のロビーやラウンジをS造としている。閉鎖的空間である中央のRC造部分をコアとして、全体で地震力を負担している。それにより、建物正面の大きな門構えをもつロビー上部の屋根を支える鉄骨柱は、軽快な細長い柱になっている。緻密なディテールと綿密にねられたプロポーションによって、緊張感が生まれている。また、公開展示となる宝物の貴重性から展示什器個体に免震装置がつけられている。

1／外観　2／展示室　撮影：佐藤暉
3／各フロアの平面図

東京都台東区上野公園13-9
建築設計：谷口建築設計研究所
構造設計：構造計画研究所
施工：大林組
竣工：1999年
構造種別：RC造、S造

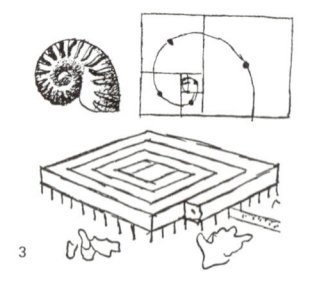

国立西洋美術館本館
ピロティ構造を守る免震装置

地震に弱いピロティ構造

国立西洋美術館本館(図1)はル・コルビュジエ(図2)の日本で唯一の作品であり、彼が提唱した「無限成長美術館」のコンセプトが反映されている。「無限成長建築」は図3の巻貝のように、建物が無限に成長していくという概念。西洋美術館本館の常設展示ルートも中央の「19世紀ホール」から外に向かって、らせん状に移動していくように計画されている。

中央のホールに直接アプローチするために、コルビュジエが多用したのが「ピロティ構造」である。ピロティは細い柱を意味し、建物を空中に持ち上げ地上部を解放するデザインが特徴である(図4)。しかし、地震に弱いという特徴を併せ持つ。地震のエネルギーは周期が短い(早く揺れる)建物で激しく、さらに弱い階に集中する特性があり、ピロティ構造を持つ建物は過去の地震で常に層崩壊、倒壊の被害を受けてきた。

免震改修の初期の例

本建物も1990年代に耐震性能の不足が判明し、耐震補強を行うことになった。しかし、①ピロティ柱

ピロティ構造、免震構造、耐震改修

1／前庭より　2／ル・コルビュジエ　3／無限成長美術館
4／サボア邸　5／本館展示室　6／免震レトロフィット
写真1・5　©国立西洋美術館
写真2・4および図3　© Fondation Le Corbusier
開館時間：9:30〜17:30、金曜日は20:00まで
※入館は閉館の30分前まで
休館日：月曜日（休日の場合は翌火曜日）、年末年始
URL：http://www.nmwa.go.jp/

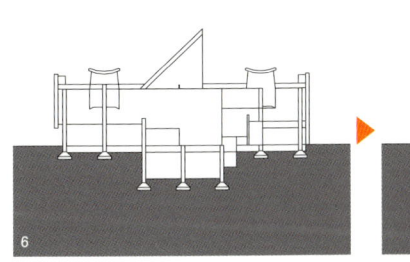

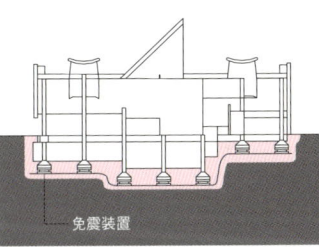

高減衰積層ゴム

免震装置

の間にコンクリート壁または鉄骨の斜め部材（ブレース）を入れる、②柱をコンクリートや鉄板で巻き太くする、等の通常の耐震補強は何れもコルビュジエのデザインを台無しにしてしまう危険性があった。そこで試みられたのが、本館の下に積層ゴム免震支承を挿入し、建物を「免震構造化」する計画である（図5）。
「免震構造化」することでピロティ構造のデザインそのままで、高い耐震性を確保できている。
「免震改修」技術は煉瓦造のようなもろい建物の耐震化にも有効であり、新しい東京駅丸の内駅舎の改修、三菱一号館の復興も「免震構造化」により可能になった。
国立西洋美術館では、地下の休憩室の窓から設置された積層ゴム免震支承を見ることができる。

東京都台東区上野公園7-7
建築設計：ル・コルビュジエ
免震設計・監理：建設省関東地方建設局営繕部、前川建築設計事務所、横山構造建築設計事務所
構造設計：横山不学
施工：清水建設　竣工：1959
免震改修：1998
構造種別：RC造

東京文化会館
シンプルな構造によるダイナミックな建築

日本初の国際的劇場建築

本建物は、日本の近代建築を築いた前川國男の作品。前川の師であるコルビュジェが設計した国立西洋美術館に対面して建つ。

この建築は劇場建築として我国で初めて総合的な建築音響設計を組織的に実施したプロジェクトであり、その成果は戦後におけるホール音響設計の手法の基盤となった。幾度の改修を終えて今なお、奇跡的とも言われる音響の良さは変わらず世界中から評価されている。

2つのホールとホワイエ

反り上がる大きな曲面のひさしの下にエントランスがあり、チケット売り場などがある開放的なロビーに入る。さらに進むと天井が低く抑えられたホワイエ入口である。上階にはレストランがある。入口を抜けると高く吹き抜けたホワイエに出る。大きなガラス壁面の向こうに上野の森と西洋美術館が見え、大ホールの大きな壁面がそびえている。ホワイエ入口の左には小ホールに向かうゆっくりとした斜路がある。大ホールの壁面の脇を通って小ホールに入る。大小のホールは大きな1つの空間に内包されている。

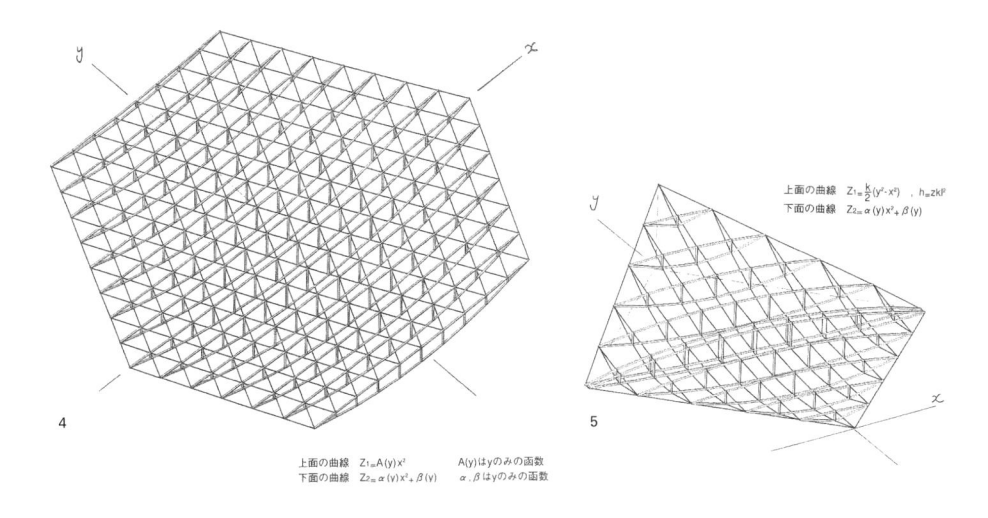

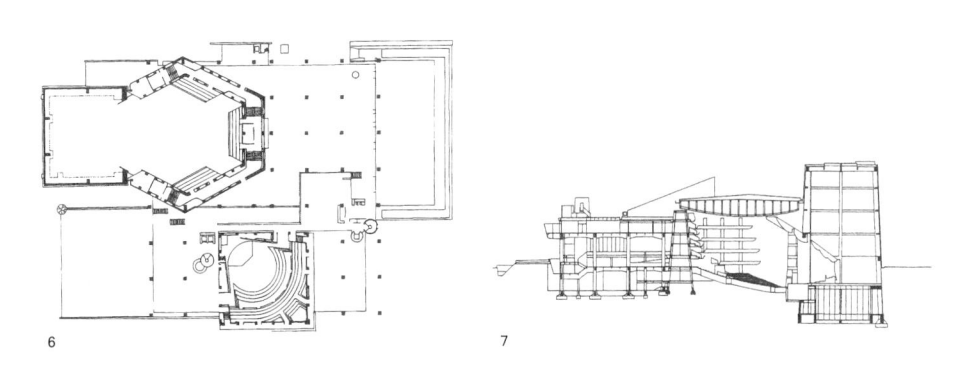

SRCラーメン構造、放物線トラス

上面の曲線　$Z_1 = A(y)x^2$　　$A(y)$はyのみの関数
下面の曲線　$Z_2 = \alpha(y)x^2 + \beta(y)$　　α, βはyのみの関数

上面の曲線　$Z_1 = \frac{k}{2}(y^2-x^2)$, $h_1 = zk l^2$
下面の曲線　$Z_2 = \alpha(y)x^2 + \beta(y)$

1／建物外観　2／大ホール　3／ホワイエ　4／大ホール屋根の形態。大ホールの屋根は、六角形の平面を持つ。高さ最大17mの大ホールは、外周が二重のフレームとなっている。また、壁面と客席部分にはプレキャストコンクリートが用いられ、最大40mものスパンをもの屋根には、上下弦材が下に凸の放物線形状をしたトラス梁がかけられている。この下に凸な曲面形状が音響の良さにも貢献している　5／小ホール屋根の形態。小ホールの屋根は、下面が放物曲面、上面がHP曲面で構成され、正方形の平面に対して斜め方向に梁をかけているので、一方向は凹レンズ、他方向は凸レンズの独創的なトラス梁となっている　6／2階平面図　7／断面図

終局強度論に基づいた構造

　反り上がった曲面大ひさしやルーバーなどの印象的な建築デザインに加え、ホール内部の音響壁面を始め、緞帳のデザイン・造園等に彫刻家の向井良吉、流政之など多くの造形作家を起用し、ディテールも文化施設にふさわしい造形的なデザインとなっている。
　構造は、木村俊彦による。大小ホール、ホワイエなど各部の空間に対して、それぞれ適切な構造形態を用い、全体をつなぎ合わせている。つないだ構造物は元の構造物より弱くなることはないという、終局強度論の考え方に基づいている。
　ホワイエ部分は10.8mの正方形グリッド上に規則的に柱と梁が配されたSRC造のラーメン構造と非常にシンプルになっている。

東京都台東区上野公園5-45
建築設計：前川國男建築設計事務所
構造設計：横山建築設計事務所
音響設計：永田音響
施工：清水建設
竣工：1961年
構造種別：RC造、S造（屋根）

水道橋 Suidobashi

水道橋
- 58　東京ドーム　東京都文京区後楽1-3-61　P.100
- 61　住友不動産飯田橋ファーストビル　東京都文京区後楽2-5-1　P.103

本郷
- 60　求道会館　東京都文京区本郷6-20-5　P.102
- 62　東京大学 工学部2号館　東京都文京区本郷7-3-1　P.104
- 63　東京大学弥生講堂アネックス
  　　東京都文京区弥生1-1-1 東京大学弥生キャンパス内　P.106

御茶ノ水
- 59　順天堂大学センチュリータワー　東京都文京区本郷2-1-1　P.101
- 64　ニコライ堂　東京都千代田区神田駿河台4-1-3　P.106

本郷 Hongo

- 63 東京大学 弥生講堂アネックス P.106
- 62 東京大学 工学部2号館 P.104
- 60 求道会館 P.102

御茶ノ水 Ochanomizu

- 59 順天堂大学センチュリータワー P.101
- 64 ニコライ堂 P.106

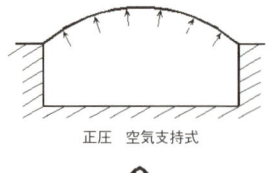

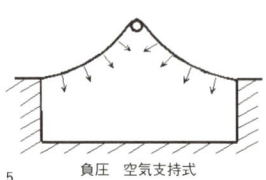

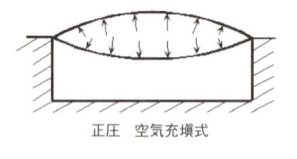

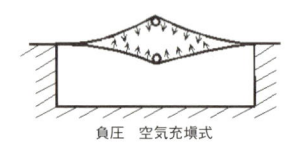

058　Tokyo / Bunkyo-ku / Tokyo Dome

空気膜構造、インフレート、デフレート

東京ドーム
空気が支える大アリーナ

白い巨大なメロンパン

　後楽園遊園地脇にある白い巨大なドーム。近くに寄るとテント地のような膜が風船のように膨らんでいることがわかる。屋根の素材はフッ素樹脂でコーティングされたガラス繊維膜。強くて劣化しにくい膜材料だ。厚さはわずか0.8 mm。これをドーム内に充満している空気が持ち上げている。空気が柱の役割をしているのだ。膜面を小わけにし十分に緊張した状態にするために、さらに補強ケーブルの格子状ネットワークで引っ張り下げている。このためメロンパンのような凹凸がある。屋根を持ち上げるための内外の空気圧差は普段約300 Pa、雪や台風のときは最大900 Paまで上げられる。

　また、ドーム内側には内膜が懸垂されており、外膜との間に温風を送ることで、融雪することもできる。隣接する小石川植物園の日照を妨げないよう屋根全体は約1/10の勾配で植物園側が低くなるように傾いている。

日本の初の大規模恒久空気膜構造

　1950年代から米国で開発されていた空気膜構造は100mを超える大スパン構造のために低ライズケーブル補強空気膜構造が開発され、1970年大阪万博の米国館としてデビューした。開発者のディヴィッド・ガイガーはその後この構造で米国に多数のアリーナを作った。膜材を通して昼間光をふんだんに取り入れることのできるこの構造は野球やアメフト用の屋根付き競技施設として多くの需要があった。大阪万博から18年。日本初の屋根付き野球場として返り咲いたのが東京ドームだ。お手本は米国にある。

25年を迎えた膜屋根

　1987年6月28日の早朝。アリーナ全体に空気が送風され、吊り下げられていた膜面が徐々に反転し膨らんでいった（インフレート工事）。約3時間後には無事、所定の高さまで達した。空気膜は角のある形と馴染みが悪い。屋根の平面形は角の無い四角形状、スーパー楕円と呼ばれる形になっている。

1／外観。外周部は立体トラスのガラスのキャノピー　2／内観。膜材の優れた透光性による明るい内部空間　3／内部空間に送風し続けるブロワー　4／インフレート途中の様子　5／空気膜構造形式のいろいろ

東京都文京区後楽1-3-61
建築設計・構造設計：日建設計・竹中工務店
施工：竹中工務店・大陽工業
竣工：1988年
構造種別：低ライズケーブル補強空気膜構造屋根、RC造・SRC造（下部）

059　Tokyo / Bunkyo-ku / Juntendo University Century Tower　K型ブレース

1／偏心K型ブレースが印象的な外観
2／偏心ブレースの2層構成　3／曲面ガラス屋根　4／1階ロビー中央の吹き抜けの見上げ

順天堂大学センチュリータワー
ブレースに床を吊り下げたダイナミックな構造

大きな吹き抜けをもつ内部空間

巨大なブレースがあらわになったファサードが印象的なこの建物は、イギリスの著名な建築家ノーマン・フォスターによる設計である。フォスターはこの建築で、当時のオフィス建築に対して、新しい魅力あふれる空間を提案している。

建物の構成は、地上21階の南タワーと18階の北タワーとを19階分の巨大なアトリウム空間を介してつなぐ構成である。特徴的な偏心K型ブレースの骨組みは内部空間にもあらわれている。構造体をファサードに表現することは、当時としては、先駆的な建築であった。

偏心K型ブレースの生み出す空間

この作品の特徴でもある偏心K型ブレースのフレームは、アトリウム空間吹き抜けの両側に2列ずつ並列している。このフレームの間に23.4mスパンの梁が架けられ、無柱のオフィス空間を実現している。フレームは2階分の高さで構成され、アトリウムからダイナミックな空間を見ることができる。

偶数階の床は上階からPC鋼管によって吊り下げられている。

先駆的な耐震設計技術

階数の異なる2つのタワーは、アトリウム空間内が2層毎に大梁で結ばれているが、地震時に異なる挙動をする。当時最先端であった弾塑性動的解析で挙動を検討した。

このように、この建築は大胆な意匠性のある構造デザインに対して、先端技術を用いることで構造の安全性を保証した先駆的な作品であり、今日の構造デザインにつながっている作品である。

東京都文京区本郷2-1-1
建築設計：フォスターアソシエイツ
構造設計：アラップ
施工：大林組
竣工：1991年
構造種別：S造

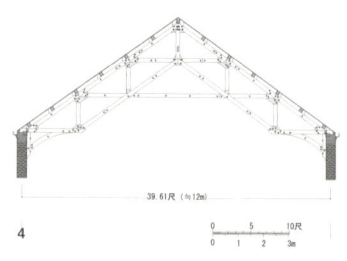

求道会館
大会堂に架かる繊細で美しいハンマービームトラス

武田五一による初期の傑作

地下鉄南北線の東大前駅を出て南に約400m、東京都の指定有形文化財である求道会館は、東京大学正門からわずか徒歩数分の住宅地の一角に佇んでいる。一帯はかつて東京大学（帝国大学）を中心とした下宿街として栄え、多くの著名な文化人が暮らしていたことでも知られる。戦災による被害が比較的少なかったこともあり、現存するいくつかの洋風住宅や商店等から大正・昭和初期にかけての当時の風情を感じ取ることのできるエリアである。

設計者である建築家・武田五一は、アールヌーボーやゼセッションといった西洋のスタイルを日本に紹介した草分け的存在で、求道会館は初期の作品に数えられる。

武田は当時浄土真宗の僧侶として活動していた近角常観の依頼を受け、大衆に向けて信仰を説く場として求道会館を設計した。主要な構造躯体をレンガ造（関東大震災後に一部RC造に改修）、小屋組を木造とした西洋建築の構造形式が採用されている。このためか、仏教の会堂であるにも関わらず、あたかもキリスト教会のような雰囲気を醸し出している。

国内最初期の
ツーバイフォー材構造

大会堂の空間を特徴づけているのはハンマービームトラスと呼ばれる木造小屋組の架構である。構成部材には、北米由来のツーバイフォー構法用の2×6（ツーバイシックス 約38mm×140mm）が用いられ、これらの小径材を2材～3材合わせの挟み材として組み合わせることで、繊細で美しい架構を作り上げている。

このアイデアは、武田がサンフランシスコで開催されたパナマ太平洋万国博覧会を見て触発されたもので、国内でツーバイフォー材を用いた最初期の作品といわれる。

幾多の改修を経てなお、かつての面影をひっそりと残しつつ、見るものに当時の風情とともに新鮮な美しさを感じさせる建築である。

1／ハンマービームトラスが印象的な大会堂（出典:『求道会館修理工事報告書』）
2・3／挟み材の構成　4／トラスの軸組図

東京都文京区本郷6-20-5
建築設計・構造設計：武田五一
修復設計：文化財工学研究所
施工：戸田組（現・戸田建設）
竣工：1915年
修復：2002年
構造種別：煉瓦造、RC造、木造

061 Tokyo / Bunkyo-ku / Sumitomo Realty & Development Iidabashi First Building

中間層免震、エネルギー吸収、弾性設計

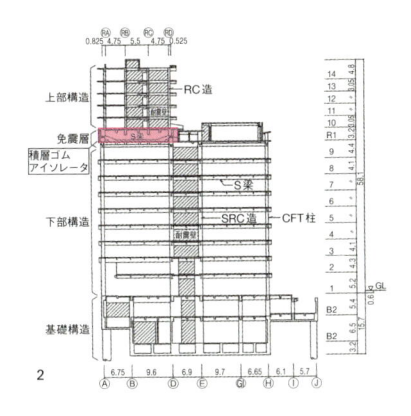

1／建物外観　2／軸組図　3／免震層内観
写真：エスエス東京

住友不動産飯田橋ファーストビル
初めての本格的な中間免震構造

異なる用途（住宅・オフィス）の積み重ね

本建物は我が国において大規模な中間免震構造を採用した初めての事例である。従来の基礎免震構造が一般的であった中で、建物上層部に免震層を設けることが新たな建築計画、構造計画の可能性を広げた建物と言える。

建設地が文京区であったため、地権者が居住する住宅部と賃貸オフィスを組み合わせる再開発であった。

通常の耐震、制振構造でも上下階で用途の異なる構造計画は可能であろう。しかしこの建物では住宅部、オフィス部の各用途に最適な構造形式を採用し、その境界部に免震層を配置することで両者を積層した計画となっている。建物全体の地震エネルギーの大部分を中間層の免震層で吸収させることで、建物全体を大地震時においても弾性範囲に留めている。

壁式RC造とS造ラーメン架構の構造形式を免震層でつなぐ

地上14階の中で9階までがオフィス部、免震層をはさんで上部5層が住宅部である。住宅部は遮音性、居住性（振動）の面からRC壁式構造である。性能面だけでなく各住戸の自由度の高い平面計画となっている。

オフィス部はフレキシブルな空間を確保可能なS造とし、柱のみCFT造とした。住宅下部に一層の免震層を設け、直径800mmの天然ゴム系積層ゴムと鉛ダンパーにより地震時のエネルギーを吸収させている。

中間に免震層を設けることの利点は、用途や構造形式の異なる架構を積層できるだけでなく、免震層上部の構造および下部構造も含め耐震性を向上できる点にある。

大地震時に免震層で30cmの変形が集中することで、住宅階の最大層間変形は0.2cm（階高の1/1530程度）オフィス部で2.1cm（階高の1/195程度）であり、通常の建物に比べ1/5〜1/2と小さくなっている。

免震層を通過する住宅の動線は、特別避難階のみを免震層を避けた位置、下部構造から直接立ち上がるエレベーター塔として、意匠上・構造上も工夫がなされている。

中間免震構造を用いることで、建築計画の多様性を図ることができ、耐震性の向上も可能とした最初の試みとして画期的な建物と言える。

東京都文京区後楽2-5-1
建築設計：日建設計
構造設計：日建設計
施工：鴻池組
竣工：2000年
構造種別：SRC造、S造、RC造

東京大学 工学部2号館
歴史をまたぐ天空の研究棟

歴史的環境を残す増築

東京大学本郷キャンパスのシンボル、安田講堂に向かって左手、東大キャンパス独特のゴシック風エントランスと赤煉瓦タイルが特徴的な工学部2号館旧館の上に、何食わぬ顔で巨大な施設が載っている。よく見ると載っているのではなく、旧館に全く触れることなくすれすれに浮いていることが分かる。

旧館は安田講堂と共にキャンパス中心部の景観をつくってきた歴史的建物である。本来"ロ"の字型平面をしていたが、2つに切断し、"コ"の字型の安田講堂側だけを耐震補強しながら保存している。後ろ側に回るとその切断面が見える。

V字柱は有効な耐震要素

この旧館を残したままにして、約30,000㎡という巨大な研究・教育スペースの増築が行われた。必要なスペースを南北2棟に振り分け、安田講堂側の南棟は旧館に荷重を伝えないように、その上空、地上16mの高さに浮かべるように増築している。中庭部分を利用し、20本のスーパーカラムが空中に浮いている南棟のほとんどの重量を支持している。南棟が、旧2号館を跨いで西

大規模増築、V字柱

1／安田講堂（右）と工学部2号館　2／南棟の旧館と新館　3／アカデミックバレーの中庭空間とスーパーカラム群　4／西面のV字柱　5／南棟のV字柱の地震時効果

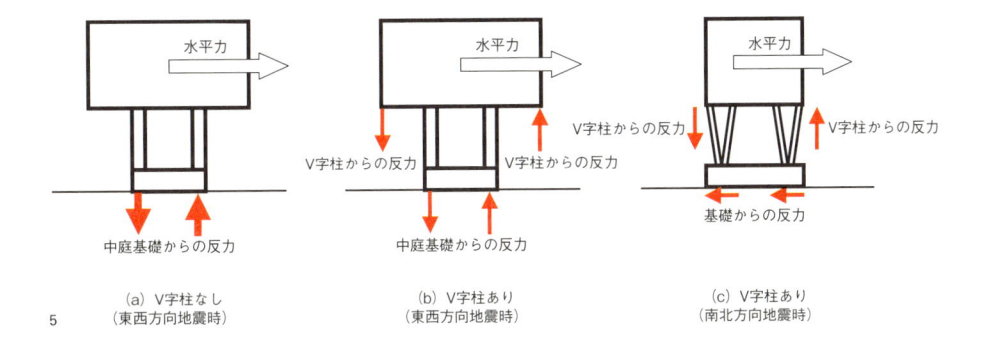

(a) V字柱なし（東西方向地震時）

(b) V字柱あり（東西方向地震時）

(c) V字柱あり（南北方向地震時）

5

と東にオーバーハングしている部分には、それぞれ一番外側に2組のV字柱（直径900mm、厚さ40mm鋼管）を設けている。このV字柱はスーパーカラムにかかる南棟重量による軸力を緩和すると同時に、地震時の水平力を処理している。南北方向の地震力にはV字柱のブレース効果が効き、東西方向の地震力にはV字柱の軸力が転倒モーメントを有効に緩和する。

南棟と北棟の上部構造はアカデミックバレーを隔てて建っているが、この部分で互いの棟を水平ブレースでつなぎ、地震時の水平力を互いに流している。また、ほとんどの垂直ブレースは制振ダンパーの機能を備えている。アカデミックバレーと中庭スペースはイベントスペースとしても使われている。

東京都文京区本郷7-3-1
建築設計：東京大学岸田研究室＋同キャンパス計画室・同施設部
実施設計：類設計室
構造設計：東京大学川口研究室監修
施工：清水建設・戸田建設・鴻池組JV　竣工：2005年
構造種別：S造、SRC造

063　Tokyo / Bunkyo-ku / The University of Tokyo Yayoi Auditorium, Annex

木質構造のHPシェル

東京大学弥生講堂アネックス
構造用合板を用いた新しい木質構造建築

HPシェルから光が射し込む

本建物は2000年に竣工した東京大学弥生講堂一条ホールの別棟として2008年に建設された。

建物のプランは講演会等に使用されるセイホクギャラリーと、それに連なる2階建ての研究棟からなるL字型の平面形状で、セイホクギャラリーは計8個の木造HPシェルを斜めに互い違いに連続させることによって大空間を構成している（写真上）。HPシェルの天井面境界に沿って設けられたスリット状のトップライトからは、木漏れ日のような光が差し込み、森の中にいるかのような開放的な空間を創出している（写真下）。

接着剤と木ネジで継ぎ目をなくす

HPシェルは、格子状に組んだ構造用合板をねじった上で、外皮面として同じく構造用合板を用い、接着剤と木ねじを併用して合板の継ぎ目が生じないように2重に重ね貼りすることで形成し、鉛直・水平荷重に対する強度性能を確保している。合板のように薄い面状の部材を構造材として用いた木造の立体構造はまだ事例が少ない。

構造設計に際しては、コンピューターシミュレーションを用いた応力解析とともに、実験によって解析の妥当性と仕様についての検討が行われている。

HPシェル境界の梁には、丸太をかつら剥きしてできる挽き板の単板を積層接着してつくられるLVLと呼ばれる構造材が使用されている。構造用合板と併せて現代の構造用木質材料を利用した木造建築の新たな可能性を感じさせる建築となっている。

東京都文京区弥生1-1-1 東京大学弥生キャンパス内
建築設計：河野泰治アトリエ
構造設計：稲山正弘（東京大学木質材料学研究室）
施工：エンゼルハウス
竣工：2008年
構造種別：木質構造

064　Tokyo / Chiyoda-ku / Nicholai-Do

鉄骨ドーム、シェル構造、組積造、関東大震災

ニコライ堂（日本ハリストス正教会東京復活大聖堂）
今も変わらぬ御茶ノ水のランドマーク

日本初のビザンチン教会ドーム

JR御茶ノ水の聖橋口を出て、橋を背にして本郷通りを下っていくと、緑のドームを抱いた大聖堂が目に入る。日本初の本格的なビザンチン様式のドーム。原設計はミハイル・シシュールボフ、実施設計をジョサイヤ・コンドルが行った。日本へ伝道したロシア人司祭ニコライにちなんで「ニコライ堂」と呼ばれる。創建当時は煉瓦と石と鉄骨で作られ、ドーム部分は日本の鉄骨ドームとしては初期の事例だったが関東大震災で鐘楼がドームに倒れ掛かって大被害を受けた。

鉄筋コンクリートシェルの先駆け

1931年に岡田新一郎により修理・大改修が行われた。鐘楼部分は高さを低く抑えた小さなドームに変更され、大ドームの内部には12本の丸柱が増築された。ドーム部分は16個の明り取り窓のあるドラム部で持ち上げられ、ドームそのものは半径12.5mの半球状の薄肉鉄筋コンクリート造となった。改修後のドームは日本の鉄筋コンクリートシェルの先駆け事例であり、膜理論を用いて構造設計された。平面42m×47m、ドーム部高さ42m、鐘楼部高さ31m。

1992年から2000年にかけて調査と修復が行われ、煉瓦とコンクリート部接合部の補強を含めた修復が行われている。

東京都千代田区神田駿河台4-1-3
建築設計：ミハイル・アレフィレヴィッチ・シシュールボフ＋ジョサイヤ・コンドル
改修：岡田信一郎
竣工：1891年　改修：1931年
構造種別：煉瓦・石造り鉄骨造（改修前）、RC造・S造・煉瓦造（改修後）

護国寺・江戸川橋
Gokokuji, Edogawabashi

65 東京カテドラル関口教会 聖マリア大聖堂 P.108

65　東京カテドラル関口教会聖マリア大聖堂　東京都文京区関口3-16-5　P.108

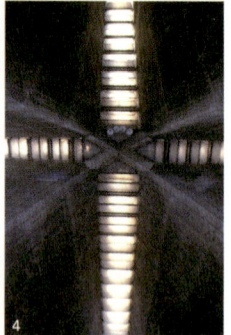

065　Tokyo / Bunkyo-ku / St Mary's Cathedral

東京カテドラル関口教会聖マリア大聖堂
8枚のHPシェルによる鮮烈優美な空間造形

HPシェル寄棟造りに生まれる胎内空間

目白通り脇にシルバーの輝きとともに忽然と姿を現す近代的な造形物。本建物は、強烈な造形美が見る者の視線を釘付けにする。四辺形平面を持つ聖堂フロアから急斜面で立ち上がったステンレス葺きの4種類8枚のHPシェルが頂部では十字架型のトップライトを形成するという劇的な空間構成を持ち、その狭間に生まれる胎内のような聖堂空間を護るように抱き込んでいる。HPシェルの鞍型曲面が与える印象は、どこか国立代々木競技場の吊り屋根群を連想させる（42ページ）。

構造形式は、圧縮系のシェル（マリア大聖堂）と張力系の吊り屋根（代々木競技場）と全く異なっているにもかかわらず、この時期の丹下・坪井作品の持つ共通の印象を与える。彼らの作品が、無機質な合理主義に陥らず、優雅さと変化と緊張感を湛えた造形的な美しさを目指していたことを印象づける象徴的な作品だ。

8枚の斜めシェル壁の力の処理

各シェルの境界は縁梁で補強さ

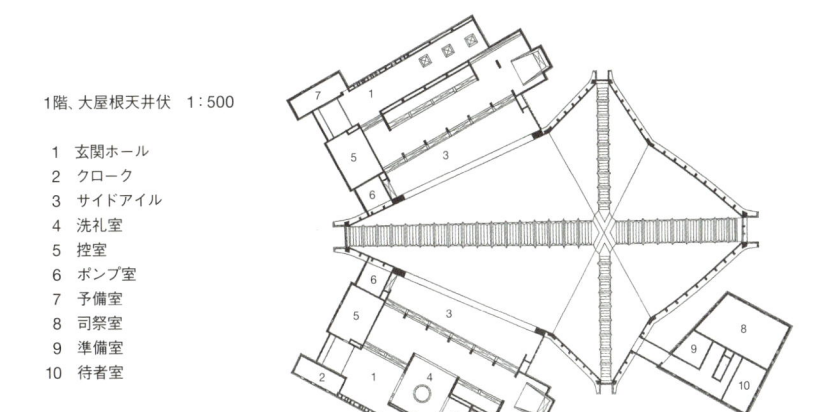

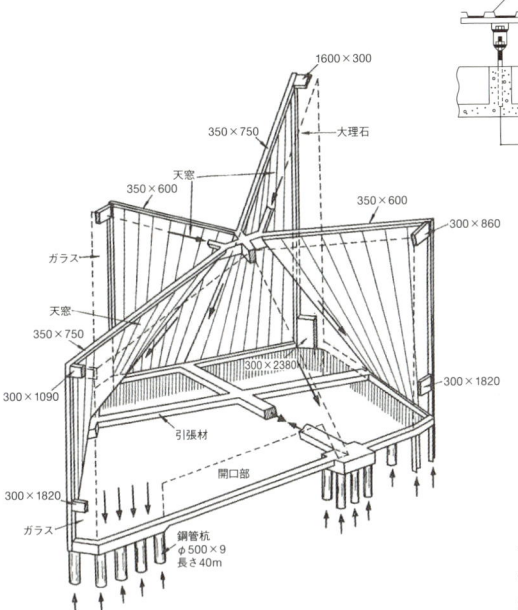

HPシェル

1階、大屋根天井伏　1:500

1　玄関ホール
2　クローク
3　サイドアイル
4　洗礼室
5　控室
6　ポンプ室
7　予備室
8　司祭室
9　準備室
10　待者室

1／外観　2／内観　3／真上から見ると十字型を掲載しているのがわかる　4／十字型のトップライトから光が降り注ぐ

れ、向かい合った縁梁は互いに小梁によって結ばれている。8本の上部縁梁は端部が建物中央部に集まっているため、互いに強固に緊結し、水平荷重時に生じる不釣合い軸力に対処できるように頂部は十字梁でつないでいる。シェルはすべて12cmの厚さで、約2mピッチに縦横方向にリブが設けられている。これらはシェル面の面外曲げ剛性向上と縁梁の偏心による曲げモーメントの軽減を目的とするが、屋根葺き材の取り付けにも役立っている。

シェルIは20mもの付属建屋の開口部があるため、シェルIIとの稜線脚部の外向きスラストは1階床下にタイビームを設け反対側のシェルIIIとIVのスラストと相殺するように処理されている。

東京都文京区関口3-16-5
建築設計：丹下健三＋都市・建築設計研究所
構造設計：坪井善勝、名須川良平
施工：大成建設
竣工：1964年
大改修：2007年
構造種別：鉄筋コンクリートシェル造

COLUMN

免震構造と制振構造

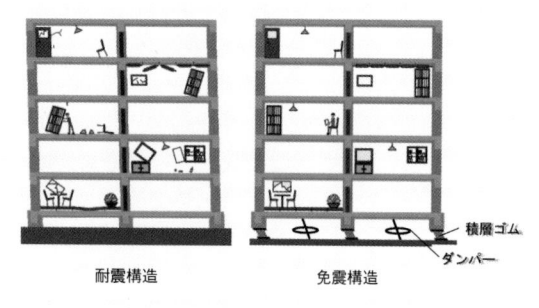

耐震構造　　　　　免震構造

積層ゴム
ダンパー

図1：耐震構造と免震構造

エネルギー吸収部材（ダンパー）

同調質量
エネルギー吸収部材（ダンパー）

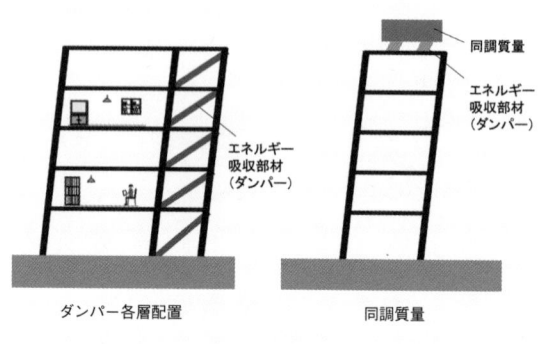

ダンパー各層配置　　　同調質量

図2：制振構造

　免震構造・制振構造は、1980年代より実用化が盛んとなった比較的新しい構造形式である。図1に通常の建築構造（耐震構造）と免震構造の概念を比較して示す。通常の建築構造物は直接地盤に建っており、大きな地震に対して建物の梁や柱が強度で抵抗し、自ら壊れながら地震エネルギーを吸収するのに対して、免震支承で支持された免震構造はゆっくり揺れダンパーでエネルギーを吸収することで建物に入ってくる地震力を概ね1/3〜1/10に低減させ、建物を破壊させないだけでなく建物の中の家具や美術品等を転倒させない等の効果を持つ。その代わり免震装置が設けられた免震層は大地震時に30〜50cm程度変形するため、建物周囲に移動できる空間を確保する必要がある。

　一方、制振構造は図2のように、建物の各階または頂部に揺れのエネルギーを吸収する「ダンパー」と呼ばれる部材を配置することで地震や風の揺れや被害を低減させようとするものである。ダンパーが揺れに対して受動的にエネルギー吸収するシステムを「パッシブ制振」、ダンパーを外部エネルギーにより能動的に制御するシステムを「アクティブ制振」と呼んでいる。現在日本では3000棟以上（戸建住宅除く）の免震構造、1000棟以上の制振構造が建設されており、米国、中国、ニュージーランド、トルコ等の地震国でも普及が進んでいる。最近では耐震改修に利用される例も多い。

CHAPTER 7

BAY AREA SUMIDA RIVER

湾岸・隅田川

東京国際展示場
フジテレビ本社
フジテレビ湾岸スタジオ
日本科学未来館
清水建設技術研究所安全安震館
晴海アイランドトリトンスクエア
東雲キャナルコートCODAN2街区
木材会館
葛西臨海公園展望広場レストハウス
葛西臨海水族園
COLUMN：塔とタワー
東京スカイツリー
COLUMN：東京スカイツリーのシルエットと構造デザイン
江戸東京博物館
すみだ生涯学習センター
浅草文化観光センター
両国国技館
浅草寺と浅草の塔
COLUMN：鉄

有明
Ariake

有明コロシアム東
有明入口
東雲駅へ
角乗り橋南
有明コロシアム
有明中央橋北
有明出口
りんかい線
高速湾岸線
湾岸道路
国際展示場
有明中央橋南
台場方面へ
がん研有明病院
東京ビッグサイト東
東京テレポート駅へ
有明駅前
TOC有明
パナソニックセンター
東京ベイ有明ワシントンホテル
東京ビッグサイト前
東展示棟
有明フロンティアビル
ゆりかもめ
大塚家具
東京ビッグサイト正門
TFTビル
ワンザ有明
国際展示場正門
会議棟
フェリーふ頭入口
66 東京国際展示場 P.116
西展示棟
青海駅へ

0 100m

有明
66　東京国際展示場　東京都江東区有明3-11-1　P.116

お台場
67　フジテレビ本社　東京都港区台場2-4-8　P.117
68　フジテレビ湾岸スタジオ　東京都江東区青海2-3-23　P.117
69　日本科学未来館　東京都江東区青海2-3-6　P.117

お台場
Odaiba

- シーリア前
- レインボー入口
- 海浜公園入口
- お台場海浜公園
- 有明橋西
- レインボーブリッジへ
- 有明へ
- 国際展示場駅へ
- デックス東京ビーチ
- 台場一
- 東京ジョイポリス
- ゆりかもめ
- メディアージュ
- 台場
- りんかい線
- アクアシティお台場
- お台場中央
- 東京テレポート
- **67 フジテレビ本社 P.117**
- ホテル日航東京
- お台場中央
- 臨海副都心出口
- 台場駅前
- 臨海副都心入口
- テレポート駅前
- 観覧車
- Zepp Tokyo
- パレットタウン
- ホテルグランパシフィック ル・ダイバ
- ダイバーシティ東京
- ヴィーナスフォート
- メガウェブ
- 潮風公園北
- 高速湾岸線
- 青海
- 潮風公園南
- 青海一
- ゆりかもめ
- 国際展示場正門駅へ
- 大井へ
- 船の科学館
- 都立青海ふ頭公園
- 船の科学館入口
- 国際研究交流大学村
- **68 フジテレビ湾岸スタジオ P.117**
- 湾岸警察署前
- **69 日本科学未来館 P.117**
- テレコムセンター前
- 東京湾岸警察署
- 国際研究交流大学村
- 都立産業技術研究センター
- ゆりかもめ
- 青海フロンティアビル
- テレコムセンター
- テレコムセンタービル
- テレコム駅前

越中島
Etchujima

70 清水建設技術研究所安全安震館 P.118

晴海
Harumi

71 晴海アイランドトリトンスクエア P.118

東雲
Shinonome

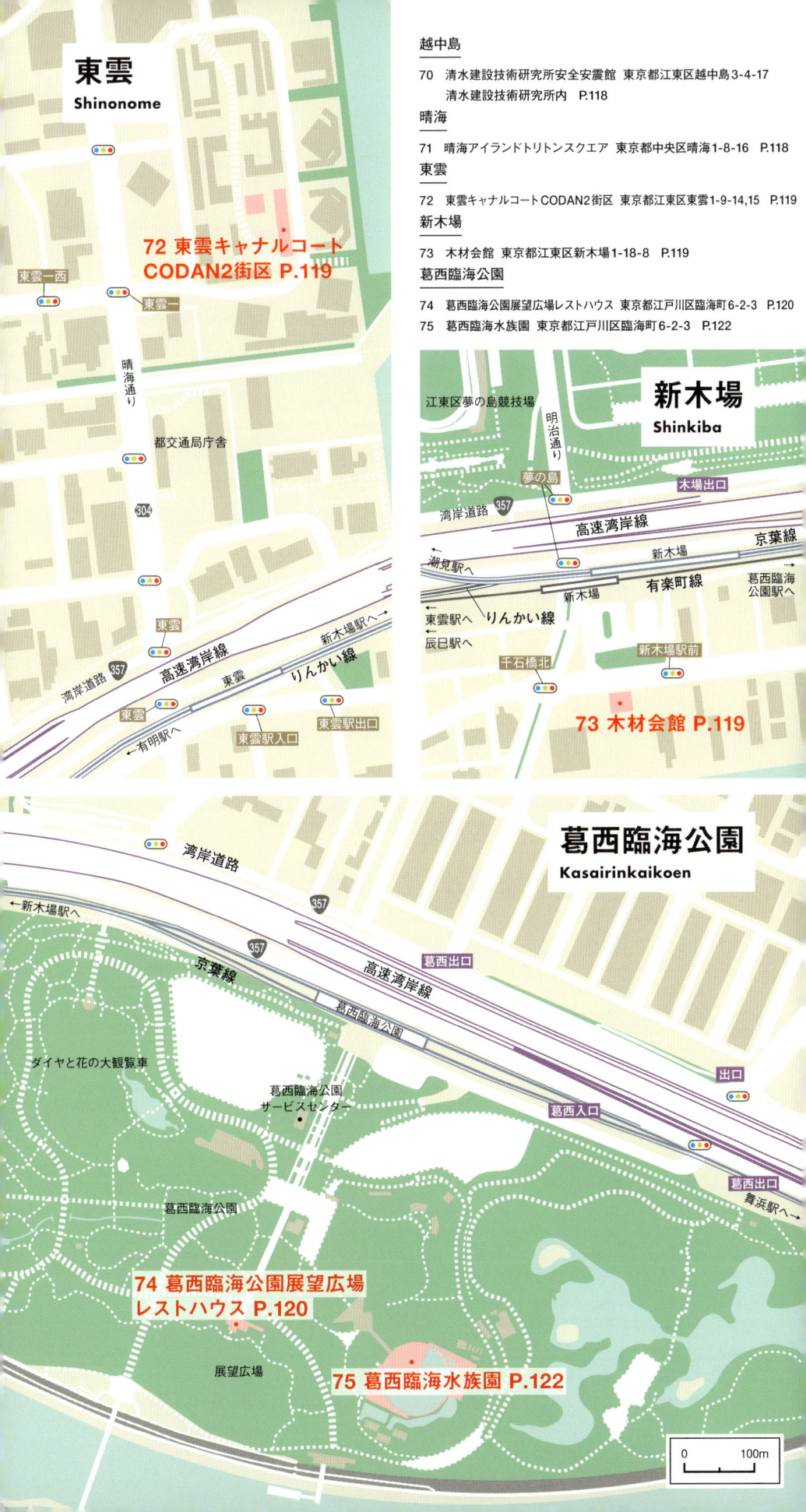

越中島
70 清水建設技術研究所安全安震館 東京都江東区越中島3-4-17
　清水建設技術研究所内　P.118
晴海
71 晴海アイランドトリトンスクエア 東京都中央区晴海1-8-16 P.118
東雲
72 東雲キャナルコートCODAN2街区 東京都江東区東雲1-9-14,15 P.119
新木場
73 木材会館 東京都江東区新木場1-18-8 P.119
葛西臨海公園
74 葛西臨海公園展望広場レストハウス 東京都江戸川区臨海町6-2-3 P.120
75 葛西臨海水族園 東京都江戸川区臨海町6-2-3　P.122

72 東雲キャナルコート CODAN2街区 P.119

新木場
Shinkiba

73 木材会館 P.119

葛西臨海公園
Kasairinkaikoen

74 葛西臨海公園展望広場レストハウス P.120

75 葛西臨海水族園 P.122

066　Tokyo ／ Koto-ku ／ Tokyo Big Sight　　　コンボックスシステム、リフトアップ工法

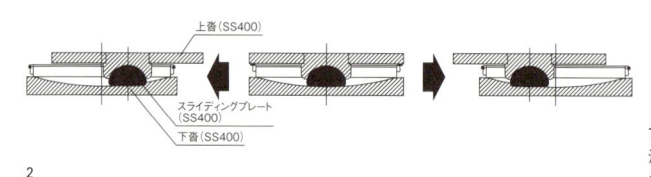

1／コングレスタワー　2／ガレリアの滑り支承の作動概略図　3・4／コングレスタワーのリフトアップの様子

東京国際展示場
コンボックスシステムによる巨大会議場

コンボックスシステム

8万㎡を越す展示場と会議場からなるコンベンション施設。通称ビッグサイトと呼ばれ、ウォーターフロントに新たに開発される都市という立地から新しい風景をつくる建築を目指し、海を連想させる多様な形でデザインされている。

敷地面積24万㎡、延べ床面積23万㎡におよぶ巨大な規模を「すべての面でわかりやすい構成にすること」を目的に45mのグリッドシステムが導入され、その交点には構造、設備が集約化されたコンボックスと呼ばれる6m角平面の構築物が配置されている。構造的には、長大な施設に必要なエキスパンションジョイントをコンボックスの配置に合わせて位置付けることで、意匠計画との整合が図られている。コンボックス間45mを支持するのは、斜めに配置された立体格子トラス。最大スパン90mとなるところでは、45度角でキールトラスを掛け、メインスパンを64m（45m×√2）とする合理的な架構としている。

ガレリア

3つに分かれた建物をつなぐようにガレリアが配置されている。ガレリアの屋根は全長約270mにおよぶガラスで構成されているため、鉄骨屋根の温度応力、地震や風などの外力による変形が問題となる。こうした変形からガラスなどの仕上への影響を避けるため接合部にすべり支承が採用され、下部構造との間に一定のクリアランスが設けられている（図2）。

コングレスタワー

施設の中でもひときわ目を引くのは高さ約60mにおよぶコングレスタワーである。コンボックスシステムのグリッドにそって配置された組立柱は一辺が9mの4本の柱で構成されている。4つの組立柱により支えられるのは、最大90×90mにもおよぶ巨大な平面をもつ会議場で、4本の組立柱と、3層分の梁せいとするカゴのようなフレームの上層部に門型のスーパーストラクチャーを構成している。逆ピラミッド型の外観にあわせるように上部の跳ね出された床を支えるべく方杖が配置されている。この巨大な平面を施工するにあたり、仮設材を削減し、安全性・施工性を向上させるためリフトアップ工法が採用された。

東京都江東区有明3-11-1
建築設計：佐藤総合計画
構造設計：佐藤総合計画、織本匠構造設計研究所
施工：間組、青木建設JV
竣工：1995年
構造種別：S造、SRC造、RC造

067　Tokyo / Minato-ku / Fuji Television Head Offic　　フィーレンデール架構

フジテレビ本社
フィーレンデールによる大組み架構

都心部からレインボーブリッジを渡るさいに見える、ツインタワーの間に球体を有した特徴的な建物である。25階建てのツインタワーは、6層毎に設けられた空中廊下でつながれ、その中央上部に球体が浮いたように配置されている。形態および外観のデザイン共に象徴的なものとなっている。

架構の基本となるのは、4本の柱を短スパン梁で一体化した組柱（3.2×4.8m）を、2層を一対の大梁で組んだ、いわゆる大架構と言える。この基本架構で高層のツインタワーを構成し、その2棟間を適性な剛さと強さのフィーレンデール梁でつなぐことで、地震や風に対して架構全体で抵抗させる構造としている。中央部アーチドームの球体は、この大柱とフィーレンデール大梁に組み込まれている。全体の外観のデザインが構造のシステムを表現しており、意匠と構造が一体となった建物と言える。

東京都港区台場2-4-8
建築設計：丹下建三・都市・建築設計研究所　構造設計：小堀鐸二研究所
施工：鹿島建設　竣工：1996年
構造種別：地上S造、一部SRC造、地下RC造

068　Tokyo / Koto-ku / Fuji Television Coastal line Studio　　ハイブリットシステム、耐震構造

フジテレビ湾岸スタジオ
重層化された大規模スタジオ

フジテレビ本社湾岸スタジオは、高性能・高機能・合理性を同時に実現するために、大型スタジオを重層化させた計画である。

建物は、災害時においても事業を継続する必要性から、建築基準法の1.5倍の耐震性能を確保している。主な耐震要素としては、建物中央のスタジオを構成する4つのコアを連結することにより、水平力に抵抗する架構システムとしている。

8つの大型のスタジオは、平面的ではなく、立面的に積層することにより成立させる計画とし、遮音性の確保などの点から、建物重量が重くなることから、スタジオは3m超の大型トラス架構で支持し、床振動性状などにも配慮した架構システムとした。

建物の外周には、直径450mmのコンクリート充填鋼管柱が林立し、鉛直荷重と、外観上の特徴でもあるガラスカーテンウォールを支えている。

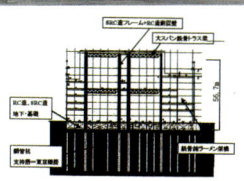

東京都江東区青海2-3-23
設計・監理：鹿島建設
施工：鹿島建設
竣工：2007年
構造種別：SRC造　B1, 7F, PH3F

069　Tokyo / Koto-ku / Miraikan　　トラス架構、大空間

日本科学未来館
トラス大空間と制振ブレースと光庭の調和

日本科学未来館は、科学技術の振興の総合拠点となる情報発信基地を目指した建物であり、展示エリア、研究エリア、交流施設の3部門で構成されている。

展示エリアにおいては、梁成2.5mのトラス梁を採用し、幅30m、奥行き100mの無柱空間を形成している。

展示エリアの両側に配置された研究エリア、交流施設との間には、正方形状のスルーホール10本を挿入し、幅広い建物の奥に自然採光と通風および多彩な視覚的コミュニケーションを生み出している。

スルーホールを囲うように配置された、4本柱で構成するスーパーフレームには、制振ブレースを配して地震時の水平力を負担させている。これにより、展示スペースのPC床版に水平力を負担させない計画となっており、床を取り除くなどの空間の形態の変化を可能にしている。

東京都江東区青海2-3-6
建築設計・構造設計：日建設計・久米設計共同企業体
施工：清水建設JV　竣工：1993年
構造種別：S造

070　Tokyo / Koto-ku / Shimizu Corporation Institute of Technology Anzenanshinkan　免震

清水建設技術研究所安全安震館
世界初のやじろべえ免震建物

　清水建設技術研究所の入り口に立つと、他の建築物とは似ても似つかない吊り建物が目に入る。この安全安心館は建築家・高橋靭一とチームSFS21により、全く新しい構造合理性の高い建物を目指してつくられた。

　建築において主に用いられる構造材料のコンクリートは、圧縮に強く、鉄は引張に強い。そこで安全安震館では中央部の階段コアをコンクリートでつくり、鋼製ロットでできた居室部をコアからつりさげることで材料の特性を最大限に引き出している。さらに頂部ではフリービームを介して上下に免震ゴムを球面状に配置し居室部を切り離すことで、居室部の水平移動や回転を許容し、建物に加わる地震力を大幅にカットすることに成功した。

　免震装置と吊床構造を組み合わせた本建物はやじろべえ免震と呼ばれることもある。安全安震館は4階建てだが固有周期は5秒程度と通常の免震構造（3〜4秒程度）より長い。この構法で20階建ての建物を建設した場合の固有周期は10秒に達し、長周期地震動に対しても加速度が低減する効果が期待できる。免震構造としたことでセンターコアと居室部には揺れ方の差が発生し、それを許容するクリアランスが必要となる。安全安震館ではクリアランスをテフロンシートやボールベアリングを用いて巧みに処理し、最上下層にオイルダンパーを設置している。

　本建物は2011年の東日本大震災でも有効に機能した。ぜひ、地震国では考えられない建物のプロポーションと吊柱の細さを実感されたい。

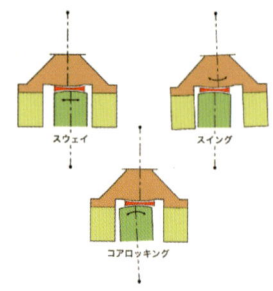

東京都江東区越中島3-4-17
清水建設 技術研究所内
建築設計：高橋靭一
構造設計：SFS21（和田章・彦根茂・堀富博・竹内徹）、清水建設
施工：清水建設　竣工：2006年
構造種別：S造、RC造

071　Tokyo / Chuo-ku / Harumi Island Triton Square　超高層・制振

晴海アイランドトリトンスクエア
損傷制御設計の金字塔

窓の間に制振部材を設置

　トリトンスクエアが建つ晴海アイランドは、ライフサイクルコストや環境負荷を低減することを島全体のコンセプトとし、持続可能性の高い複合都市として開発された。

　その中でひときわ目立つ3棟の超高層構造物で構成されたトリトンスクエアは損傷制御設計という考え方をいち早く実践して設計された建物である。

　建物外周部の柱と梁の接合部には、地震エネルギーを吸収する制振部材が窓を避けるように設置されており、地震時に建物に加わるエネルギーをこの制振部材が吸収することで、数百年に1度の巨大地震を受けても、主となる柱梁には損傷が発生しないように設計されている。

　また、この制振部材が幾度にもわたる地震を受けた際の疲労度を確認するため、累積損傷度をモニタリングする計測装置を併せて設置している。これにより、数百あるディバイスの交換時期を、個別に判断することができる。

　外周部に耐震要素を配置したことで、内部の建築計画は自由度が確保されている。

モーターを掲載したブリッジ

　トリトンスクエアを眺めると、それぞれの棟が橋によってつながれていることに気付く。この橋にはモーターが搭載されており、コンピュータにより、棟がお互いの揺れを打ち消すように制御することで、より揺れの小さな構造物とすることができる。この目的のため、人が橋を渡って棟を行き来することはできない。

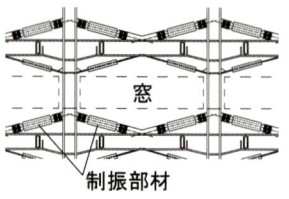

東京都中央区晴海1-8-16
建築設計：日建設計、久米設計、山下設計、竹中工務店
構造設計：日建設計、久米設計、山下設計、竹中工務店
施工：大林組、鹿島建設、竹中工務店
竣工：2001年
構造種別：S造

072 Tokyo / Koto-ku / Shinonome Canal Court.CODAN2

柱・梁が抜けるラーメン

東雲キャナルコートCODAN2街区
3mグリットが織り成すファサード

URの新しい都市型集合住宅

　東雲キャナルコートCODANは、6つの建築家チームによる6つの街区、総戸数2000戸の都市型集合住宅を計画する、UR都市機構のプロジェクトである。各街区はこれからの都心居住をテーマに、これまでのUR住宅とは異なるさまざまな提案を行っている。各設計者は互いにコミュニケーションを取り連携しながら設計を進めており、街区の中央を貫くS字街路、最高高さの統一、外壁面をそろえることなど全体に関するルールも話し合いの中で決められた。

3mグリッドによる構成

　CODAN2街区は東棟と西棟の2つからなる。東棟は96mの長さを有する中央廊下型の住居配置である。ラーメン構造で、短手方向には5～6mスパン、長手方向には3mスパンというかなり短いスパンが採用されている。柱の奥行は、1200 mm、見付は低層階550 mm、中層階500mm、高層階450mmで、梁の見付と合わせて変化する。各住戸はこの間口3mのグリッドをモジュールとして構成され、組み合わせ方の違いによってメゾネットやアネックス付といったタイプの異なる住戸が提案されている。

　各住戸は6m×6mのプライベートテラスを介して光や風を取り込むことができる。テラスや住戸タイプによってところどころ梁や柱が抜けている箇所がある。一般的には構造上問題が生じるが、3mとスパンが短いことで構造的に成立している。梁や柱の抜けによって細かいグリッドで構成されるファサードデザインにアクセントをつけている。

東京都江東区東雲1-9-14,15
建築設計：伊東豊雄建築設計事務所、都市基盤整備公団東京支社設計部、戸田建設
構造設計：中田捷夫研究室、都市基盤整備公団東京支社設計部、戸田建設
施工：戸田・五洋・錢高建設工事共同企業体
竣工：2003年
構造種別：RC造、一部S造

---

073 Tokyo / Koto-ku / Mokuzai Kaikan

木造の大スパン梁

木材会館
木材利用の可能性を示したオフィスビル

木材を用いた新しいオフィス空間

　木材問屋の組合会館であるその名が表すように、さまざまな用途に木材が積極的に使用されている。各階の外装壁や天井などで木材が使われているが、これらは木材の味を生かすため極力不燃化せず、105mm角の規格品を金属で相互に締め、組み上げられている。集成材などの特注品に頼らない一般的な木材利用の可能性を模索している。

　プラン上特徴的なのは、西側に位置する深いひさしのあるテラスである。日本家屋の縁側のような外部との緩衝空間となり、環境負荷の低減、外部からの視線のコントロールに役立ち、開放的な執務空間を実現している。基本的な構造は、南北および東面の耐震壁のある3辺が地震力に抵抗し、テラスのある西側の柱は鉛直荷重のみを支持する細い柱となっている。

構造としての木材

　7階ホールの屋根架構は木構造となっている。南北方向に約25mスパンの木梁は、115mm角のヒノキを組み合わせたものである。材軸方向はNC加工によって伝統的な継手である追掛大栓継手を用い、積層する方向は白カシの木栓とボルトをはめこむことで、一体化したものである。木栓はヒノキ材に作用する軸力を上下のヒノキ材に伝達する役割を担う。梁端部は、木梁内部に隠れる形で鉄骨梁を設け、木梁と一体化させている。この建築は一般的な規格の木材を利用した木造の可能性を表現している。

東京都江東区新木場1-18-8
建築設計：日建設計
構造設計：日建設計
施工：大成建設
竣工：2009年
構造種別：SRC造

葛西臨海公園展望広場レストハウス
建築表現と構造システムの融合

透明な建築と浮遊する屋根

JR京葉線の葛西臨海公園駅を出て、海に向かう石畳を緩やかに上がって行くと、ガラスの箱のレストハウスが現れてくる。内部は人々が回遊する展望スペースがある。そのスペースを外殻となるガラスとマリオンの箱が包みこみ、屋根が浮かんでいる。現代建築の潮流である透明建築の先駆けとなった作品である。

レストハウス全体の形は、高さ11m、長さ74m、幅6.6mの単純な直方体である。内部にRC造の通路があり、鉄骨が屋根と外壁とを支えている。

外壁の柱とマリオンを兼ねる構造部材には当時の新素材であった耐火性鋼(FR鋼)が採用され、ガラスは押えぶちで構造体に直接取り付けられたため、簡素でコンパクトなディティールになっている。

機械加工による見えない継ぎ手

この建物は機械のように高い精度と平滑な仕上がりをもつ建築表現を目標としている。一般の建物と違って継ぎ手が見えないあるいはどこかわからない。

横の無目材は縦の方立てに工場で溶接された後、考案された小型工

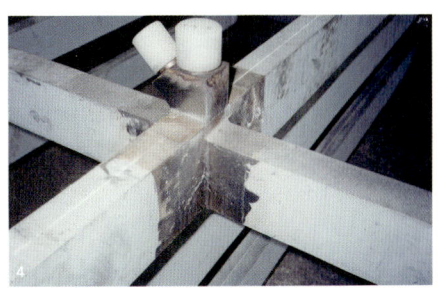

耐火鋼の利用、マリオンと骨組みの一体化

1／建物外観　2／無目の現場溶接部　3／部材あるいは架構全体の座屈を防止するために、内部RC造を水平ブレースで結びつけている。水平の部材はこの建物を遠望するとき目につきにくく、マリオンの矩形格子のパターンを乱すことがない　4〜5／建物がさまざまな荷重や作用を受けることによって、水平ブレースには圧縮力と引っ張り力が生じる。大きな圧縮力に対してブレースは座屈する。そこでブレース端部は部材を締める力に対してスライドによって抵抗しないカプラーで骨組みに接合している　6／外殻構造を構成するFR鋼は日射に直接曝されている。全長74mに及ぶ建物全体の温度伸縮を水平ブレースで完全に拘束すると、極めて大きな軸力がブレースそして無目に発生する。そこで水平ブレースのRC側定着部には皿バネを用いたガタのような非線形挙動をする装置が埋設されている

作機を職人が操作して、溶接面を少しRのついた形に削り取って機械加工のような滑らかな仕上がりを実現している。また現場での組み立ては、半スパン長の無目材が両側についた骨組みを3スパン幅ごとに工場で製作し現場で建て入れされた。

隣接する骨組みの無目同士は現場溶接している。金属は溶接によ る大きな熱によって接合されるが、熱入量が大きいことで金属の性質が変わり形状は歪んでくる。そこで方立てにつながる無目は端部断面の上下部を溶接し、曲げモーメントに抵抗できる溶接量の少ない接合となっている。また無目中央は伝達する力が小さいので部材を薄くし溶接して溶接量を抑えひずみを少なくしている。

東京都江戸川区臨海町6-2-3
建築設計：谷口建築設計研究所
構造設計：新谷眞人＋木村俊彦構造設計事務所
施工：東亜・中里建設共同企業体
竣工年：1995年
建築種別：S造、RC造

075　Tokyo / Edogawa-ku / Kasai Seaside Aquarium　　　　ガラスドーム、RC格子梁

葛西臨海水族園
シンボリックなガラスドーム

「海」への入り口

ゲートを抜けて35mのブリッジを直進し階段を上ると、広場に出る。屋上の池と東京湾が一体化して見え、水族園の入り口にしてシンボルであるガラスドームが出現する。

ガラスドームの前に立つと、池から昇る霧の演出もあいまって、非日常性を感じるとともに、自分の足元に水族園があると考えるとわくわくしてこないだろうか。

このドームはSRC柱からトラスを組んだ8本のアーチによって鉛直方向に抵抗し、これらを150角の角パイプの母屋材によりつなぐことで、地震・風圧などの水平力に抵抗する。

さらに耐震性を高めるためにブレースが用いられているが、その端部はこの母屋材の中に隠し、ドームの幾何学的な抽象性を損なわないような工夫がされている。

大空間を確保するために

2階建ての水族園の屋上は来園者の荷重、池に溜められた水の荷重がかかる。これらの荷重は11.5mグリッドのSRCラーメン構造によって支えられている。円周部もこのグリッド上に柱を配し、リング梁によってつながれている。大水槽など大空間が必要な部分については、柱を設けることができない。スパンを飛ばすために格子梁を用いている。

巨大な大水槽を可能にした技術

ガラスドームの下には600種を超える世界の海の生き物を見ることができる。その中でも、一際目立つのは、建設当時に日本最大であったクロマグロの大水槽である。ドーナツ型の大水槽の中央に立つと、クロマグロが群れをなして泳ぐ姿を360度パノラマで見ることができる。この大水槽を可能にしているのは、アクリルパネルの重合接着という技術である。水槽が大規模になると、水槽の厚みを増す必要があり、透過性の高いアクリルを用いることが望ましい。そこで、50mm程度のアクリルパネルを重合接着という技術で接着し、260mmの厚さを可能にした。我が国の水族館の数が世界一であるのも、このような優れた技術開発の賜物であろう。

1／屋上に位置するガラスドームが水族園への入り口　2／直径100mの円形のSRCラーメン構造の水族館本体の上に、S造のガラスドームが載っている（工事中の写真）　3／クロマグロの大水槽
写真1：廣田治雄

東京都江戸川区臨海町6-2-3
建築設計：谷口建築設計研究所
構造設計：木村俊彦構造設計事務所
施工：間・東亜・古久根・中里建設共同企業体　竣工：1989年
構造種別：RC造、S造

COLUMN

塔とタワー

法隆寺五重塔 　　エッフェル塔 　　東京タワー

神戸ポートタワー 　　水戸タワー 　　福岡タワー

　人類はいつの時代でも、絶えず高いものに憧憬や畏敬の念を抱いてきた。旧約聖書のバベルの塔、古代エジプトのピラミッド、石柱オベリスク、中世の教会の鐘楼に至るまで、古代から中世までの塔の多くは宗教的信仰の産物としてつくられてきた。
　日本の塔は仏教寺院における仏塔を指し、代表的なものとして現存するのは、世界最古の木造建築である。「法隆寺五重塔」（607年頃、670年焼失711年頃再建）である。中央部の心柱と周辺の側柱からなる多層構造である。
　近代以降は科学技術の進歩と表裏一体となり宗教的な塔に代わり、通信用、展望用の塔が発展した。エッフェル塔（1889年、300m、改修され324m）はパリ万博のモニュメント、展望塔とし建設された。底部でアーチ状に大きく開いた錬鉄製トラス構造である。完成当初市民より醜いものと批判が強かったが今やパリのシンボルとして定着している。
　日本のタワーとしてはまず東京タワー（1958年、333m）があげられる。TV放送アンテナ支持塔、地上120mの観光展望塔の目的で、日本経済の高度成長期の象徴となった。明快なトラス構造で装飾がないためエッフェル塔の約半分の3400（ton）の鋼材量で設計されている。
　「神戸ポートタワー」（1963年、108m）は鋼管を鼓状、双曲面に組み、形態と構造両面共に美観性を追求したタワーである。「水戸芸術館塔」（1989年、100m）は正三角錐を重ねた特異な形態をした立体トラス構造である。
　意匠性を追求し、鉄塔をガラス材で覆った「千葉ポートタワー」（1986年、125m）を始めとし、「福岡タワー」（1989年、234m）も千葉タワー同様外装材で覆われている。これらは軽量な割に風荷重が大きいので、制振装置（TMD）で揺れを軽減する技術を用いている。
　世界一の高さの東京スカイツリー（634m）が2012年に完成した。基礎、鉄骨、制振などのあらゆる最先端の技術が凝集されたこのタワーは、時代の象徴および社会資産となって人々に愛され続けることが期待される。

両国 Ryogoku

浅草・押上
- 76 東京スカイツリー　東京都墨田区押上1-1-13他　P.126
- 79 浅草文化観光センター　東京都台東区雷門2-18-9　P.133
- 81 浅草寺　東京都台東区浅草2-3-1　P.134

両国
- 77 江戸東京博物館　東京都墨田区横網1-4-1　P.132
- 80 両国国技館　東京都墨田区横網1-3-28　P.134

曳船・東向島
- 78 すみだ生涯学習センター　東京都墨田区東向島2-38-7　P.133

浅草・押上
Asakusa, Oshiage

76 東京スカイツリー P.126

曳船・東向島
Hikifune, Higashimukojima

78 すみだ生涯学習センター P.133

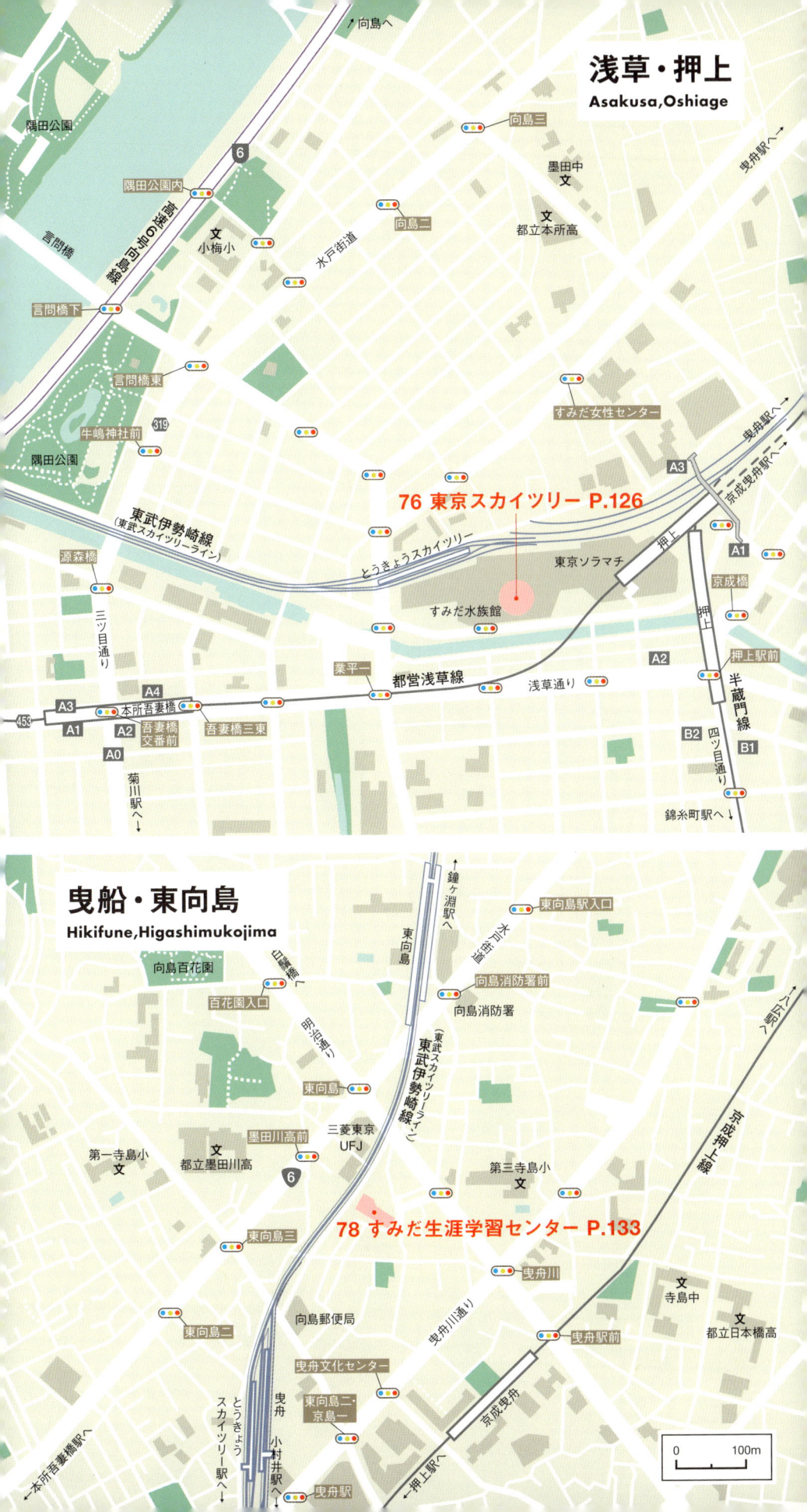

076　Tokyo / Sumida-ku / Tokyo Sky Tree

東京スカイツリー®
プレストレスコンクリート造の
心柱制振機構をもつ鋼管トラス構造

1／敷地東側よりの外観　2／ソラマチ広場（南面）　3／天望回廊（高さ450m）

「そり」と「むくり」のシルエット

　東京スカイツリーは、首都圏へのデジタル放送送信を目的に企画された電波塔で、最高部高さは自立式電波塔として世界一位である634mを有する。展望、商業、水族館、ドームシアター、オフィスタワー、地域冷暖房などの施設で構成された大規模複合開発の中核である。公共性の高い放送事業を担う役割から、大災害後にも主要機能を維持する高い性能が求められるとともに、東京だけでなく日本の新しいランドマークとしての存在感がそのデザインに求められた。そのシルエットは凛とした緊張感をもつ2つの曲線をもち、日本刀の持つ「そり」と寺院建築における列柱がもつゆるやかな「むくり」を表現している。

構造デザイン

　構造デザインでは、三角形を基本ユニットにした網の目状の鋼管トラス構造でそのシルエットを実現している。主材には、仕口加工に自由度があり曲線表現力のある丸断面の鋼管を採用しているが、その完成には国内で培われた精度の高い鉄骨製造、制作、建て方の技術が生かされている。

4／ライティング　5／天望デッキ（350ｍ）から東京湾を望む　6／鋼管トラス構造による塔体

屋外に露出する鉄骨部材の防錆塗装にはフッ素系の重防食塗装を採用すること、塗装品質の低下しやすい複雑な仕口部へはメンテデッキを整備することで、総塗替は約20年毎を予定している。

塔体主材には400～600Mpa級の高性能鋼材を採用し、部材重量を抑え高層化に合理性のある軽量化を実現している。

基礎計画

タワー直下の基礎は、基壇と同形で一辺約70ｍの正三角形状にSRC造耐震壁を配し、剛性と耐力を確保すると共に、タワーの3脚を構成する鼎トラス直下には、浮き上がり抵抗力を高めるため、壁杭を支持層に約15ｍ根入れする「節付き連続地中壁杭」を採用している。

高層風観測と設計用風外乱設定

GPSゾンデによる高層風観測を実施することで、国内でまだ整備されていない600ｍ級構造物の耐風設計を行っている。

この設計手法は、国内に蓄積された1000ｍ級超々高層（ハイパービルディング）設計に対する研究成果であり、今後の応用が期待される。

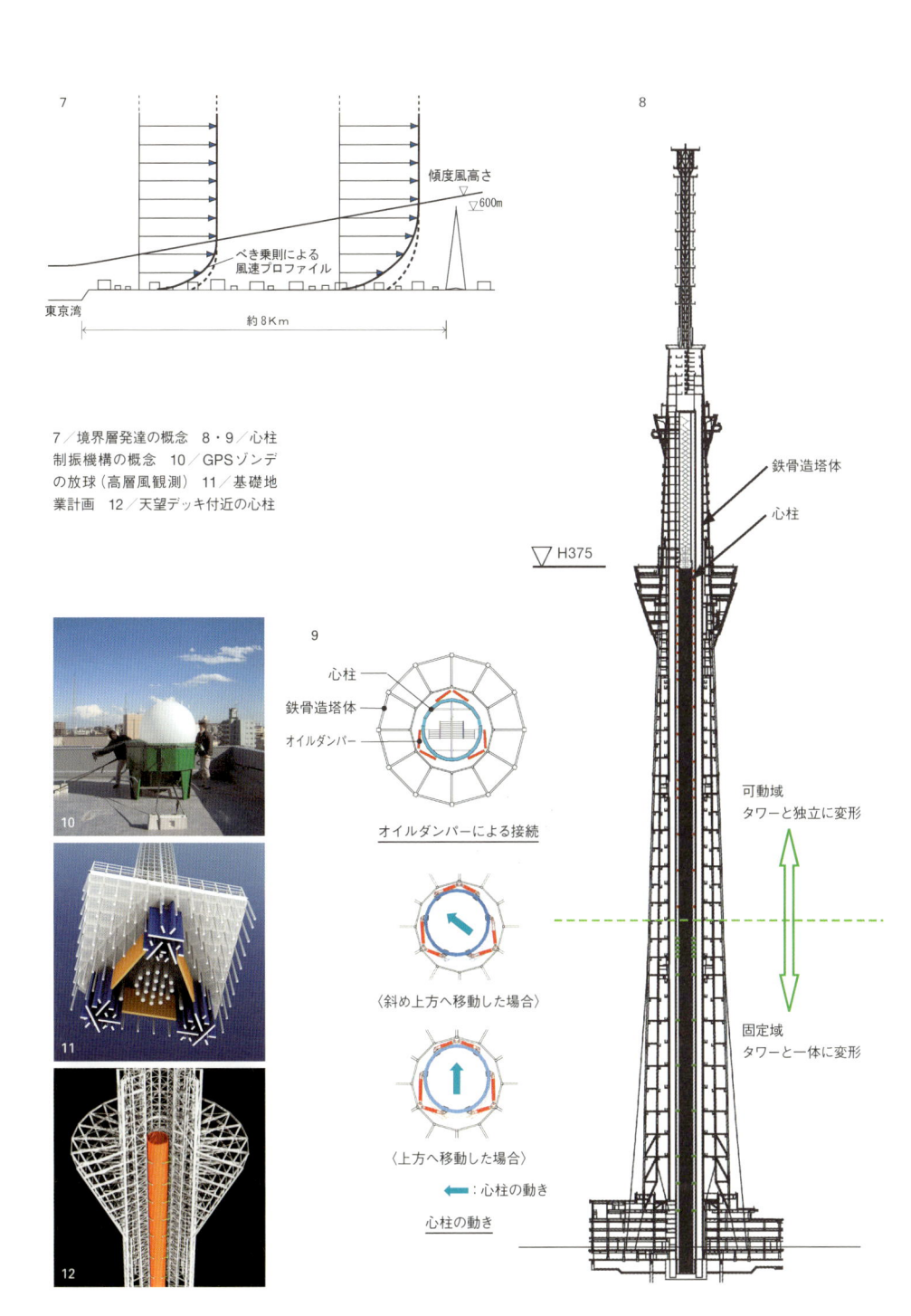

7／境界層発達の概念　8・9／心柱制振機構の概念　10／GPSゾンデの放球（高層風観測）　11／基礎地業計画　12／天望デッキ付近の心柱

心柱制振機構

　避難階段である筒形PC構造体を利用し、タワーの地震時や強風時の揺れを抑える心柱制振機構を開発・採用している。心柱は高さ375mを有し、鉄骨造塔体より少し長い固有周期をもつよう設計することで付加質量機構と同じ効果が得られる。高さ方向に鉄骨塔体と一体となる固定域と、独立して振動する稼働域を持ち、稼働域にはオイルダンパーを配置して鉄骨塔体と心柱の相対変位が過大とならないよう制御する構造としている。心柱制振機構の揺れ低減能力は、長周期地震動や直下型地震動といったさまざまな種類の地震動に有効で、非制振時を基準に地震時最大50%、強風時最大30%である。

東京都墨田区押上1-1-13他
建築設計：日建設計（吉野繁、土屋哲夫）　構造設計：日建設計（小西厚夫、渡辺一成、中西規夫、江坂佳賢）
施工：大林組　竣工：2012年
構造種別：S造（塔体）、PC造（心柱）、基礎：SRC造壁杭地業（タワー直下）

COLUMN

東京スカイツリー®のシルエットと構造デザイン

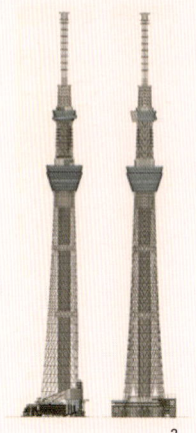

1・2／平面計画の変化（左：東立面、右：南立面）　3／デザインにある曲線（左：むくり〈寺院の柱〉、右：そり〈日本刀〉）　4／江東デルタ

「塔は地上に自立し天を目指す」と表現されるが、このタワーは足もとの正三角形から高層の円形へと変化しつつ空をめざして延びるシルエットをもつ（1）。足もとの三角形は、敷地のある「江東デルタ」を模すもので（4）、隅田川、荒川と交通幹線によって生まれる正三角形を地域の象徴としている。一方、中高層に採用した円形平面は、全方位に対する眺望が得られる展望室に適したものとして選択している。

この平面の変化は、足元の三角形の頂点部分から上に伸びる稜線である「そり」と、三角形の辺の部分から発する線である「むくり」を持つシルエットを生み出しており、それぞれ日本刀の持つ凛とした「そり」と寺院建築の列柱が持つゆるやかな「むくり」を表現している（3、7）。

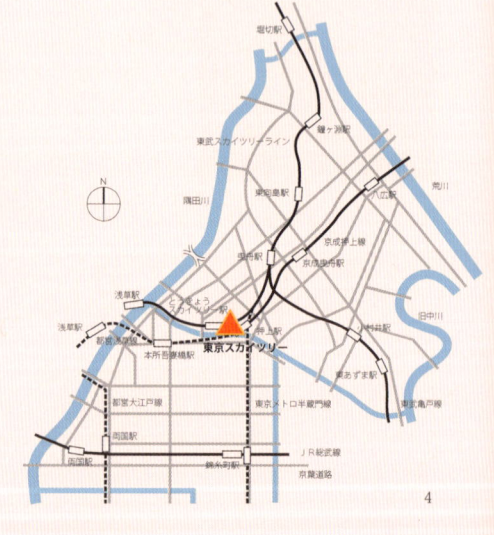

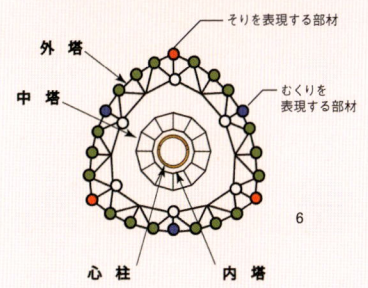

構造デザインでは、この豊かな曲線を持つシルエットを網の目状の鋼管トラス構造で実現している。このトラスは、縦に伸びる柱を利用しつつ、三角を基本として剛性の高い「面」を構成できる合理的な形式である。

この構造計画としての方策は、鉄塔でありながら塔としてのシルエットを表現しつつ経済合理性を実現する手法であり、少ない部材で面を形づくりつつ要所へ配した部材によりシルエットを構成している。例えば外周の柱は3の倍数で割り付け、「そり」と「むくり」を表現する各頂点に必ず縦の部材が来るよう割り付けている。

このように「表現」することで、外壁を持たない鉄塔が豊かな表情を持ち得る。

5／網の目状の鋼管トラス構造　6／柱割付によるそり・むくりの表現（最下層の24分割部分）　7／「そり」と「むくり」に関するスタディ

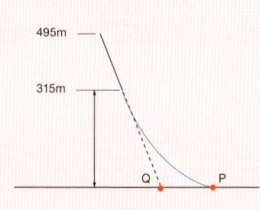

点Pが点Qよりも外側にある場合、円弧は「そり」となる。

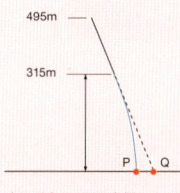

点Pが点Qよりも内側にある場合、円弧は「むくり」となる。

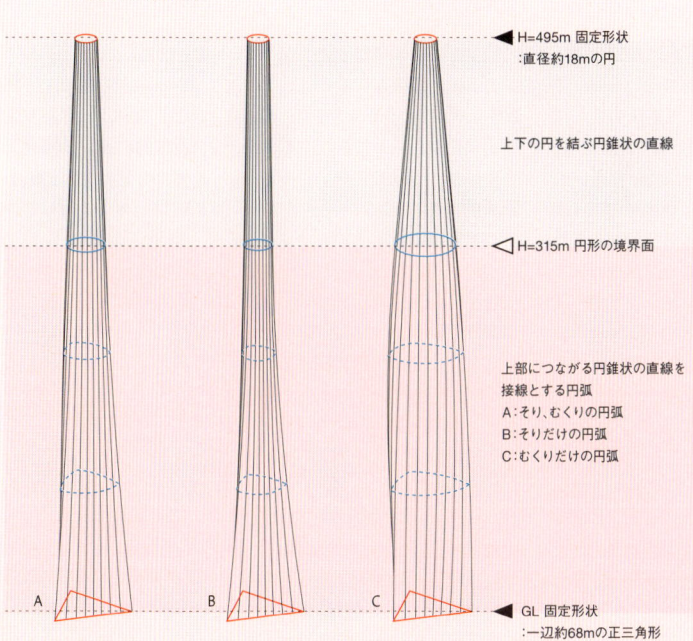

H=495m 固定形状
：直径約18mの円

上下の円を結ぶ円錐状の直線

◁ H=315m 円形の境界面

上部につながる円錐状の直線を接線とする円弧
A：そり、むくりの円弧
B：そりだけの円弧
C：むくりだけの円弧

GL 固定形状
：一辺約68mの正三角形

077 Tokyo / Sumida-ku / Edo-Tokyo Museum

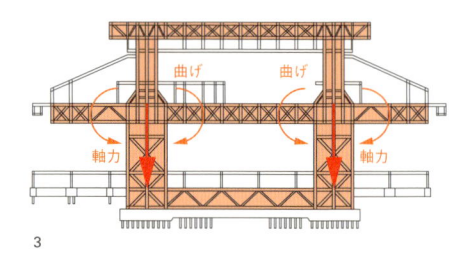

剛構造、制振床梁

江戸東京博物館
4本の大柱と2本の大梁で構成するスーパーストラクチャー

ピロティとメタボリズム

　隅田川の東、両国国技館の隣に特徴的な形態を持つ建物が建っている。神殿あるいは高床の倉のように見える建築設計は「メタボリズム」を主導した菊竹清訓、構造設計は松井源吾による作品である。高さは400年前に木造技術で作られた超高層建築である江戸城の天守閣の高さと同じ62m。東京湾や関東平野が当時の天守閣からどのように見えたか体験できるように計画された。展示・収蔵の上部空間と基壇、その2つをつなぐピロティという空間構成を支える架構は、メインのスーパーストラクチャーと副次的なサブストラクチャーにより構成されており、主要空間を維持しつつ時代の変化に対応するメタボリズムの思想を有する。

上部空間を支える4本の大柱と大梁

　構造は力強くかつシンプルである。上部空間を支える巨大な4本の柱は上下を剛強な梁でつながれている。長期荷重による柱への曲げモーメントを小さくするために長手方向のフレームに直交する小梁を架け渡して短辺方向フレームの梁の曲げモーメントを小さくする。小梁を受ける長手方向のフレームは、片持ち梁をはねだして、梁の間で曲げモーメントがつり合い、柱には軸力のみが生じている（図3）。柱1本当たりにかかる長期荷重時軸力は、およそ25000 tf、この軸力を外形寸法14.4mのH型断面状の大柱でマット状の基礎に伝達、下部に設けた100本の杭で支持している。

剛構造+制振による耐震設計

　江戸時代の掘割跡を有する敷地付近で観測された地震波の固有振動数1.0 - 1.2 Hzにピークが存在する。水平方向の変形を抑えるために一次固有振動数を1.2 - 1.5 Hzとなるよう剛構造として、地震の振動数と一致しないようにしている。

　また、片持ち部の上下動から展示物を守るために、片持ち部の先端の二重床内に上下動制振装置を126台ずつ設置し、大地震時の上下動を1/4程度に低減している。

　使用された鉄骨総重量は約23000 t。43mの張り出し部を持つ特殊架構をぜひとも堪能してほしい。

1／建物外観　2／施工中の様子
3／架構図

東京都墨田区横網1-4-1
建築設計：菊竹清訓建築設計事務所
構造設計：松井源吾+O.R.S.事務所
施工：鹿島建設ほか8社共同事業体
竣工：1993年
構造種別：S造

078　Tokyo / Sumida-ku / Sumida Lifelong Learning Center

多棟連結構造、ジオドーム

すみだ生涯学習センター
構造計画とディティールが織り成す多彩なデザイン

三つの棟

すみだ生涯学習センターは、木造住宅密集地で囲まれた不整形な敷地に、プラネタリウム、ホール、学習施設など異なる機能を内包する3棟が中庭を囲むように建っている。周辺住宅への配慮から、外周を半透明なアルミパンチングメタルで囲い、中庭側は壁をなくして開放している。

連結する構造

各棟は2階から4階を各階3本、合計9本のブリッジで連結され、3棟が一体となってバランスを獲得している。加えて直径350 mmのSRCブレースを配することで開放性を損なわずに水平剛性を確保している。

中庭から見る風景

プラネタリウムの半球は厚さ7cmのプレキャストコンクリート3角形平板によるジオデシックドームである。また、偏楕円形自由曲面の日除けルーフでは、同一形状の平面パネルを折れ面で角度を変えながら並べ、近似的に曲面を表現するなど、実に多様な要素が散りばめられている。中庭から上部を見上げると、独特の風景がある。

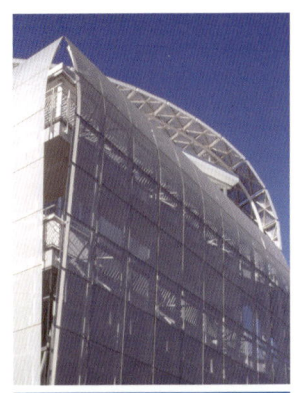

東京都墨田区東向島2-38-7
建築設計：長谷川逸子・建築計画工房
構造設計：梅沢建築構造研究所
施工：安藤・東武谷内田・東京長谷川建設共同企業体　竣工：1994年
構造種別：S造

079　Tokyo / Taito-ku / Asakusa Culture Tourist Information Center

S造・ラーメン構造

浅草文化観光センター
積層がつくる新しいかたち

積層された屋根と床

場所は浅草寺雷門の向かいである。見上げると、浅草寺の五重の塔に対比するようであるが、屋根の形式は棟と平行な面に出入り口を設けた平入である。

外部の屋根の傾きは、そのまま内部の天井に反映しているので、屋根がそのまま積み重なったような空間をつくっている。

屋根と床の隙間の利用

特徴的な斜めの屋根の積み重ねは、狭い敷地でも空間を大きく見せる断面計画上の工夫である。斜めの屋根で生まれた隙間をうまく設備スペースに使いながら、中間層での階段状のホール空間や、2つの屋根勾配をもつロビー空間（図2）を実現した。

粗密のあるファサード

ファサードの木製ルーバーは上下2点支持とし、カーテンウォールのマリオンとは関係なく自由なピッチを可能としている。奥行き、間隔、向きに粗さを持たせたルーバーにより、外壁面に粗密のグラデーションが生まれ、内外でつながりが感じられる空間となった。

断面とファサードを工夫すれば、一般的な鉄骨ラーメン構造から豊かな表情を作ることができる可能性を、この建築は示してくれている。

東京都台東区雷門2-18-9
建築設計：隈研吾建築都市設計事務所
構造設計：牧野構造計画
施工：フジタ・大雄特定JV
竣工：2012年
構造種別：S造

080　Tokyo / Sumida-ku / Ryogoku Kokugikan

大空間構造

両国国技館
「大鉄傘」を再現した立体架構システム

現代の「大鉄傘」

　旧両国国技館の伝統を受け継いだ「大鉄傘」をイメージし設計された大空間建築である。屋根架構の計画では、力学的合理性はもちろんのこと、安定性や施工性、内部空間のデザインにも重点が置かれた。

　屋根は、梁せい2.5mの大梁8本を、8角形のリングでつないだ構成になっている。鉛直荷重や熱伸縮に対応できるよう、大梁の支点には高力ローラー装置を設置してそれぞれが屋根頂点方向へ移動可能になっている。大屋根の大部分を覆うダブルワーレントラス（通常のワーレントラスの斜材をX字形に交差させたもの）はCT鋼の十字型断面のものを用いることでシャープな鉄骨の線を出すようデザインされており、梁成2.5mの断面を持った大梁とは対照的な印象を与える。中に入ると、屋根架橋がそのまま見ることができる。

国技館の歴史

　大相撲は長い間屋外で興行されていたが、明治42年（1909年）辰野金吾と葛西萬司設計による「相撲常設館」が両国の回向院境内に完成、後に「国技館」の呼称が定着した。イギリスのロイヤルアルバートホール等を意識した直径62m、高さ25mのトラスアーチの鉄骨大ドームだった。中央部がガラス屋根で「大鉄傘」の愛称で親しまれたが、1917年に失火で焼失。その後再建するも震災や空襲に見舞われ、相撲興行は神宮外苑や浜町を転々とし、1954年から1984年までは払下げ物資で建設した蔵前国技館を使用した。1985年に両国の地に戻ってきて30年が経つ。

東京都墨田区横網1-3-28
建築設計：鹿島建設
構造設計：鹿島建設
施工：鹿島建設
竣工：1958年
構造種別：RC造、S造

081　Tokyo / Taito-ku / Sensoji and towers

RC構造、組積造

浅草寺と浅草の塔
下町のランドマーク

浅草寺本堂

　昭和20年に焼失した旧本堂を再建した現在の本堂は、社寺建築家として有名な大岡實（1900～1987）の処女作である。「人々の浄財によって造られる宗教建築は（中略）防火の点から木造でやるべきではない」という思想のもと、旧本堂の外観の復元を強く依頼されたこともあり、伝統木造社寺形式をSRC造で再現した最初の建築である。「再現」とは言え、構造材料の変更には多大な困難が存在する。木造では意味を成した部材が、SRCでは施工に手間がかかるだけの単なる装飾となってしまうからである。「組物及び肘木：構造体と考えず単なる荷重として取扱」わねばならず、斗の下方に見られるくびれ等の断面が小さくなる部材は、RCでは不利に働く。そのために、くびれのない大仏様の差肘木形式を用いるなどの工夫を凝らしている。2006年と2010年には耐震改修が行われ、平面の4隅にRC耐震壁を設けるとともに、屋根の日本瓦をチタン瓦に葺き替えた。

浅草の塔

　浅草は浅草寺の五重塔に始まり、スカイツリーに至るまで、塔と共にある町であった。ここではかつて存在した凌雲閣と仁丹塔を紹介する。凌雲閣は煉瓦組積造の12階建てで、東京における高層建築物の先駆けとして1890年に建てられた。しかし組積造であるが故に関東大震災で上層が崩壊、後に爆破解体され、姿を消した。この凌雲閣を模して建てられたのが仁丹塔である。この塔も1986年に老朽化のために解体された。

東京都台東区浅草2-3-1
建築設計：大岡實建築研究所
竣工：1956年　耐震改修：2010年

COLUMN

鉄

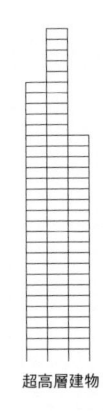

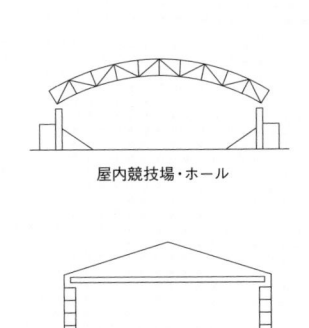

タワー　　　　超高層建物　　　　屋内競技場・ホール　　　工場・倉庫

鋼構造が良く用いられる建物

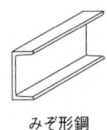

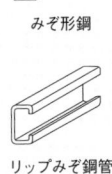

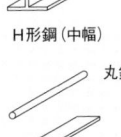

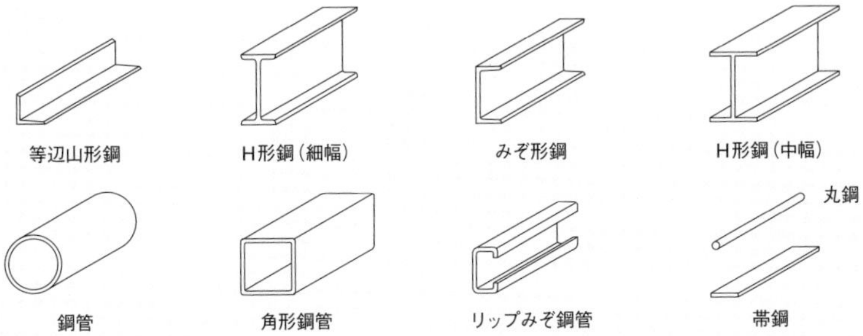

等辺山形鋼　　H形鋼（細幅）　　みぞ形鋼　　H形鋼（中幅）

鋼管　　角形鋼管　　リップみぞ鋼管　　丸鋼　　帯鋼

鉄による部材断面の例（形鋼）

　鉄骨による建築構造（鋼構造ともいう）は、紀元前から用いられている木やコンクリートと比べて比較的最近（19世紀初頭の産業革命）から実用化されてきた構造形式である。鉄（鋼材）は木材やコンクリートと比較して断面積あたりの強度が20倍～30倍に達するため、部材断面積を鉄筋コンクリートの1/6～1/8で設計できる。このため、鉄の比重がコンクリートの約3倍あるにも関わらず、建築の重量を鉄筋コンクリートの約半分にすることができる。この利点を利用し、軽量化により地震力が低減できるタワーや超高層建物、大きなスパンを架け渡す必要のある屋内競技場・ホール、工場・倉庫などは鉄骨構造により建設されることが多い。形状も比較的自由に作れるため、様々な軽快な構造デザインを実現することができる。もう一つの鉄の大きな特徴は粘り強い（靱性がある）ということである。鉄の部材は耐力に達した後も伸び能力に優れているため、大地震に対しても粘り強く抵抗する特性を有している。

　鉄骨は木材やコンクリートと違って、工事現場で切ったり加工したり、固めたりすることができないため、あらかじめ鉄工所で溶接等によって製作された部材を現場に持ってきて組み立てることが一般的である。そのため、加工された部材が現場に運ばれてきた後は、短い時間でみるみる骨組が建ち上がっていくように見える。

Tokyo Bay & Sumida River Bridge Cruise

東京湾岸・隅田川ブリッジクルーズ

江戸時代から水運の発達していた東京のウォーターフロントには日本のさまざまな技術が集結している。特に東京湾から隅田川周辺は、便利な水上バス路線も複数運航していて、日本の構造技術の粋を集めた数々の橋を見ることができる。隅田川の川幅は150〜200m程度。さまざまな構造形式の橋が架かっている。葛西臨海公園を基点とする、東京水辺ライン「隅田リバー浅草」は、東京ゲートブリッジ、レインボーブリッジを見ながら東京湾を進み、隅田川へと入っていく。隅田川に架かる橋とスカイツリーとの協演も楽しめるこのブリッジウォッチングは観光ルートとしても絶好だ。

橋の構造形式

橋は川や谷を挟んで2つの離れた地点を結ぶ「空中の道」だ。重力に逆らって長い距離を人や車や列車を支えて運ぶ空中の道を作るため、古来からさまざまな構造が試されてきた。基本的な構造として、桁橋、アーチ橋、吊り橋について以下に概説する。この他にもトラス橋やラーメン橋、さまざまな可動橋や浮橋などもある。材料は植物、木や石に始まって、鉄、鋼、RC、FRPなどさまざま。老朽化だけでなく戦争や災害で壊されては架け替えられてきた。それぞれの橋は人々の営みの歴史でもある。

桁橋

橋の最も基本は桁だ。桁は構造形式上は「梁」と呼ばれることも多い。梁は構造形式としては最も単純だが、梁成（梁の上下の幅）の中で伝える力が大きく変化する「曲げモーメント」が発生し、梁の材料の強さを有効に使うことが難しく、あまり大きなスパンに用いることができない。トラス橋などのようにして全体の梁成を大きくすることや、梁の上下に分厚い鋼板を用いるなどすればある程度大きなスパンにも対応できるが、100 m以下程度のスパンで用いられることが多い。

片持ち梁
橋の場合は向い合せて迫り出すようにして用いる。支持点側で大きな曲げモーメントを発生するので、支持点側に強固な構造が必要になる。

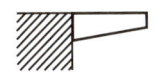

単純梁
最も単純な橋の形。中央で大きな曲げモーメントを発生するので、中央部分を強く作る必要がある。

連続梁
見かけは単純だが応力状態が複雑になりやすい。温度による伸縮や地盤の沈下なども考慮した詳細な計算と設計が必要。

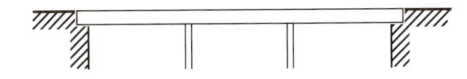

ゲルバー梁
応力状態が比較的単純で、曲げモーメントは橋脚の上で最大、支持点で零となる。温度による伸縮や地盤の沈下などにも柔軟に従うことができるので、計算や設計も比較的楽に実現できる。

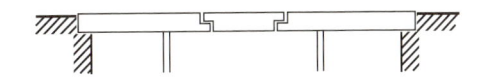

アーチ橋

梁の中央部を大きく持ち上げることにより、曲げモーメントが少なくなりほとんど圧縮力のみで荷重を伝えることができるようになる。これをアーチという。力の大きさのそろった圧縮力なので材料の強さを有効に使うことができる。支点には大きな横向きの力（推力・スラスト）が発生するので、支持点に強固な構造が必要になる。大きな荷重変動に対応するため、アーチリブにある程度の曲げ剛性を持たせるなどの対策が必要になる。スパンは500 m程度まででよく用いられる。

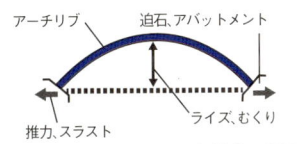

上路アーチ
橋の下の構造部分が多いので、川の氾濫などには影響されやすい。路面上からの眺望を大切にするなど上部に構造を出したくない場合には上路式が選択される。路面幅よりアーチ幅を広げて横風などに対抗することができる。

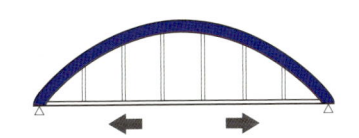

下路アーチ
構造としてはアーチが主であるが、路面を受ける構造を引張り材（タイ）としアーチのスラストを相殺することができる。自定式（自己つり合い型）となり、支承部にスラストを受ける構造が不要になる。タイドアーチとも呼ぶ。

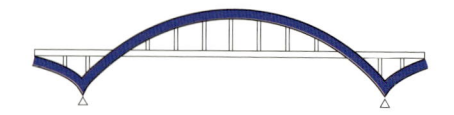

中路アーチ

アーチの中ほどを路面部が通る。構造と路面の高さをある程度選べる。路面幅よりアーチ幅を広げることができるので横風などに対抗できる。路面上から見える構造躯体と景観の関係に変化がつけられる等の利点がある。

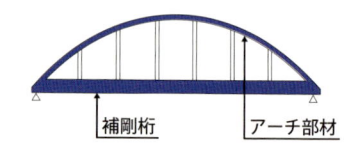

ランガー橋

路面を支える梁(補剛桁)を主とし、アーチは梁にかかる荷重を負担して圧縮力として両端部に伝える。スラストは端部で補剛桁の軸力で相殺する。アーチは軸力のみを伝えるので細い多角形状をしている。アーチと補剛桁双方に曲げ剛性を持たせたものは、ローゼ橋と呼ばれる。

吊り橋

高い場所(主塔など)から引張りに強いケーブル材などを利用して、橋桁を吊り下げるようにして橋を架ける構造形式。主塔間等に渡したメインケーブルからハンガーで橋桁を吊るもの(サスペンション型)を狭義には「吊り橋」と呼ぶ。主塔から直接橋げたを吊るもの(ケーブルステード型)は、「斜張橋」と呼ばれるが、サスペンション型とケーブルステード型双方を合わせて吊り橋と呼ぶことも多い。

吊り橋(サスペンション型)

主塔間等に渡したメインケーブルからハンガーで橋げたを吊るもので、端部でメインケーブルの引っ張り方向のスラストを受ける為の大きな構造(アンカーレッジ)が必要となる。桁は風に対する安定性から形状や剛性等を考慮した工夫がなされる。現在の技術で一番長い橋が可能な構造形式で主径間2km程度までが実現している。

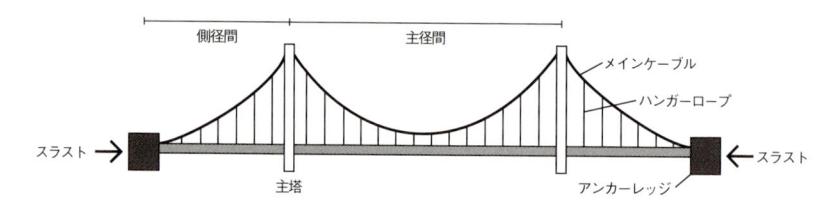

斜張橋(ケーブルステード型)

主塔等から斜めにケーブルで直接に橋桁を吊る。斜めに引張るため、桁には主塔向きの水平方向の圧縮力が働く。結果的に桁が圧縮力を伝える自定式の構造となる。100m〜1km程度までの橋に適している。ケーブルの張り方で桁の軸力や主塔の安定性に違いがあるが、意匠的な印象も変わる。

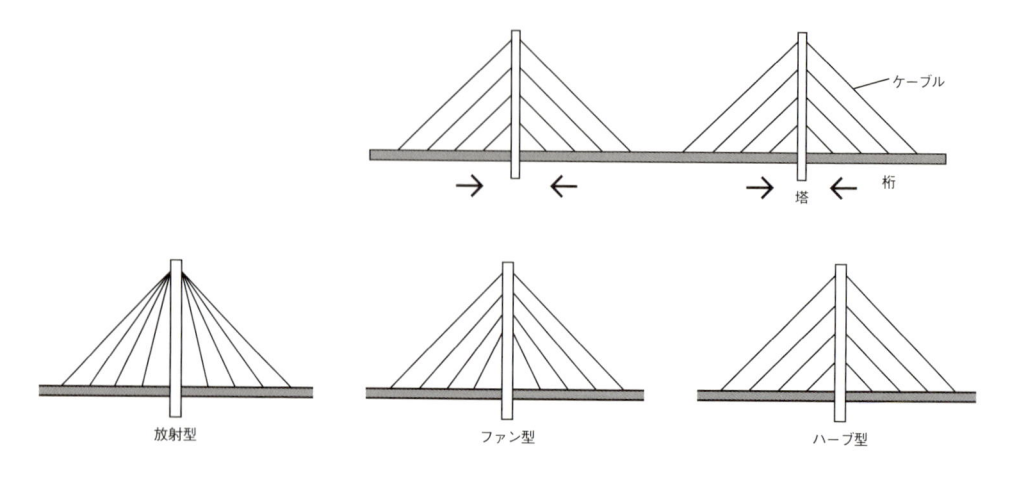

地図上の地名・橋名

千住大橋
水神大橋
白鬚橋
⑯ 吾妻橋
言問橋
東向島
桜橋
すみだ生涯学習センター P.133
浅草寺 P.134
浅草
曳舟
上野エリア P.92
上野
浅草（二天門）
押上
東京スカイツリー P.126
浅草文化観光センター P.133
とうきょうスカイツリー
⑭ 厩橋
⑮ 駒形橋
秋葉原
⑬ 蔵前橋
両国国技館 P.134
両国
錦糸町
旧中川
⑫ 隅田川橋梁
江戸東京博物館 P.132
⑪ 両国橋
⑩ 新大橋
丸の内・銀座エリア P.16
小名木川
皇居
⑨ 清洲橋
東京
木場公園
⑧ 隅田川大橋
荒川
中央大橋
⑦ 永代橋
新橋
汐留
清水建設技術研究所 安全安震館 P.118
④ 勝鬨橋
⑤ 佃大橋
葛西臨海水族園 P.122
③ 環状2号線 隅田川橋梁
晴海アイランドトリトンスクエア P.118
東雲キャナルコート CODAN2街区 P.119
田町
豊洲
新豊洲
新木場
木村会館 P.119
葛西臨海公園
東雲
② レインボーブリッジ
国際展示場正門
品川
台場
ソニーシティ P.79
東京国際展示場 P.116
葛西臨海公園 展望広場レストハウス P.120
フジテレビ本社 P.117
若洲海浜公園
フジテレビ湾岸スタジオ P.117
① 東京ゲートブリッジ
日本科学未来館 P.117

東京水辺ライン 隅田リバー浅草

通常期	平日	葛西臨海公園 15：00発 → お台場 15：50着 15：55発 → 両国 16：35発 → 浅草 16：45着
	土日祝	葛西臨海公園 16：55発 → お台場 17：45着 17：50発 → 両国 18：30着 → 浅草 18：40着
特別期	平日	葛西臨海公園 16：10発 → お台場 17：00着 17：05発 → 両国 17：45発 → 浅草 17：55着
	土日祝	葛西臨海公園 17：55発 → お台場 18：45着 18：50発 → 両国 19：30着 → 浅草 19：40着

料金

乗船地	下船地	
葛西臨海公園	お台場海浜公園	1,130円
	両国	1,650円
	浅草（二天門）	1,650円

＊特別期は7月26日〜8月24日
＊表示運賃は大人1人の料金。子供運賃（小学生）は半額。未就学児は大人1人につき1人無料、2人目からは子供運賃です。時刻と料金は、2014年5月時点のもの。変更・運休となる場合があるので、東京水辺ラインのホームページ（www.tokyo-park.or.jp/waterbus）をご確認ください。

① 東京ゲートブリッジ

対峙する2匹の恐竜に例えられる、東京港臨海道路が若洲と中央防波堤外側埋立地の間の第3航路を跨ぐ部分にかかる巨大なトラス橋。羽田空港の空域制限（高さ98.1m以下）と第3航路の航路制限（航路幅300m、高さ54.6m）の条件下で設計され、高さは87.8mに抑えられている。構造はトラスと鋼床版ボックス桁の混構造で、トラスと路面の関係は上路、中路、下路と変化し、最後にボックス桁による開放的な中央径間部分に至る劇的な構成になっている。トラスは全断面現場溶接により接合部をコンパクト化し、床版は構造材と一体化するなど、部材外面の凸凹を減らしメンテナンスや耐久性向上、意匠性向上を狙っている。下路部分では上方横材を減らすなど利用者の視界や景観性にも配慮している。

竣工：2012年2月12日　橋長：760m（主橋梁部）、(2618m：アプローチ部分含む)　主径間（支間長）：440m　ボックス梁部分：120m　幅員：24.0m　構造：鋼3径間連続トラス・ボックス複合構造橋（アプローチ部分）：連続鋼床版箱桁構造橋、橋脚：RC構造、基礎：鋼管矢板井筒構造）

② レインボーブリッジ

東京湾の白亜のシンボルも20歳を超えた。高速11号台場線・臨港道路（海岸青海線）・臨海新交通システム（ゆりかもめ）が芝浦埠頭と第六台場間を結んで東京湾第一航路を跨ぐ、複合交通施設の吊り橋。羽田空港の空域制限（高さ150m以下）と第3航路の航路制限（航路幅500m、高さ50m）の条件下で設計。中央径間のメインケーブルは直径5.37mmの素線（亜鉛メッキ鋼線）を127本束ねたストランドをさらに127本束ねたもの。ハンガーロープは1か所あたり径68mmのものを4本用いている。2013年にメインケーブルの塗り替え塗装が行われた。吊られているダブルデッキの補剛桁は高さ8.9m幅29mで長手が平行弦ワーレントラス、横方向がKトラスになっている。

巨大な主塔及び台場側アンカレッジの基礎は海中にあるため、密閉された作業函を沈めて圧縮空気を送って気密な作業空間を作る、ニューマチックケーソン（潜函）工法が用いられた。ダブルデッキの下側には遊歩道があり歩いて渡ることもできる。

竣工：1993年8月26日　橋長：798m（3750m：アプローチ部分含む）　中央径間：570m　側径間：147.5m　サグ：57.6m（サグ比約1/10）　主塔高さ：126m　幅員：29.0m　構造：3径間2ヒンジ吊橋（ダブルデッキ補剛トラス）

③ 環状2号線隅田川橋梁

環状2号線が隅田川を渡り都心と臨海部を結ぶ部分に新たに架設され、2020年の東京オリンピックの選手村と都心を結ぶ橋。アーチを外側に傾斜させ、利用者の上を通る横支材を無くすことで開放感のあるデザインとなっている。中央径間、側径間ともにブロック工法を採用。中央径間のタイドアーチ（長さ120m、高さ18m、重さ2600t）は2014年5月8日に巨大な起重機船で移動架設された

竣工：2016年3月（予定）　全長：245m　幅員：37m　最大支点間距離：145m（中央径間）、50m（側径間）　構造：鋼3径間連続中路式アーチ、鋼殻ケーソン（橋脚）

④ 勝鬨橋

1940年の月島万博（開催中止）の為に計画された、国内唯一のシカゴ型双葉式跳開橋。名前の通り万歳をするように橋が開いたが、陸上側の交通量の増大などから1970年以来開閉を停止している。シカゴ型とは片持ち梁式の橋の根元に軸がありその先が軸を中心とした大きなギア状になっている。これをモーターでまわすことで橋が開く。勝鬨橋はこれが向かい合わせで対になっており70度まで開く。側径間部分は下路式のタイドアーチ構造。

竣工：1940年6月14日　全長：246m　幅員：22m　最大支点間距離：51.6m（可動部）、86.0m（固定部）　構造：RC造（橋台・橋脚）シカゴ型双葉式跳開橋（中央可動部）下路式タイドアーチ（側径間）

⑤ 佃大橋 ▲

東京オリンピックの開催に備えて戦後初めて隅田川にかけられた橋。装飾性のない機能優先の高度成長期の日本を象徴する橋。岸に対し直交せず62度傾斜している。IHI佃島工場で44m、155トンの大ブロックに組み立て海上クレーンで曳航し据え付けるという大ブロック工法で工期を短縮した。鋼材重量2246t（408kgw/㎡）。

竣工：1964年8月27日　全長：222m　幅員：25.2m　構造：主桁3径間連続鋼床鉄箱桁橋

⑦ 永代橋 ▲

関東大震災復興計画事業で架けられた橋の第1号。圧縮系のアーチで男性的なデザインを意識しドイツのルーデンドルフ橋（戦中に落橋）をモデルとした。鋼材重量3932t（965kgw/㎡）。創架は1698年。1897年に架けられた鉄の橋は関東大震災時に火災で大破。永代橋のすぐ上流西側の日本橋川河口には梯子型の豊海橋（1927年、フィーレンディール橋）が架かっているのが見える。

竣工：1926年12月20日　橋長：184.7m　幅員：25.0m　構造：下路式タイドアーチ橋（中央径間）　鋼桁橋（両側径間）

⑨ 清洲橋 ▲

関東大震災復興計画事業で架けられた「震災復興の華」と呼ばれた自己釣り合い型の吊り橋。永代橋と対比を成すように引っ張り系の吊り橋の優美なデザインとして設計された。ドイツケルンのヒンデンブルグ橋（戦中に破壊）をモデルにしている。清澄町と中洲町を結ぶことから命名。勝鬨、永代、清洲の3橋は2007年に国の重要文化財に指定されている。

竣工：1928年3月　橋長：186.3m　幅員：22.0m　構造：自碇式鋼鉄製吊り橋

⑥ 中央大橋 ▼

都市景観に配慮したデザインの32本のケーブルで吊られたファン型斜張橋。平面は主塔の所で曲線状に屈曲している。左岸（下流に向かって）の石川島がかつて鎧島と呼ばれたことに因んで塔頂が兜形にデザインされている。

竣工：1993年8月26日　全長：210.7m　幅員：25.0m　構造：2径間連続鋼斜張橋

⑧ 隅田川大橋 ▼

首都高速9号深川線建設に合わせて架橋された二層式橋。上段部分が首都高速道路の高架橋（鋼材重量2743t）、下段部分が人形町通り（水天宮通り）の為の隅田川大橋（鋼材重量2466t）。景観的な観点からは配慮に乏しい。

完成：1979年10月　河川部全長：210.0m　幅員：30.0m　構造：3径間連続鋼床鉄箱桁橋（主径間）　単純合成桁橋、単純PC桁橋（高架部）

⑩ 新大橋 ▼

創架は1693年。千住大橋、両国（大）橋に次ぐ3番目の新しい大橋として架設。歌川広重の名版画「大はしあたけの夕立」に描かれている。旧橋（1912年）は関東大震災や大空襲でも燃えず避難路として役立った日本初の鋼製トラス橋で、明治村に部分移築されている。現在の新大橋は昭和52年に架け替えられた8本のケーブルで吊られたハープ型斜張橋。後発の中央大橋に比べて簡素なデザインとなっている。

竣工：1977年3月27日　橋長：170.0m　幅員：24.0m　構造：2径間連続斜張橋

⑪ 両国橋 | ▲

1657年の明暦の大火時に川を渡れなかった反省などから1661年に創架。武蔵と下総の二国を結ぶことから両国橋と呼ばれ、江戸の町が東へと発展する契機となった。震災後に旧橋（1904年、曲弦式鉄製プラットトラス3連橋）から鋼板桁のゲルバー橋に架け替えられた。橋上には相撲や花火のモチーフやアールデコ風の装飾などがある。旧橋の内1連は中央大橋下流で合流する亀島川に架かる南高橋として使われている。

竣工：1932年11月　橋長：164.5m　幅員：24.0m　構造：3径間ゲルバー式鋼板桁橋

⑫ 隅田川橋梁 | ▼

総武本線を両国駅から御茶ノ水駅まで延長するために架けられた下路式ランガー桁橋。

竣工：1932年3月　橋長：172.0m　構造：3径間ゲルバー下路式ランガー桁橋

⑬ 蔵前橋 | ▲

関東大震災復興計画事業で架橋した上路式アーチ鉄橋。蔵前橋が架かる前は近辺に「富士見の渡し」があった。名前は右岸に幕府の米蔵があったことに由来する。1984年まで大相撲が蔵前国技館で行われていたため橋上には相撲や屋形船をモチーフとした装飾がある。

竣工：1927年11月　橋長：173.2m　支間：50.902m（鋼アーチ最大支間）　12.192m（コンクリートアーチ支間）　幅員：22.0m　構造：3径間連続上路式2ヒンジアーチ　上路式コンクリート固定アーチ

⑭ 厩橋 | ▼

創架は1874年。旧橋（1893年、プラットトラス鉄橋）は関東大震災の火災で損傷。震災復興計画により新たに架橋された下路式タイドアーチ橋。名前は周辺に幕府の米蔵付属の馬小屋があったことに由来。橋上には馬をモチーフとした装飾がある。

竣工：1929年9月　橋長：151.4m　幅員：22.0m　構造：3径間下路式タイドアーチ橋

⑮ 駒形橋 | ▲

関東大震災後の復興計画により新たに架橋されたアーチ橋、両側径間は上路式アーチで中央径間は中路式アーチ橋と変化がある。以前は「駒形の渡し」があった。名前は右岸にある「駒形堂」に由来。

竣工：1927年6月25日　橋長：149.6m　幅員：22.0m　構造：中路式タイドアーチ橋（中央径間）　上路式アーチ（側径間）

⑯ 吾妻橋 | ▼

創架は1774年。旧橋のトラス鉄橋（1887年、プラットトラス鉄橋）は関東大震災の火災で損傷。震災復興事業で1931年に3連上路式アーチ橋に架け替えられた。

竣工：1931年6月　橋長：150.0m　幅員：20.0m　構造：3径間上路式アーチ橋

CHAPTER 8

OTHER CENTER AREAS OF TOKYO

都心その他

東京タワー
COLUMN：建設後から現在までの東京タワー
霞が関ビルディング
Kタワー
日本聖公会聖オルバン教会
富士フィルム東京本社ビル
東京建設コンサルタント新本社ビル
自由学園明日館
聖母病院聖堂
東京武道館
トンボ鉛筆本社ビル
中野坂上サンブライトツイン
早稲田大学理工学部51号館
早稲田大学理工学部57号館
羽田空港国際線旅客ターミナルビル
ヤマトインターナショナル
東京工業大学百年記念館
東京工業大学緑が丘1号館レトロフィット
東京工業大学付属図書館
IRONY SPACE
IRONHOUSE
洗足の連結住棟
駒沢体育館
世田谷区民会館
ゆかり文化幼稚園

霞が関
Kasumigaseki

83 霞が関ビルディング P.156

赤坂見附
Akasakamitsuke

84 Kタワー P.158

池袋
Ikebukuro

88 自由学園明日館 P.160

下落合
Shimoochiai

89 聖母病院聖堂 P.160

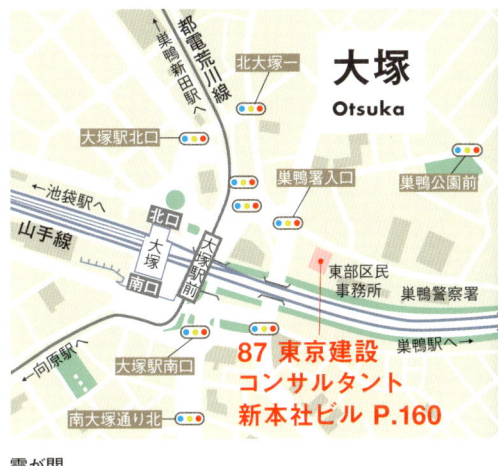

南青山
Minamiaoyama

86 富士フィルム東京本社ビル P.159

赤羽橋 神谷町
Akabanebashi kamiyacho

85 日本聖公会聖オルバン教会 P.159

82 東京タワー P.150

大塚
Otsuka

87 東京建設コンサルタント新本社ビル P.160

霞が関

83　霞が関ビルディング　東京都千代田区霞が関3-2-5　P.156

赤坂見附

84　Kタワー　東京都港区元赤坂1-2-7　P.158

池袋

88　自由学園明日館　東京都豊島区西池袋2-31-3　P.160

下落合

89　聖母病院聖堂　東京都新宿区中落合2-5-1　P.160

南青山

86　富士フィルム東京本社ビル　東京都港区西麻布2-26-30　P.159

赤羽橋・神谷町

82　東京タワー　東京都港区芝公園4-2-8　P.150

85　日本聖公会聖オルバン協会　東京都港区芝公園3-6-25　P.159

大塚

87　東京建設コンサルタント新本社ビル　東京都豊島区北大塚1-15-6　P.160

綾瀬 Ayase

- 武道館北口
- 90 東京武道館 P.161
- 武道館西口
- 武道館前
- 東綾瀬中
- 東綾瀬公園
- 稲荷神社
- 綾瀬駅
- イトーヨーカドー
- 千代田線 北綾瀬駅へ→
- 綾瀬
- 西出口
- 東出口
- ←北千住駅へ
- 亀有駅へ→
- 常磐線

中野坂上 Nakanosakakue

- ↑東中野駅へ
- 宝仙寺
- 宝仙学園高・中
- 文 第十中
- 中野坂上 A2
- 丸ノ内線
- ←新中野駅へ
- 中野坂上
- A1
- 西新宿駅へ→
- 92 中野坂上サンブライトツイン P.161
- 都営大江戸線
- 山手通り
- ↓西新宿5丁目駅へ

王子神谷 Oji kamiya

- 隅田川
- 東京成徳大高・中
- 豊島八
- 王子五
- 王子神谷
- 91 トンボ鉛筆本社ビル P.161
- 王子一小
- 紀州神社
- 紀州通り
- 南北線
- 王子消防署前
- 東京成徳大高
- ←北本通り 王子駅へ
- 都立飛鳥高

西早稲田 NishiWaseda

- ↑高田馬場駅へ
- 保善高入口
- 雑司ヶ谷駅へ→
- 大久保スポーツプラザ入口
- 戸山公園
- 西早稲田
- 西早稲田中
- 新宿北郵便局
- 学習院女子大
- 山手線
- 西武新宿線
- 保善高
- 94 早稲田大学理工学部57号館 P.163
- 都立戸山高
- 93 早稲田大学理工学部51号館 P.162
- 正門
- 明治通り
- 副都心線
- ←新大久保駅へ
- 海城高・中
- 新宿コズミック・スポーツセンター
- 新宿コズミックセンター前
- ↓東新宿駅へ

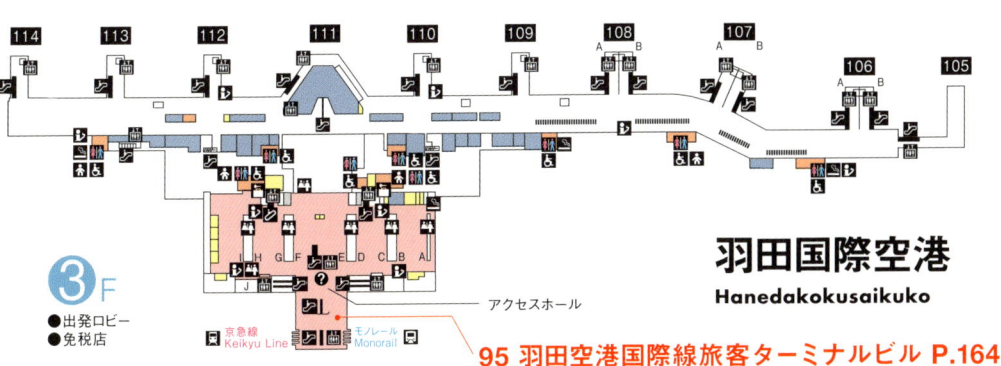

羽田国際空港 Hanedakokusaikuko

3F
- 出発ロビー
- 免税店

95 羽田空港国際線旅客ターミナルビル P.164

平和島 Heiwajima

96 ヤマト インターナショナル P.164

緑が丘・大岡山 Midorigaoka,ookayama

98 東京工業大学 緑が丘1号館レトロフィット P.166

97 東京工業大学 百年記念館 P.165

99 東京工業大学 附属図書館 P.167

綾瀬
90 東京武道館　東京都足立区綾瀬3-20-1　P.161

中野坂上
92 中野坂上サンブライトツイン　東京都中野区本町2-46-1　P.161

王子神谷
91 トンボ鉛筆本社ビル　東京都北区豊島6-10-12　P.161

西早稲田
93 早稲田大学理工学部51号館　東京都新宿区大久保3-4-1　P.162
94 早稲田大学理工学部57号館　東京都新宿区大久保3-4-1　P.163

羽田国際空港
95 羽田空港国際線旅客ターミナルビル　東京都大田区羽田空港2-6-5　P.164

平和島
96 ヤマト インターナショナル　東京都大田区平和島5-1-1　P.164

緑ヶ丘・大岡山
97 東京工業大学百年記念館　東京都目黒区大岡山2-12-1　P.165
98 東京工業大学緑が丘1号館レトロフィット　東京都目黒区大岡山2-12-1　P.166
99 東京工業大学付属図書館　東京都目黒区大岡山2-12-1　P.167

成城
Seijyo

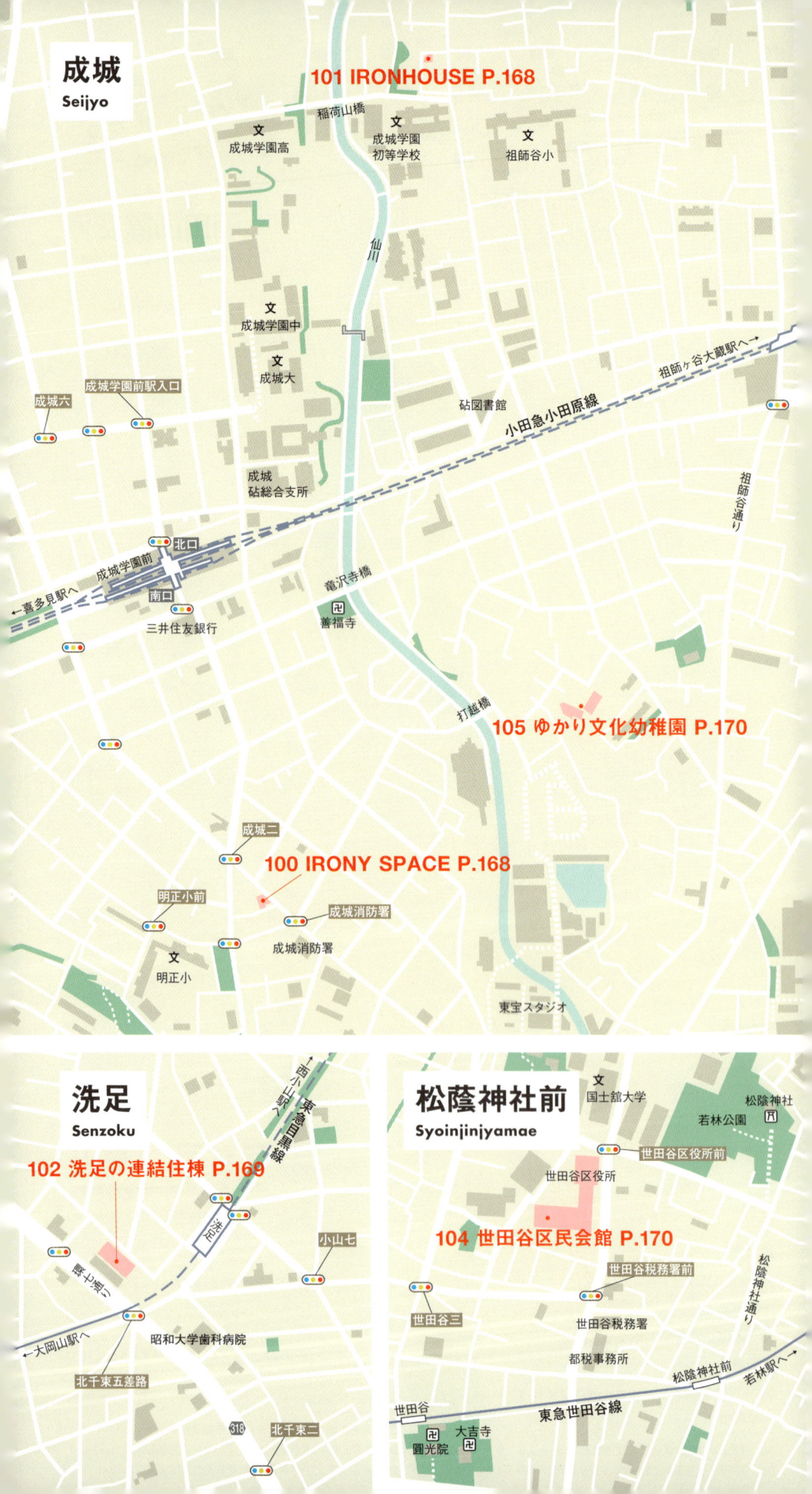

101 IRONHOUSE P.168

稲荷山橋
文 成城学園高
文 成城学園初等学校
文 祖師谷小
仙川
文 成城学園中
文 成城大
砧図書館
祖師ヶ谷大蔵駅へ→
小田急小田原線
成城六
成城学園前駅入口
成城砧総合支所
祖師谷通り
北口
成城学園前
←喜多見駅へ
南口
三井住友銀行
竜沢寺橋
善福寺
打越橋

105 ゆかり文化幼稚園 P.170

成城二
100 IRONY SPACE P.168
明正小前
成城消防署
文 明正小
成城消防署
東宝スタジオ

洗足
Senzoku

西小山駅へ↑ ↑東急目黒線

102 洗足の連結住棟 P.169

洗足
小山七
←大岡山駅へ
昭和大学歯科病院
北千束五差路
318
北千束二

松蔭神社前
Syoinjinyamae

文 国士舘大学
松陰神社
若林公園
世田谷区役所前
世田谷区役所

104 世田谷区民会館 P.170

世田谷税務署前
世田谷三
世田谷税務署
松陰神社通り
都税事務所
松陰神社前 若林駅へ→
世田谷
東急世田谷線
大吉寺
園光院

駒沢
Komazawa

成城
100　IRONY SPACE　東京都世田谷区　P.168
101　IRONHOUSE　東京都世田谷区　P.168
105　ゆかり文化幼稚園　東京都世田谷区砧7-15-14　P.170

洗足
102　洗足の連結住棟　東京都大田区　P.169

松蔭神社前
104　世田谷区民会館　東京都世田谷区世田谷4-21-27　P.170

駒沢
103　駒沢体育館　東京都世田谷区駒沢公園1-1　P.169

082　Tokyo / Minato-ku / Tokyo Tower

東京タワー
技術の粋を集めて建設され、各時代に応じた構造的進化を続ける東京のシンボル

世界最大級の自立鉄塔

　東京タワーは、戦後復興期のテレビ放送の開始に際し、東京都内に乱立する各テレビ局鉄塔に代わり、関東一円を網羅する総合電波塔として建設された。

　333mは当時世界的にも卓越した高さであり、日本復興の象徴としての役割も期待された一大プロジェクトである。

構造合理の結晶としてのタワー

　設計理念として、経済性・実用性と安全性が最優先課題とされた。内藤多仲博士の、「安全第一を念頭に無駄のない安定したものを追求した結果、作為的な美しさではなく、いわば数字の作った美しさを創り出した」という言葉が、設計方針を的確に表現している。

　当時の建築基準法に基づく設計用水平力は、風が地震に比して支配的であった。その風荷重が、後の自然現象の解明を反映した現行基準に比して、十分大きく設定されていたことは、東京タワーにとって先見の明と言える。

　なお、パリのエッフェル塔（324m・竣工1889年）の鉄骨量7,300t工期27カ月に比べ、東京タワーは鉄骨量3,600t工期18カ月である。

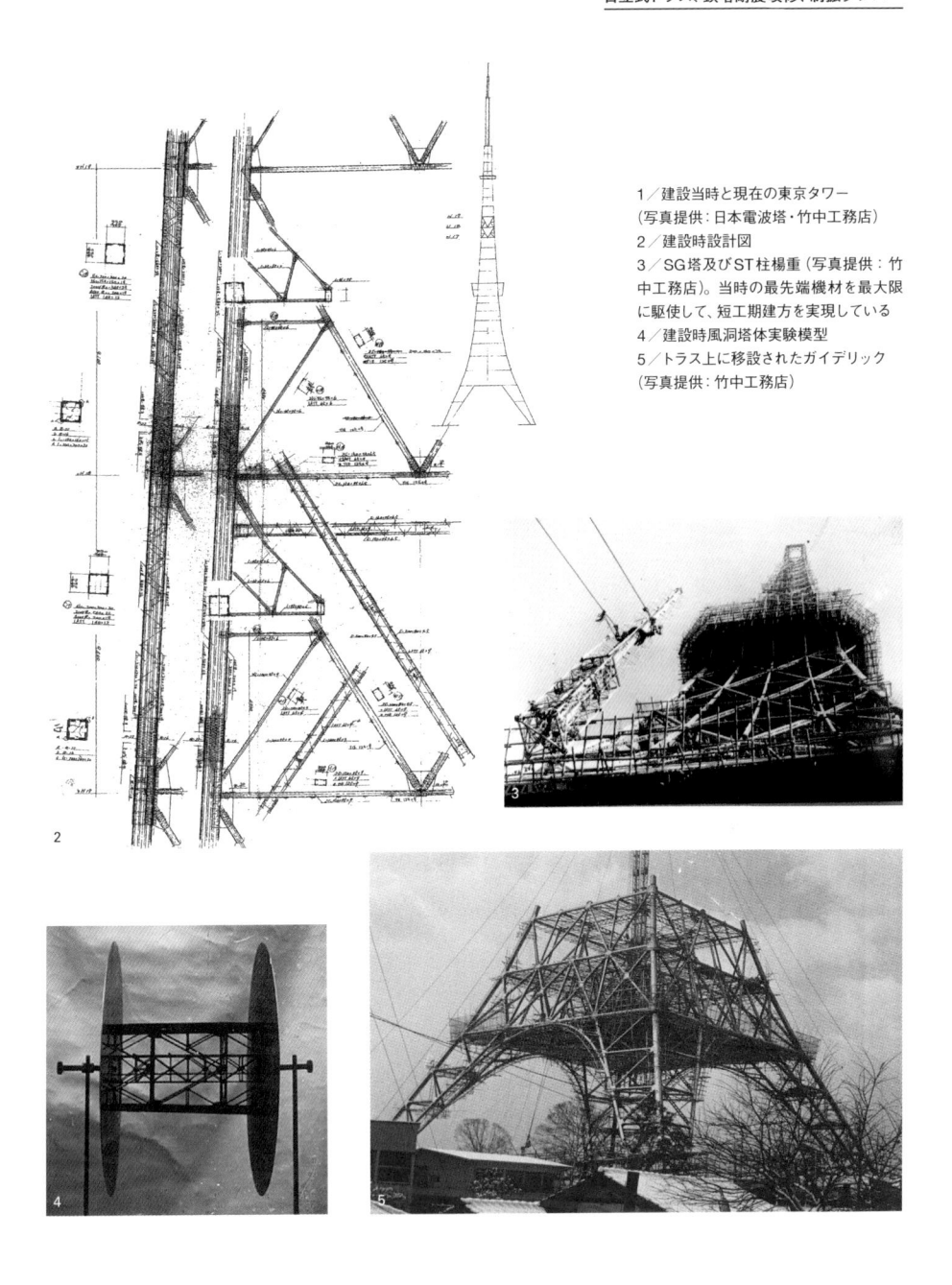

自立式トラス、鉄塔耐震改修、制振ダンパー

1／建設当時と現在の東京タワー
(写真提供:日本電波塔・竹中工務店)
2／建設時設計図
3／SG塔及びST柱楊重(写真提供:竹中工務店)。当時の最先端機材を最大限に駆使して、短工期建方を実現している
4／建設時風洞塔体実験模型
5／トラス上に移設されたガイデリック
(写真提供:竹中工務店)

部材設計　基礎

　各部材は計算尺とクレモナ図解法を用いて、丹念に検討された。

　塔主体の主要断面は形鋼組み合わせのトラス構造であり、塔頂部スーパーゲイン(SG)塔は風荷重軽減に高張力丸鋼を用いている。

　深礎工法による場所打ちRC杭基礎は、地中で対角線方向に結ばれ、塔脚のスラスト力に抵抗する。

建方工法

　地上に設置されたガイデリッククレーンで、高さ53mまでの塔脚とそれを結ぶ大型トラスの建て方を終えた後、ガイデリックをトラス上にせり上げ、120mまでの建方に利用。それ以上は塔体中央に配した吊上式エレクターで250mまでの部材楊重を行い、最後に地上組された頂部SG塔をリフトアップした。

東京都港区芝公園4-2-8
設計:日建設計
設計指導:内藤多仲
施工:竹中工務店
竣工:1958年
構造種別:S造

COLUMN

建設後から現在までの東京タワー

〈実験担当〉早稲田大学構造系研究室〈目的〉東京タワーの振動特性の把握

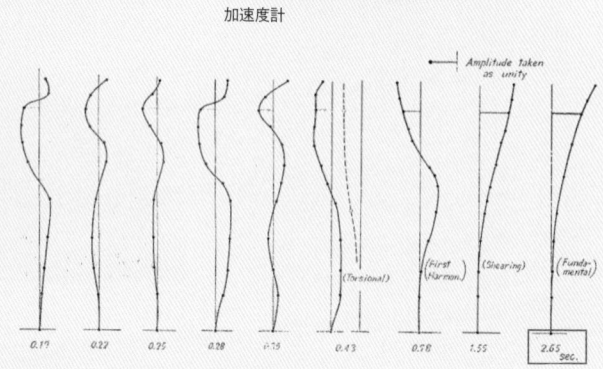

起振機

加速度計

振動実験(1959年5月)

20世紀に行われた各種構造検討について

東京タワー設計当時は実用コンピュータが存在せず、風荷重や地震について不明な部分が多い中で、計算尺・図解法・簡略な風洞実験を駆使して、世界最高の自立鉄塔を設計した先人の功績には、ただ頭を垂れるのみである。建設後55年の科学技術の進歩発展は著しい。構造物に対する外力評価や計算法には、新しい知識や概念が加わり、設計当時の安全性検討が正鵠を射てはいない可能性が懸念された。

建築主の、「いかなる時代も東京の最重要社会インフラとして安全に機能を果たしたい」、という思いを受けて、各時代に認められた方法で、その都度構造的安全性の検討が行われてきた。

竣工時には、風速計・地震計等の数多くの計測器がタワーに設置されたが、この計測により、1959年伊勢湾台風時の風速と頂部変形が計測・計算され、設計時の手計算による変形量算出の妥当性が確認された。

また、1968年に内藤多仲博士指導の下で開催された超高鉄塔調査委員会では、気象庁の荒川秀俊博士が、「霞が関ビルを対象とした東京タワーでの数年に渡る強風の観測結果より、推定された200年に期待される瞬間最大風速は地上250mで77.5m/sである」と報告された。

設計時の想定風速は250mで87m/sであり、安全上十分な余裕があることが検証されている。なお、観測はその後も継続され、日本建築学会風荷重指針策定の礎となっている。

1974〜1976年には、解析技術の進歩とコンピュータの普及に合わせて、風および地震に対する構造安全性の再検討が実施された。

日本大学生産工学部の大型風洞において、塔体の一部を切り出した縮尺1/5〜1/30の大型模型を用いた風洞実験を実施し、充実率や付設アンテナが風力係数に与える影響が検証された。風洞実験の結果、実験値は設計想定値を下回り、安全側の評価であることが確認された。

地震動時刻歴応答解析では、当時の超高層

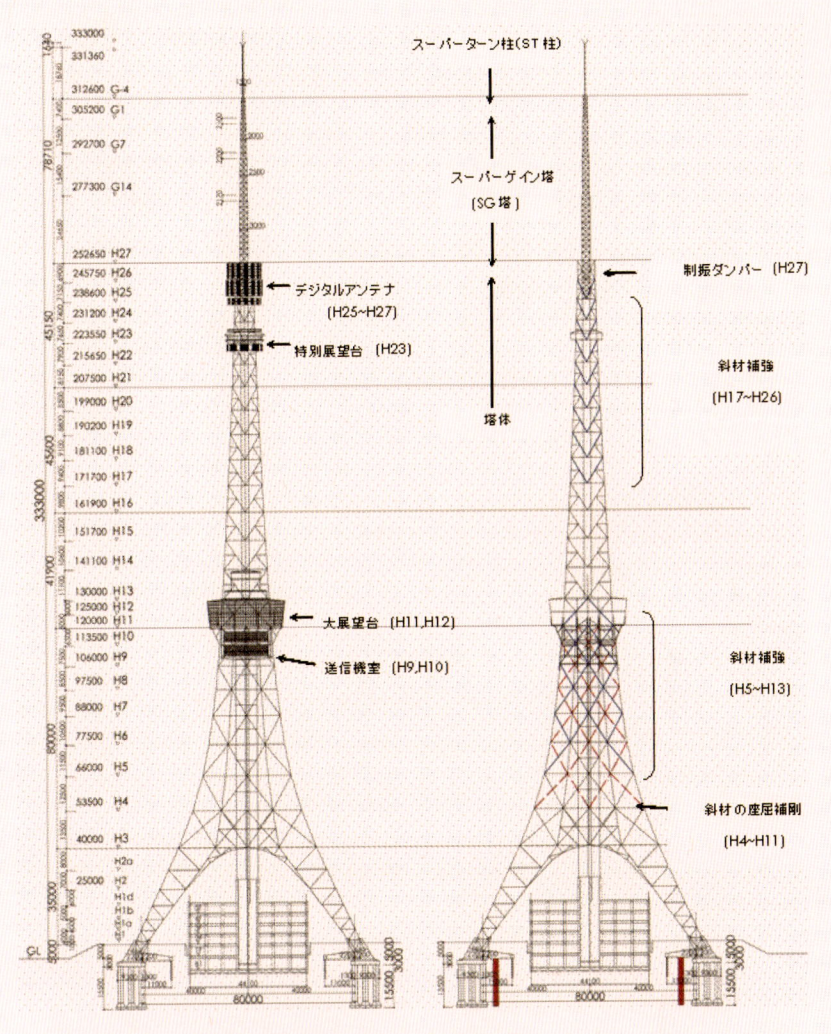

2003年地上デジタルTV放送時耐震補強（左：立面図　右：補強位置図）

ビル設計技術慣習である、最大加速度400ガルの観測地震動が入力波として用いられた。その結果、塔体に関しては応答値が設計値を大幅に下回るが、塔頂部SG（スーパーゲイン）塔では剛性の急激な変化による鞭振現象（ホイッピング）により、一部部材で応答値が許容応力度を上回ることが判明した。

あくまでも建築主の要望に基づく自主的な検討ではあるが、解析結果を重く受け止め、補強の可能性が検討されたが、SG塔に付設されたアンテナからは関東一円にテレビ放送が常時行われており、補強は現実的ではなかった。

地上波デジタルTV放送に伴う耐震改修

2003年に放送が開始される地上波デジタルTV放送に対応して、約240m位置に約100tのアンテナが、また大展望台下の約100mに約500tの送信機室増築が計画された。これは既存塔体総重量4,800tの1割強に相当する。

東京タワーの構造体は、建築基準法上の工作物に該当する。当時の基準法では、建築物

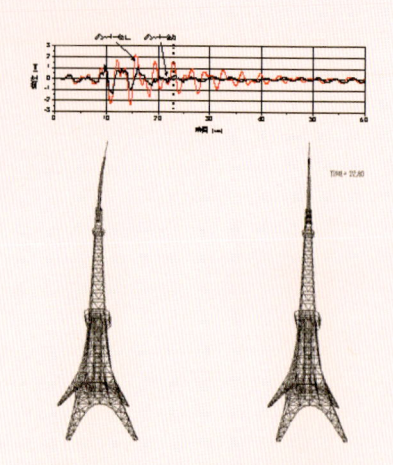

制震効果：地震波（JMA KOBE）による時刻歴波（左：斜材補強のみ、右：制震　変形は倍率5倍表示）

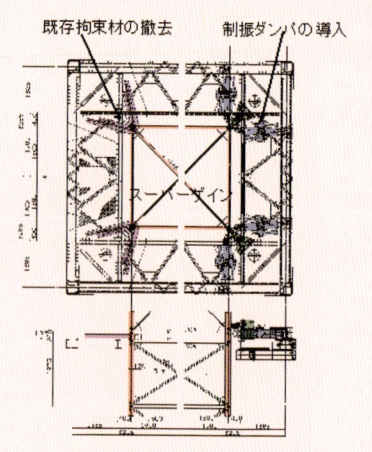

H27レベル制震ダンパー設置

相当の耐震性能への遡及は要求されなかったが、特定行政庁との協議により、超高層建築物同等の耐震・耐風性能に近づけるべく改修を行った。

風荷重は、2000年の設計規準の改訂により、「極めて稀に発生する風荷重」が原設計時の想定荷重と同等であり、評価上問題なかった。

次に水平動の耐震性能に関して、トラス構造であるタワーの耐力は構成部材の座屈耐力より決定され、安定した塑性変形性能は期待できないため、「極めて稀に発生する地震動」に対し構造体が弾性状態に留めることを目標とした。その結果、地震動応答が風荷重を上回った。特に、240m位置への100t新設アンテナの影響により、前述した鞭振現象が増大し、塔体全体の柱材・斜材の耐力が不足することが判明した。

補強設計を行う上で、放送機能および外観の維持が、建築主から条件として与えられた。特に、SG塔にある地上波アナログアンテナからは、昼夜を問わず関東一円にテレビ放送用電波が発信され、テレビ放映の妨げになるという理由から、SG自体を補強することは不可能であった。

この命題に応えるべく、塔体との連続体として設計されたSG塔の脚部位置で、塔体との固定連結材を制振ダンパーに置換し、SG塔を負荷質量として大地震時に積極的に変形させることで、中間層免震的効果を得る耐震手法を導入した。

これは、SG塔の鞭振現象の抑制だけでなく、曲げ変形の主因である鉛直部材の連続的伸縮を切断する効果があり、塔体およびSG塔の鉛直部材を弾性範囲に留める効果を呈した。また、風荷重時のSG塔の傾きを防止すべく、常時固定・地震時解放のロック機構を別途設置している。

なお、大地震時に耐力が不足する塔体の斜材の補強や接合部材の交換、および水平力支持杭増設による基礎の耐震強化も同時に実施した。

制振ダンパー導入による大幅な耐震性向上を行ったが、高さ約80mのSG塔については、頂部での鞭振現象による耐力不足は完全に解消できず、約10年後に控えた2011年7月のアナログ放送終了後に補強改修を実施することとした。

そして、2011年3月11日を迎える。

2011年3月11日

3ヵ月半後の地上アナログTV放送終了後の改修計画に関し、3月11日午後に偶然にも東京タワーで打合せを行っていた筆者（2003年改修設計担当）は、最初の激しい揺れで足元の建物を出て、2回目の主要動到達時のSG塔の挙動を観察する機会を得た。

設計時のシミュレーション通り、塔体から切り離されたSG塔の下部はダンパー効果でゆっくりと揺れるものの、ST（スーパーターン）柱と呼称されるSG塔頂部のアンテナ鋼管は下

1／SG塔およびST柱補強工事　写真：竹中工務店　2／2011年3月11日旧ST柱に生じた残留変形　写真：竹中工務店　3／新設ST柱工事状況　写真：竹中工務店　4／既存SG塔外周に補強トラス架構を新設　写真：日建設計

部の動きから遅れるが、少しでも追従しようとしているかの如く、スネークダンスのように激しく鞭振られた挙動を呈していた。その結果、地上からの目視でも確認できるような曲げ（残留変形）がＳＴ柱に生じ、東京タワーの被災として大きく発信される。

その後の東京タワー

　2007年建築基準法改正、20110311東北地方太平洋沖地震による旧ＳＴ柱の被災、2013年7月アナログテレビ放送終了を受けて、現行基準法で定める超高層建物に要求される耐震性能（水平動・上下動）および耐風性能の実現を目指し、さらなる耐震改修工事が現在工事中である。（2014年9月完成予定）

　残留変形が生じた旧ＳＴ鋼管柱（SS400材）について、15Ｇの応答加速度も耐えうる高強度鋼材SA440を用いた角形鋼管に交換した。SG塔は外側に新たな補強用トラス架構を設けると共に、振動性状の変化に対応した水平および上下方向の塔体と連結するダンパーを新設し、耐震性能をさらに高めている。

　各時代の要求に対応した構造的進化を続けながら、大都市東京の主要インフラとしての機能を発揮しつつ、東京タワーは今後も活躍の場を広げていく。

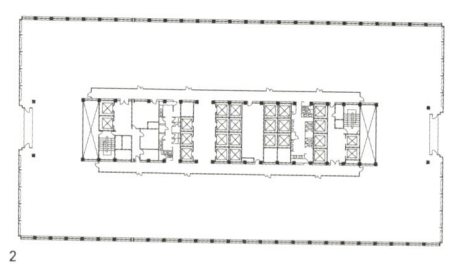

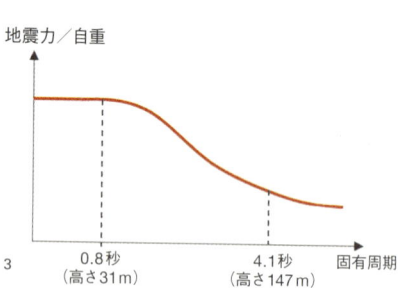

083 Tokyo / Chiyoda-ku / Kasumigaseki Building

霞が関ビルディング
超高層のあけぼの

柔剛論争と百尺規制

現在の東京では考えられないことだが、1960年台初めまで地震国である日本では百尺（31m）を超える建物は建てることができなかった。これは過去の地震において、高層建物が大きな被害を受けたこと、震度法（建物重量の0.2倍の水平力に対して構造を設計）によって設計を行うと、高い建物ほど大きな地震時の水平力に対して柱梁を設計せねばならず、不経済であったためである。

建物を柔らかく設計すれば地震応答を低減できるのではないかという意見もあり、激しい論争（柔剛論争）が展開されたが、当時、柔構造の妥当性の立証は難しかった。ところが1950年代以降、地震計と計算機の発達により、固有周期が伸びれば建物に加わる加速度は低減することが明らかになり（図3）、日本でも超高層ビルを建設できる可能性が現実のものとなった。霞が関ビルディングは「柔構造」のコンセプトに基づき、「動的設計（地震に対する建物の揺れをシミュレーション解析して設計）」を行い建設された、最初の記念すべき超高層ビルである（写真1）。

日本初の超高層ビル

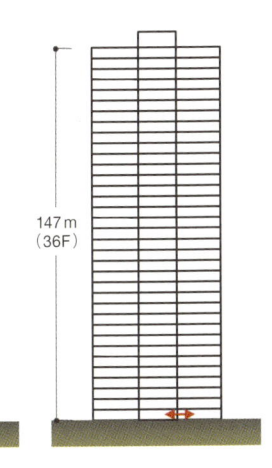

1／建設当時の霞が関ビルディング。周囲の建物はすべて31m以下　2／基準階平面：83.4m×42.4m　3／建物の高さ（固有周期）と地震力　4／従来の建物との高さの差　5／デッキプレートによる床スラブの施工　6／タワークレーンによる鉄骨建て方　7／基礎工事　8／棟上。36階、147m地点

工業化建設の祖

本建物は従来の建物の5倍の高さを一挙に達成することになり、その設計と建設は全てが開拓であった。柱・梁は当時流通し始めたH形鋼を使用して高力ボルト接合し、耐震要素として靭性の高い「スリットRC耐震壁（PC）」が開発され、コア周りに配置された（図7）。広大な床スラブを型枠なしで施工するため薄板鋼板を波型に加工した「デッキプレート」を実用化（写真5）、建て方には2基のタワークレーンが使用され（写真6）、建て方が終わった鉄骨の表面に工業化されたカーテンウォールを取り付けていった。今では全てが当たり前のように行われている超高層建設技術の多くがこのビルの建設によって開拓された。

東京都千代田区霞が関3-2-5
建築設計：三井不動産、山下設計、鹿島建設、三井建設
構造設計：山下設計、鹿島建設、三井建設
施工：鹿島建設、三井建設
竣工：1968年
構造種別：S造

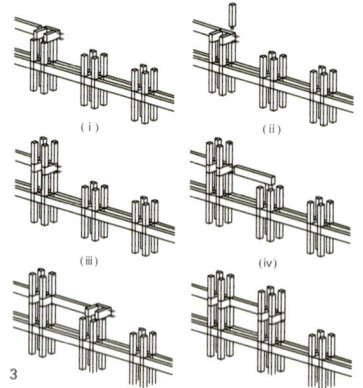

084 Tokyo / Minato-ku / K tower

PCa、アウトフレーム

Kタワー
伝統のグリッドフレームファサード

魅せるアウトフレーム構造

赤坂見附の青空に映える白い2重グリッドフレームの超高層建築。鹿島建設の旧本社の跡地に、旧本社のデザインを継承する形で店舗・賃貸オフィス・賃貸住宅からなる複合ビルが誕生した。「構造そのものによる表現」の理念の元に、柱梁、そして制振装置まで露出させるアウトフレーム構造を採用。ガラスや金属で構造体を隠す最近の潮流の中で、「和」を感じさせる。構造美を表現することを目指した。

梯子状に組まれた外殻構造は、構造家・播繁の代表作・大阪東京海上日動ビルディングの構造形式を継承したものである。ただし、2つのビルは、構造材料が異なる。鉄骨フレームで支えられた大阪東京海上日動ビルディングに対し、Kタワーは高強度PCコンクリートフレームにより、外殻構造をつくり上げている。フレームには最大耐力150 N/mm^{2}の超高強度コンクリートを用いることで、高い耐久性を有する構造体を構築し、機能の更新により末永く使い続けられるようになっている。地震の際の水平力の約9割はこのアウトフレームが吸収し、中間層の4隅に配置されたオイルダンパーにより、揺れを30％程度低減している。

平面計画は、不特定多数が利用するEVコアと同フロア使用者のみ利用するアメニティコアを分離したダブルコア形式を採用。これにより執務空間には中央に4本のCFT大柱があるのみで、自由な平面計画を構成できるフロア一体型の大空間を生み出している。

オールPCa化の実現

アウトフレーム構造は、80 cm角のPC組柱と、80 cm×120 cmのPC梁からなる。接合部は現場打ちによる外観を損なわないために、「横挿し工法」にて部材を組み立てている（図3）。PCa部材の組み立てに必要な目地だけが露出し、そのままデザインとして表現されている。そのエッジのきいた精度の高い構造体は、近づいてもそれがコンクリートとは信じられない程である。

環境上は、アウトフレームによる庇効果と高性能ペアガラスLow-E、自動制御ブラインドなどにより、窓周辺の熱負荷の低減が図られている。

1／外観 2／足元の架橋 3／PC柱梁の組み立て順序

東京都港区元赤坂1-2-7
建築設計：KAJIMA DESIGN
構造設計：KAJIMA DESIGN（播繁）
施工：鹿島・鉄建建設共同企業体
竣工：2012年
構造種別：PC造

085　Tokyo / Minato-ku / Saint Orban Church

丸太、二丁合わせ、シザーストラス

日本聖公会聖オルバン教会
徹底した丸太二丁合わせ使いのシザーストラス

シザーストラスで象徴的な空間を演出

　全国各地に独特の美しい木造の教会建築を生み出したレーモンドが設計した木造教会が東京タワーの膝元にひっそりと現存している。

　外観は切妻屋根形状・縦板貼りの至って質素な趣であるが、一歩足を踏み入れると丸太材で構成されたのびやかな木造空間が眼前に広がる。両側の下屋からのぼってくる斜材がスパン中央で交差して屋根の登梁まで延びることで完結する架構はシザース（鋏状）トラスと呼ばれる。洋風建築の木造小屋組に用いられるキングポストトラス（洋小屋）は低い位置に陸梁と呼ばれる水平材が入るが、このシザーストラスではスパン中央が少し持ち上がるため圧迫感が少なく、その対称性から象徴的な空間に適している。

応力により、丸太を使い分ける

　レーモンドは構造材によく丸太を用いたが、この教会では柱・斜材・束・登梁・繋材といった主要部材全てに二丁合わせした丸太を徹底して使っている点が興味深い。一点に部材が集中しやすいトラス構造において、二丁合わせにすることで断面欠損させることなく部材同士を交差させるという、木造らしい接合部の混雑解消をはかっている。座屈しやすい圧縮材にはそのままの丸太、引張材には半割丸太と、応力の違いによる力学的に明解な使い分けがなされており、軽快な空間づくりに寄与している。斜材が継手のない1本の長材でできているのも、製材ではなく丸太を使っているが故である。

東京都港区芝公園3-6-25
建築設計：アントニン・レーモンド
竣工：1956年
構造種別：木造

086　Tokyo / Minato-ku / Tokyo Head Office of Fuji Film

純ラーメン、Gコラム

富士フィルム東京本社ビル
Gコラムを採用した純ラーメン鉄骨造

写真フィルムをイメージした外観

　東京都港区西麻布に建つ地下3階地上18階建ての建物である。建物の表現として、当時の同社の主力商品の写真フィルムをイメージし、ガラスファサードを基調とした外観として計画されている。

斜交梁形式の純ラーメン架構

　1階以下がSRC造、2階以上が純鉄骨造の構造である。特徴としては、面積当たりの柱本数が少なく、8面形の平面の影響で、梁伏が矩形直交ではなく、斜交梁が多く用いられる形となっている。

　耐震壁はなく純ラーメン架構として計画されており、柱に対する梁の取合角度が一定では無いこと等の理由から、柱断面として厚肉の鋳造円形鋼管（Gコラム）が採用されている。

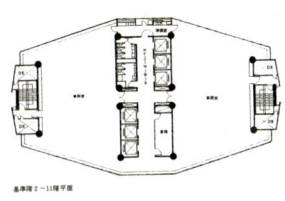

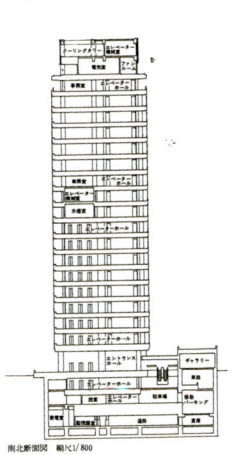

東京都港区西麻布2-26-30
建築設計：芦原義信建築設計研究所
構造設計：織本構造設計
施工：鹿島建設
竣工：1969年
構造種別：S造、SRC造

087 Tokyo / Toshima-ku / Tokyo Construction Consultant Building

PCaPC、中間層免震

東京建設コンサルタント新本社ビル
PCaフレームと免震層による明確なファサードデザイン

　山手線に隣接するインフラコンサル企業のオフィスビルである。機能・構造・外観とも、免震層のある2階床レベルを境に明快に分離してデザインされている。執務室は、隣接する山手線の高架より高いレベルの2階以上に配置し、さらにPC格子梁による各階の床構造を外周のPCaフレームと内部のコアウォールによって支持することで、外部に開放された最大スパン14mの快適な無柱オフィス空間をつくり出している。
　ファサードを特徴づけるPCaフレームは、鉛直・地震荷重時の応力伝達が合理的になされるようPCa壁板を市松模様状に配置して外観と内部空間の変化を生んでいる。
　コンパクトで量感のある1階部分から跳ね出したPCaフレームは、免震装置から持ち出した大きなPC梁で支え、これを露しにして明快に分かれた機能と構造システムをダイナミックな外観として表現している。

東京都豊島区北大塚1-15-6
設計監修：松田平田設計
設計施工：清水建設
竣工：2006年
構造種別：PC造、PCaPC造

088 Tokyo / Toshima-ku / Jiyu gakuen myonichikan

バルーンフレーム構法

自由学園明日館
バルーンフレーム構法によるライト建築

　フランク・ロイド・ライトは生涯にわたってさまざまな建築のスタイルを追求・確立した。明日館は水平線が強調される低い軒高と幾何学的な建具が特徴の「プレーリースタイル」と呼ばれる初期スタイルに属する。現在日本に広く普及した2×4構法は2×4枠材に構造用合板を釘打ちした床・壁パネルを組み立てていく「プラットフォーム構法」と呼ばれるものだが（札幌の時計台も同じ）、その前身となる「バルーンフレーム構法」が採用されており、通常、2×4構法では使用されない通し柱や筋交が使われている。
　竣工時期の早い順に中央棟・西教室棟・東教室棟の3棟でコの字平面状に構成される。1999～2001年に行われた保存修理工事では、切妻屋根・勾配天井をつくるための屋根架構が、わずかな工事時期のずれにもかかわらず徐々に改良されていったことが判明し、当時の工夫がしのばれる。

東京都豊島区西池袋2-31-3
建築設計・構造設計：フランク・ロイド・ライト、遠藤新
施工：女良工務店
竣工：1921年
構造種別：木造

089 Tokyo / Shinjuku-ku / Seibo Hospital Church

RC折板構造

聖母病院聖堂
RC折板構造によるシームレスな礼拝空間

　聖母病院の敷地の一角に建つ、平屋の小さな聖堂である。外観を特徴づけているのは屏風のように折れた屋根と外壁である。内部に入ると天井・内壁面も同じく折れており、屋根と外壁が折板形状であることがわかる。礼拝室は15m×28mの無柱空間で、厚さ30cmのRC折板構造によって梁型の出ないシームレスな天井面を実現している。折り目が3種類ある鳥嘴状折板が向かいあった構造になっており、屋根鉛直荷重によって外壁頂部で水平方向に押し広げる力（スラスト）が発生する。これを抑えるために外壁も折板構造にし、さらに折板外壁の厚さを68cmにも増やして面外の剛性を大きくすることで、たわみとひび割れを抑制している。
　単に壁厚を大きくするとコンクリート量が過大になるため壁内に鋼管を入れて中空・軽量化をはかり、中空管を空調用のダクトに利用している。

東京都新宿区中落合2-5-1
建築設計・施工：竹中工務店
竣工：2010年
構造種別：RC造
写真：わたなべスタジオ

090　Tokyo / Adachi-ku / Tokyo Budo-kan

大空間構造

東京武道館
造形的な屋根を支えるトラスフレーム

　本建築は、公共建築としては異例の複雑な造形をしている。設計者六角鬼丈氏は、日本古来の伝統文化である武道を「山・海・雲・人」という日本の自然観をモチーフとして、本建築の菱形の積み木を重ねたような複雑な屋根のデザインを決定した。屋根の最大スパンは45mであり、平面トラスのフレームが架けられている。フレームの両端部はピン支持とし、30mmのルーズホールを設けることにより、自重のスラストによって発生する柱の曲げを低減している。菱形グリッドを表現するため、屋根面には細かなレベル差が生じ、さらにその上に乗る仕上材との納まりもそれぞれ異なり、設計において数限りないディテールが必要となった。

　大規模施設ながらも住宅スケールの密度で設計された本建築の持つ凝縮感は、武道の試合における集中力へ通じるものがある。

東京都足立区綾瀬3-20
建築設計：六角鬼丈計画工房
構造設計：花輪建築構造設計事務所
施工：大林、鴻池、日東、三浦建設共同企業体　竣工：1989年
構造種別：RC造、S造

091　Tokyo / Kita-ku / Tombow Pencil Headquarters building

耐震構造

トンボ鉛筆本社ビル
構造計画により実現した、開放的なオフィス空間

　自由なレイアウトが可能なオフィス空間と、コミュニケーションを誘発する一体空間を実現した建築である。

　基準階の平面構成は、中央に開放的な16×26mのワンルームタイプのオフィスを配置し、東側が最上階までの吹き抜けや立体的動線のあるコミュニケーションゾーン、西側が空調関連諸室などのバックスペースとなっている。東西のコア部分に座屈拘束ブレースとSRC造連層耐震壁を集約し、中央のオフィス空間外壁に216mmの細径の柱を配置することで開放的なファサードを実現している。さらに、最上階では、パラペットを兼用した150mm成の梁をコア部にかけ渡し、16m×26.2mの無柱空間としている。また、オフィス空間の16mスパンにかかる梁は、両端ピン接合とし、端部をしぼり、その部分を設備スペースとして活用することで、有効天井高を確保している。

東京都北区豊島6-10-12
建築設計：久米設計
構造設計：久米設計
施工：清水建設
竣工：2007年
構造種別：SRC造、S造

092　Tokyo / Nakano-ku / Sun Bright Twin

鉛直トラス構造

中野坂上サンブライトツイン
連成型超高層の先駆的建築

　本建築は、テナントビルとしては独特な平面をもつ。建物の中央には吹き抜けのあるアトリウムが設けられ、その南北には二分されたオフィス空間がそれぞれ広がっている。この2棟のフレームを1つの建物としてまとめているのが、外観にも現れているトラス状のブレースである。

　この架構の要とも言える垂直スペースフレームには、当然応力が集中する。すなわち、想定どんな大きさの軸力にも座屈しない断面が求められる。最小鉄骨量での座屈耐力向上のために用いられたのは、普段あまりスペースフレームには使われない厚肉鋼管であった。しかし、スタディを重ねた結果、厚肉鋼管の溶接接合は極めて施工困難であることが判り、最終的に仕口部分は一体鋳造された鋳鋼部品が採用された。まさにこの超高層の生命線ともいえるブレースは、強い垂直性を持って本建築を支え、魅せている。

東京都中野区本町2-46
建築設計：ヘルム建築・都市コンサルタント　構造設計：構造設計集団＜SDG＞
施工：大成・大林・戸田・五洋建築共同企業体　竣工：1996年　構造種別：S造
撮影：小川泰祐

093　Tokyo ／ Shinjuku-ku ／ Waseda University Building 51　PC鋼棒ブレース、菱形ブレース、超高層の研究棟

早稲田大学理工学部51号館
市松に配置された菱形のブレース

初めての高層研究棟

　1967年3月、地下2階・地上18階、高さ68mの高層棟が竣工した。1963年の建築基準法改正によって、31mの建築高さ制限が撤廃された後の初期の高層建築である。大日本帝国陸軍の練兵場の一角であった、狭いキャンパス敷地の中に、研究・実験室を高層棟に積み重ねて、中庭のスペース等を確保する計画である。高層棟を中心に、教室棟、講義棟、大型実験棟等が展開し、2階レベルのブリッジでつながれ、動線の錯綜をさけている。

市松に配置された菱形のブレース

　この建物でまず目を引かれるのは長辺方向へ耐震要素として用いられている市松に配置された菱形のブレースであろう。計画当初は中廊下と研究室の間の間仕切壁に入れるブレースが検討されたが、比較的大きな実験装置の搬入を考慮したはば広い廊下などが必要とされ、ブレースを外壁面に入れることになった。理工キャンパスなので、合理的なものを表現しても良いという思考である。採光や眺めが良くなるよう菱形のブレースが用いられている。当時、この菱形のブレースの性能がX形と同等の効果を持つか不明であったため、光弾性実験（注1）を行い、その性能を確認した。図のようにX形、菱形の架構の1/2模型を作成、水平方向より圧縮して現れる縞模様を見ると、菱形ブレースはX形と同等の効果を持つことがわかった。

PC鋼棒を利用したブレース

　耐震要素として短辺方向は、両側の外壁とエレベーターの両側の壁内に、PC鋼棒のブレースが入っている。PC鋼棒にはヤング率が同じで降伏強度の異なる5種類の鋼材が必要性能に応じて使い分け、上下層のブレース断面積を同一、つまり剛性を均等にして地震エネルギーが各層に分散しながら固有周期の長いブレース構造となっている。中央のエレベーターシャフト上部は屋上のペントハウスに機械室がある。この機械室は短辺方向連層耐震ブレースの頂部を拘束し曲げ戻して、変形を抑えている。

1／菱形ブレースが印象的な外観　2／室内から見る菱形ブレース　3／施工時の菱形ブレース　4／菱形ブレースの光弾性実験　注1．光弾性とは、歪みが生じている透明な弾性体に偏光を当てると、歪みに応じた縞模様が現れる特性

東京都新宿区大久保3-4-1
建築設計：安東勝男
構造設計：松井源吾
施工：清水建設、熊谷組協同
竣工：1967年　構造種別：SRC造、Sブレース、PCブレース

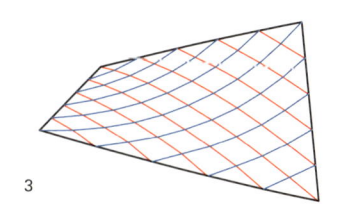

094　Tokyo / Shinjuku-ku / Waseda University Building 57　　　壁柱と細い柱、HPシェル

HPシェルの対角線上に梁を配置すると梁は圧縮として効くアーチ、引張として効くカテナリーに別れ、荷重に対して効率よく抵抗する。

早稲田大学理工学部57号館
45度ずらしたHPシェル構造の屋根

階段教室とロビー

　地階に生協の店や食堂などがあり1階は広いスペースの製図室がある。2階は450人を収容する階段教室が2つある。各教室の平面形は、隅角部を1つ隅切りされた正方形である。正方形の対角線を基軸として、教室の形にそって固定した机椅子が置かれ、講義・講演が行われる。正方形とその対角軸はこのキャンパスの教室の平面形の基本となっている。せり上がる階段教室の床は下の階のロビーの天井になって、学生たちの空いた時間の憩いの場所を提供している。

HP曲面の屋根

　23m×23mの空間の屋根はHPシェルとなっている。HPシェルを組む際、外縁の梁に平行に直線梁を配置することができる。しかし、この場合、荷重に対して梁材の曲げで抵抗するような構造形式になる。この57号館でのHPシェルは、外縁の梁に対して45度の角度をつけて梁を配置して梁は圧縮のみで抵抗する「アーチ」、引張のみで抵抗する「カテナリー」の形状を取り、圧縮力と引張力で抵抗する合理的で経済的な構造システムである。

架構の形とファサード

　建物立面に現れる壁柱と細い丸柱、この2つの柱をつなぐ梁せいが変化する梁による架構は教室群の基本的な形である。高い剛性と大きな強度を持つ壁柱に水平力を負担させ、細い柱は屋根や床の鉛直荷重のみを支えている。教室の外隅だけに細い柱が1本立っていて、大きな開口部がつくられている。

教室としての音響

　壁・天井ともベニヤの反射板と吸音板を用いて音響特性を良くしている。また、黒板の位置、教壇の位置も45度ずらしているため、普通の教室に比べて音源から学生への平均到達距離が短く、音の伝達は左右の壁面と先上りの天井面の反射を利用する。天井面が下に凸なために、反射音が拡散し、良好な音響空間が得られている。

1／建物外観　2／2階の階段教室　3／HP曲面の屋根の概念図

東京都新宿区大久保3-4-1
建築設計：安東勝男
構造設計：松井源吾
施工：鹿島建設、戸田建設協同
竣工：1967年
構造種別：RC造

095　Tokyo ／ Ota-ku ／ Haneda Airport International Flight Passenger Terminal　筋雲をイメージしたトラス梁

羽田空港国際線旅客ターミナルビル
開放的な無柱空間の振動抑制

空をイメージした空港

　空港のアクセスホールから出発ロビーに抜けると、パンチングメタルによる、秋空をたなびく筋雲のように薄く流れる天井が目に入ってくる。先に進むにつれて高くなり、旅立ちの開放感を期待させる。15,000㎡におよぶ、広大な無柱空間が広がる。

曲線の大屋根トラス梁

　69mのスパンに架かるトラス梁は下弦材が筋雲をイメージした曲率の大きな曲線でつくられている。上弦材を圧縮材として、自己成立型のトラス梁を形成し、曲げ剛性(曲げに対する力)を同時に確保している。こうした大きなスパンに架かる梁は、地震や強風による上下の動きを無視することができない。上下に働く加速度、あるいは変形を抑制するために、トラス梁の一端にダンパーを組み込んだ方杖を設け、制振効果を得ている。他端は、トラス梁からさらに片持ち梁が9mはね出している。ここにガラスファサードが接続している。

マリオンの工夫

　風圧力に対するマリオン全体の構造は、簡単なラチス構造であるが、屋根に接続するマリオン部材はアンボンド材を採用し大屋根の上下動による軸力が伝わらない機構となっている。アンボンド材は直径60mmの鋼棒が、座屈を抑える直径139.8mmの鋼管に挿入されている。直径60mmの鋼棒は、片持ち梁の上下の変形を拘束している。

　このマリオンを開発することで開放的な大屋根架構を実現させている。

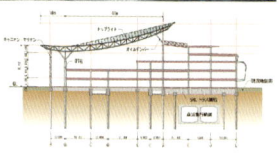

東京都大田区羽田空港2-6-5
建築設計：梓・安井・PCRJ羽田空港国際線PTB設計共同企業体
構造設計：羽田空港国際線PTB設計共同企業体
施工：鹿島・北野・戸田・鴻池・清水・東急・ロッテJV
竣工：2010年
構造種別：S造

096　Tokyo ／ Ota-ku ／ Yamato International　陸立柱

ヤマト インターナショナル
陸立柱により、平面を展開

ちりばめられた多彩な形・空間

　南北に130mの長さをもち、3階以下の下部は倉庫、4階以上の上部は事務所である。外観はそうした内部機能を想像させない異形である。がっちりとした下部の基壇、上部は壁に大小さまざまな窓があき、切妻・ボールト型の屋根で切り取られるいくつもの形態要素がちりばめられている。

フラクタルな複雑さ

　建築家原広司は集落の調査を行い『集落のおしえ100』(彰国社)を著している。巨大な建築は集落のように小さなスケールの住宅によって構成されていることを表現している。建物の全ての意匠において、全体と部分は自然が形成するフラクタル的な複雑さでつながっている。

上層と下層で異なるスケールの構造

　下部の倉庫は4.15m角正方形のコア群が長手方向に平行して配置され、それにかかる3、4階の約13.0mスパンの梁によって無柱空間が確保されている。上部はこの基壇を人工地盤として、4.32mを単位とする倍数で柱が配置されて自由で細かいスケールのオフィス空間がつくられている。

　梁の上に柱を立て、梁の下には柱を設けない。こうした構造は陸立柱と呼ばれる。この構造によって、上下階の柱の位置を切り替え、平面を展開することができる。「京都駅ビル」の構造はこの建物のように、上部と下部との異なるスケールを切り替えるために「マトリックス」と名づけられた巨大な立体トラスが採用されている。

東京都大田区平和島5丁目1-1
建築設計：原広司+アトリエ・ファイ建築研究所
構造設計：佐野建築構造事務所
施工：大林組、清水建設、野村建設工業
竣工：1987年　構造種別：SRC造

097 Tokyo / Meguro-ku / Tokyo Institute of Technology Centennial Memorial Hall   SRC立体構造

1

東京工業大学百年記念館
シリンダーを掲げた大学博物館

東工大の歴史・業績を展示

特異な外観で東京工業大学大岡山キャンパス正門前に屹立する、建築家・篠原一男の代表作（図1）。頂部のシリンダーは鉄骨フレームで構成されており、一方向は東工大本館前、他方は大岡山駅（一説には蔵前旧キャンパス）を指しているとされる。

現在は東京工業大学博物館として同校の代表的な研究者の業績が展示されている。

地下1階の主展示室にはフェライトの開発、ロボットの歴史等が、建築関係では谷口吉郎、清家清の作品、谷口忠による世界最初のアナログ振動台実験装置等が展示されている。2階には篠原一男記念室の展示室がある。

頂部のシリンダー内はラウンジとなっており、1階ホールでは時折、イベントが行われている。

立体解析モデルの初期の事例

本建物の構造設計は当時一般的であった平面フレーム解析では不可能であり、立体解析モデルを用いて構造設計された初期の事例である（図2）。解析にあたっては木村俊彦と和田章の解析ノウハウが惜しみなく注ぎ込まれ、立体に組まれた数値解析モデルや解析結果をビジュアルに確認するために初期のCAD技術が駆使された。

博物館は平日10：30～16：30まで無料で自由に入場できる。

東京都目黒区大岡山2-12-1
建築設計：篠原一男
構造設計：木村俊彦、和田章
施工：清水建設
竣工：1987年
構造種別：SRC造

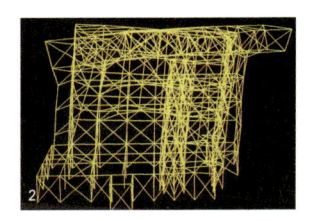

2

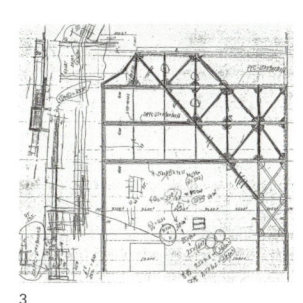

3

1／建物全景　2／立体解析モデル
3／木村俊彦のスケッチ

098　Tokyo / Meguro-ku　Tokyo Institute of Technology Midorigaoka-1st Retrofit　統合ファサードによる耐震改修デザイン

改修後の南面

改修前（1969年竣工）

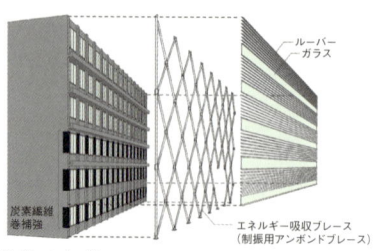

改修コンセプト

東京工業大学緑が丘1号館レトロフィット
統合ファサードエンジニアリングによる耐震改修

外観・耐震性能・環境性能を一体で改善

1969年に竣工した、耐震性能が不足した校舎を改修し、耐震性能だけでなく建物外観と、環境性能を一新した建物。

改修前の建物の柱には十分な鉄筋が入っておらず、大地震時には2階で層崩壊に至る可能性があった。一般的に耐震改修では外観が改悪され、建築デザインが台無しになるケースが多い。本改修では建物の新しい外観と一体化した耐震機能、環境機能を有する「統合ファサード」による新しい耐震改修デザインが試みられた。

地震時の応答が大きい地下1階〜2階の柱には炭素繊維を巻いて変形性能の向上を図り、南北面にルーバーとガラスよりなるファサードと一体化した地震エネルギー吸収ブレースを配置し、震度6強の大地震に耐え得る設計が行われた。

外皮はルーバーとガラスを組み合わせた「ハーフ・ダブルスキン」。夏の深い角度の日射をカットし、冬の浅い角度の日射を室内に導き入れることで、夏涼しく冬暖かいファサードを実現している。

ブレースの力のつり合い

外観を見ると、ブレースをつなぐ柱材が無いことがわかる。通常のブレースは圧縮で座屈を起こし引張りより弱いため、ベクトル和には鉛直成分が残り、柱が必要となるが、エネルギー吸収ブレースは座屈せず圧縮・引張りに同じ軸力で抵抗するために、ベクトル和が水平方向となり柱が不要となる。

玄関の上に張り出した板状のキャノピーにも注目したい。一見鉄板のようだが、鋼繊維補強された高強度コンクリートでできている。エッジの薄さは15mmと驚異的である。上から見るとその秘密がわかる。

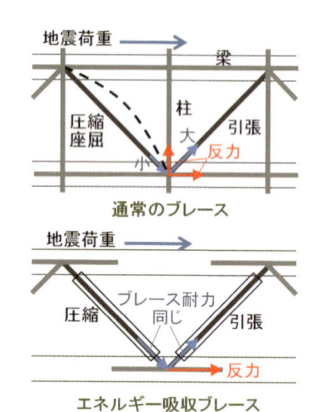

通常のブレース

エネルギー吸収ブレース

東京都目黒区大岡山2-12-1
デザインアーキテクト：安田幸一研究室＋竹内徹研究室
実施設計：東京工業大学施設運営部、RIA＋PAC
施工：清水建設　竣工：2006年
構造種別：RC造＋S造

099　Tokyo / Meguro-ku / Tokyo Institute of Technology Library

立体構造＋地下構造

地上部全景

地下ラウンジ

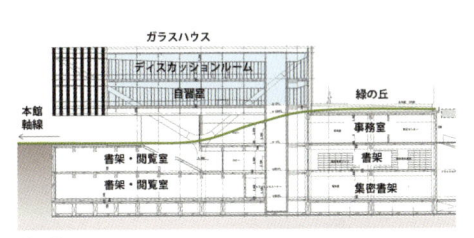

断面図

東京工業大学附属図書館
地下閲覧室とV柱で支えられた学習棟

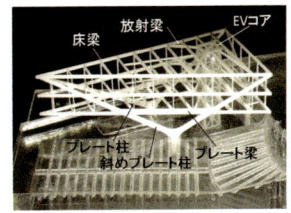

学習棟の構造

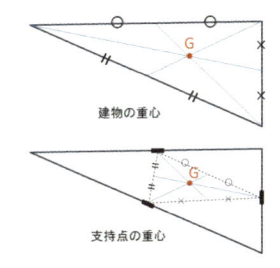

学習棟安定性の原理

明るく静謐な地下図書館

　地下に建設された大学図書館である。本館正面より北に向かって伸びるプロムナードデッキを緑の人工丘で受け止め、その地下に約9,000㎡の書庫・閲覧室と事務機能が収められている。プレキャストコンクリートを駆使した構造躯体がそのまま表現された地下閲覧室は大きな吹き抜けを持つドライエリアと天窓より随所に光を取り入れ、地下にいることを感じさせない伸びやかで静謐な読書空間を実現している。地下書架上の波打つ天井は、照明やスプリンクラーが組み込まれた構造体（プレキャストコンクリート梁）でできている。

ダイナミックな学習棟

　一方、地上の学習棟は鉄骨V字型柱で空中に持ち上げられた特徴ある3角形の建物となっている。一見、不安定なように見えるが一組のV字柱と背面に隠されたY字柱はそれぞれ3角形平面の各辺中央で支持されており、各階平面の重心は支持点の重心と一致しているため、模型を机においても転倒することはない。また重心近くに設置されたエレベータのSRCコアは地下2階までアンカーされており、地震の横力に対しても安定した耐震性の高い構造となっている。

　V字柱は2枚の鋼板をつないだ薄い箱形断面で構成されている。これは海外の超高層のディテールを応用したものである。

　本建物の場所は大岡山駅前の東工大正門を入り、百年記念館の奥にすぐ見つけることができる。図書館入口は学習棟の先端より地下に降りたところ。是非のぞいてみて欲しい。大学ウエブサイトより予約すれば、館内を見学することもできる。学習棟の愛称は「チーズケーキ」。

東京都目黒区大岡山2-12-1
建築設計：安田幸一研究室＋佐藤総合計画
構造設計：竹内徹研究室＋佐藤総合計画
施工：錢高組
構造種別：S造（地上）、RC造（地下）

100　Tokyo / Setagaya-ku / IRONY SPACE　　　　サンドイッチ折板プレート

IRONY SPACE
サンドイッチ折版プレート構造

薄い鉄で覆われた建築

本建築は梅沢建築構造研究所のアトリエである。従来の面材による建築のイメージとは大きく異なる、鉄板に覆われた空間の生み出す存在感は、写真からでも感じることができる。構造設計者が施主であるが故に生み出された、建物と構造の新しい関係性がこの建築にはある。

本建物の全てを表わしているといっても過言ではないのが屋根、床、壁全てを覆うサンドイッチ折版プレート構造である。当時、軽量ボックスのリブを用いたサンドイッチ折版構造の実績を多く持っていた当事務所の新たな挑戦として、折版をリブとして鉄板で挟んだ構造が考案された。この薄い鉄の版の構造体によって構造そのものが仕上げとなった。

サンドイッチ折版プレート構造

サンドイッチ折版は4.5 mm厚の鉄板2枚で折版を挟み、溶接で一体化されている。溶接のビート痕が磨かれているため、一見無垢の鉄板のように見える。厚みは100 mmであり、コンクリート壁よりも薄く、美しいプロポーションを見せている。

新しいシステムを創る構造デザイン

本建築は外装の仕上の耐用性にサンドイッチ折版の持つ構造的信頼性が伴い、寿命の長い建築であると言える。その土地に長く存在するような建築のデザインを考えることは、新しいシステムを生む。
IRONY SPACEは、新しいシステムの先駆けと言える建築である。

東京都世田谷区
建築設計：アーキテクト5
構造設計：梅沢建築構造研究所
施工：滝沢建設、高橋工業
竣工：2003年
構造種別：鋼板サンドイッチパネル造

101　Tokyo / Setagaya-ku / IRONHOUSE　　　　鋼板サンドイッチ構造

IRONHOUSE
鉄による住宅の進化系

コールテン鋼の色合い

2003年に竣工した「IRONY SPACE（以下IRONY）」から4年、別名「IRONY SPACE 2」とも呼ばれる本建築は構造家の自邸（以下自邸）である。IRONY同様、施主でもあり構造設計担当である梅沢のこだわりは建物の随所から見ることができる。

自邸の1、2階の壁、天井にはコールテン鋼（耐候性鋼板）が用いられており、外内観を印象づけている。コールテン鋼の織りなす錆の色合いは、経年変化によって建物を徐々に変化させていく。その仕上がっていく姿を日々の生活と共に見ることができるのは住宅として魅力的である。

施工の困難

サンドイッチパネルを住宅の主構造に用いる上で幾つか問題があった。1つが前面道路幅の関係により搬入可能なサイズが制限されることであり、サンドイッチパネルのサイズは最大で幅1500～1600 mmとなった。そのためIRONYのパーツが35ピースであったのに対して自邸では100ピース以上のパーツを溶接しての施工となった。

住宅シェルター論

IRONYの改善点として考えられていたのがヒート・ブリッジの影響である。自邸では外側の鉄板を折版からボルトで25 mm浮かせることで伝熱の影響を低減させたり、屋上緑化により熱負荷の低減を計っている。梅沢氏の提唱する「住宅シェルター論」。住宅を100年保たせたいという論理を具現化した建築がまさにこのIRONHOUSEなのである。

東京都世田谷区
建築設計：椎名英三建築設計事務所＋梅沢良三
構造設計：梅沢建築構造研究所
施工：滝澤建設、高橋工業
竣工：2007年
構造種別：鋼板サンドイッチパネル造

102　Tokyo / Ota-ku / G-FLAT　連結する耐力壁

洗足の連結住棟
「連結」することで支え合う構造

開放された外周

　交通量の多い環状線をひとつ内側に入り、閑静な住宅街に姿を現すのは、外周がすべて開口部として明け放たれた建物である。住人は室内にある可動間仕切り壁を動かすことで建築内外の視線を自由にコントロールすることができる。

　各棟は、各層一辺7.2mと8.1mの正方形平面の4階建てである。それらは「連結バルコニー」により接続されている。

連結する耐力壁

　各棟の主な構造要素は、正方形平面にたつ1枚の耐力壁のみである。この壁が全ての水平力と大部分の鉛直荷重を負担する。

　しかし、1枚の耐力壁では、一方向の揺れに対しては強いが、直交方向の揺れに対しては弱い。そこで「連結」するメリットを構造でも活かし、棟ごとに耐力壁の向きを90度回転させ、これを床板によってつながれることで複数棟が全体として地震力に抵抗することを狙っている。連結することにより最小限の耐震要素を実現した建物である。

東京都大田区
建築設計：北山恒＋architecture WORKSHOP
構造設計：構造計画プラス・ワン
施工：大林組　竣工：2006年
構造種別：RC造
写真：阿野太一

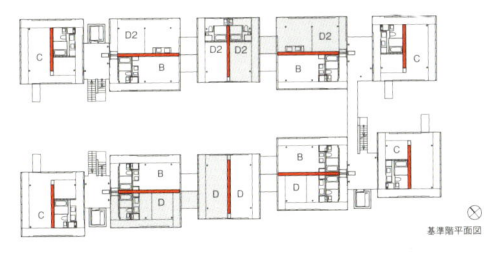

基準階平面図

103　Tokyo / Setagaya / Komazawa gymnasium　鉄骨シェル、HPシェル

駒沢体育館
鉄骨HPシェルの反りと軒の出が醸し出す和風モダニズム

8角形平面の体育館

　1964年の東京オリンピックの会場の一つ、駒沢公園にある駒沢体育館は近代的な材料と構造要素を組み合わせながらも、深い軒の出と反りのある屋根がどこか和風な雰囲気を漂わせている。

　この体育館の屋根は同形のHPシェル4枚を"田"の字に組み合わせているが、全体を8角形平面とするために、正方形の隅を引き込んだ異形のHPシェルを採用している。それぞれのHPシェルは約48mの長い棟梁と約36mの軒梁に囲まれており、4本の棟梁は中央約25mの高さの頂点で正四角錐状に直交している。体育館はこの棟梁によって架け渡された約100mの無柱空間に覆われている。扁平な正四角錐の足元は重力で強く外へ開こうとする。この押し出す力（スラスト力）は、周囲にめぐらされた地中のつなぎ梁と軒梁の下の鉄骨タイビームで相殺させている。

4枚の鉄骨HPシェル

　各屋根の外周はSRCの棟梁と軒梁によって囲われており、その内部を埋めるHP型屋根構造は鉄骨の梁で形成され屋根葺き材として軽量コンクリートのRCスラブが打たれている。軒梁は脚部を中心に外側に倒れようとする。これをアーチとカテナリーの直交する鉄骨群が押さえている。この力の流れが深い軒のデザインを生んでいる。

東京都世田谷区駒沢公園1-1
建築設計：芦原建築設計研究所
構造設計：織本構造設計
施工：鹿島建設
竣工：1964年
構造種別：SRC造

等辺HPシェル

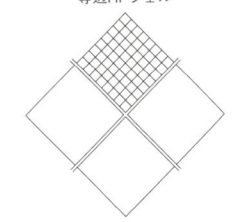

異形HPシェル

104　Tokyo / Setagaya-ku / Setagaya-ku Public hall

折板構造

世田谷区民会館
彫塑的な魅力のあるRC折板構造

3次元的な折板構造

ペラペラの紙も扇子のように蛇腹状の折り目を付けると強くなる。平面の壁でも細かく立体的に組み合わせると、全体としてより強い構造となる。これを折板構造という。連続的な面の強さを生かすために鉄筋コンクリートで使われることが多い。大きな壁面や屋根面を構成することができると同時に、音の反射性能も良くなるため、音楽ホールなどに用いられる。世田谷区民会館は単純な一方向の蛇腹折りではなく、より3次元的に板を組み合わせて、さらに立体的な剛性を上げており、打ち放しコンクリートのテクスチャと相まって、鉄筋コンクリートの彫塑的な魅力を引き出している。

折板を音響壁として利用

桁行方向には折板の谷部にフラットな面を作り、下方に行くにしたがって外側に迫り出させている。この面に桁行方向の水平力を負担させている。スパン方向には屋根面折板と壁面折板の交差部分に斜め45度方向の平板部を挿入し剛性を確保して、門型のラーメンフレームとしている。写真（下）で壁面の上方にある3角形の部分が斜め平板部だ。折板部の厚さは130mm、フラット部と斜め平板部は250mm。内部空間の2階部分の壁面は折板をそのまま表して音響壁として利用している。

同時期のRC折板構造を用いたホール建築は、福島県教育会館（1956年）、今治市公会堂（1958年）、憲政記念館（1960年）、群馬音楽センター（1961年）など。国外ではパリのユネスコ本部のオーディトリアム（1958年）が有名だ。

東京都世田谷区世田谷4-21-27
建築設計：前川國男
構造設計：坪井善勝＋横山不学
施工：大成建設
竣工：1959年
構造種別：RC造

105　Tokyo / Setagaya-ku / Yukari Bunka kindergarten

PCa、ポストテンション

ゆかり文化幼稚園
カモメ形のシェルピースがファサードを特徴づける

カモメのはばたきを表現

芸術を通した情操教育と自由保育に力を入れる老舗の幼稚園は、地元に住む建築家、丹下健三の事務所にその園舎の設計を託した。丹下は園庭から沢山のカモメがはばたき飛び立つような断面をデザインした。

ゆかり文化幼稚園は、成城学園前駅から南下した仙川沿いの高低差のある込み入った住宅街にある。ゴジラで有名な東宝撮影所にほど近い。園庭を囲むように放射状に並んだ"カモメ"形のシェルピース。そしてその間にできる円筒状の空間の繰り返しが独特のリズム感を生み出している。この空間は、ポストテンション（PS）方式によるPCa部材によるラーメン架構と片持ち梁が可能としている。

現場ヤードでPCaを製作

道幅の狭い住宅街のため、PCa部材を工場から搬入できず、現場ヤードで製作した。カモメ形のピースの幅は同じではなく放射方向に扇型に広がっている。これに対して長尺の型枠を扇形に組み、ピースを打ち込む場所を変えることで形状の違いに対応している。

シェルピースは谷部と両翼部分に長手方向にPS導入され、ピース同士はボルト接合されている。放射方向は2層ラーメン、周方向は耐震壁と柱頭に横リブがある。

建方は1階柱を建て込んだ後に床ユニットを載せ、スパン方向のPS材を緊張、柱の鉛直PS材をカプラーで上方に延長して第2層を建て込み、最後に2階柱上でPS材を緊張することで全体を一体化している。

東京都世田谷区砧7-15-14
建築設計：丹下健三＋都市・建築設計研究所
構造設計：川口衞構造設計事務所
施工：大成建設　竣工：1967年
構造種別：PCa、PSC構造

CHAPTER 9

MUSASHINO TAMA

武蔵野・多摩

座・高円寺
多摩美術大学図書館（八王子キャンパス）
ふじようちえん
ふじようちえん 増築（Ring Around a Tree）
国営昭和記念公園花みどり文化センター
武蔵野美術大学図書館
多摩動物公園・昆虫生態館

高円寺
Koenji

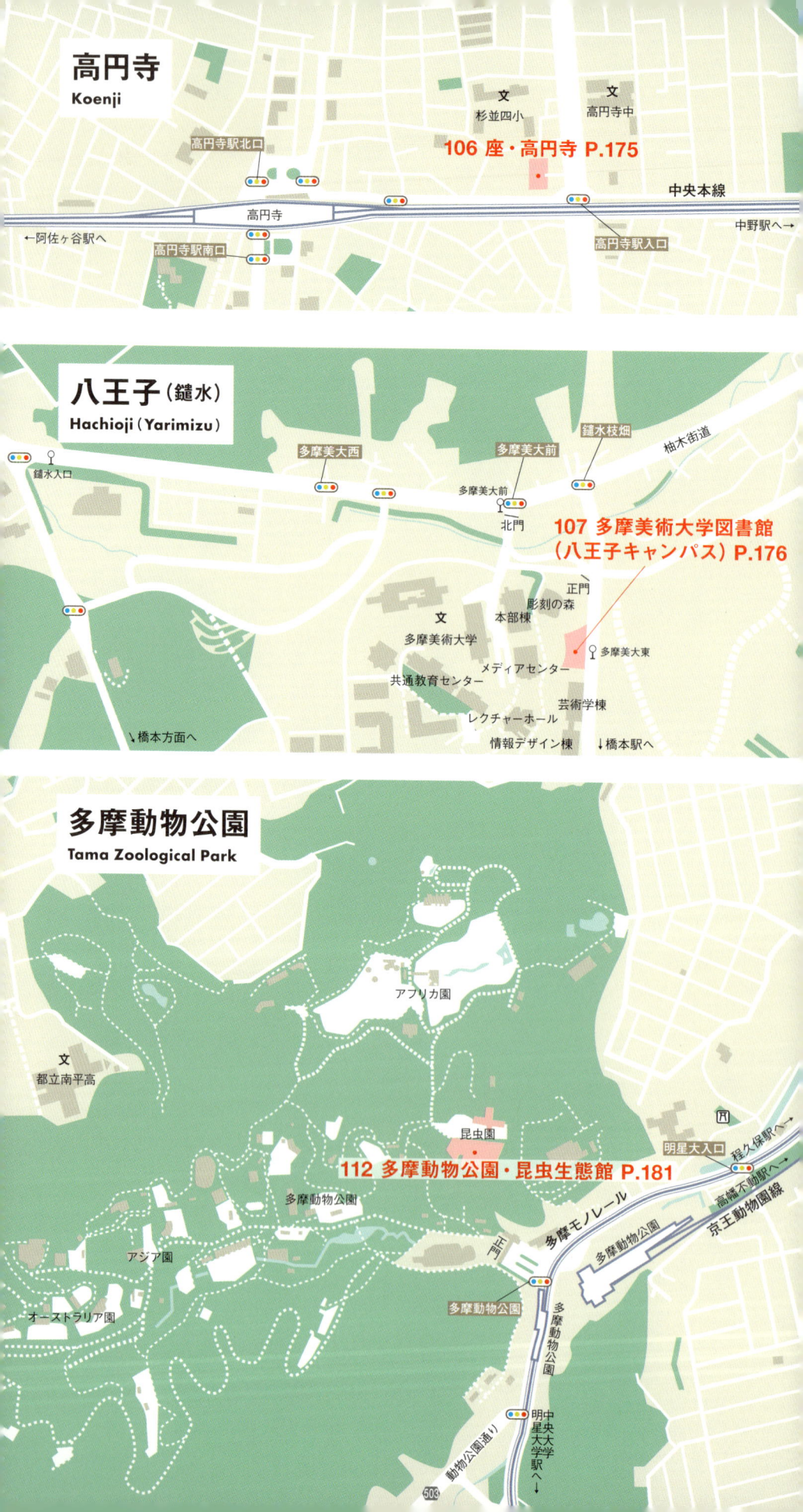

106 座・高円寺 P.175

八王子（鑓水）
Hachioji (Yarimizu)

107 多摩美術大学図書館（八王子キャンパス） P.176

多摩動物公園
Tama Zoological Park

112 多摩動物公園・昆虫生態館 P.181

立川（武蔵砂川）
Tachikawa（Musashisunagawa）

108 ふじようちえん P.178
109 ふじようちえん 増築
（Ring Around a Tree）P.179

立川
Tachikawa

110 国営昭和記念公園
花みどり文化センター P.180

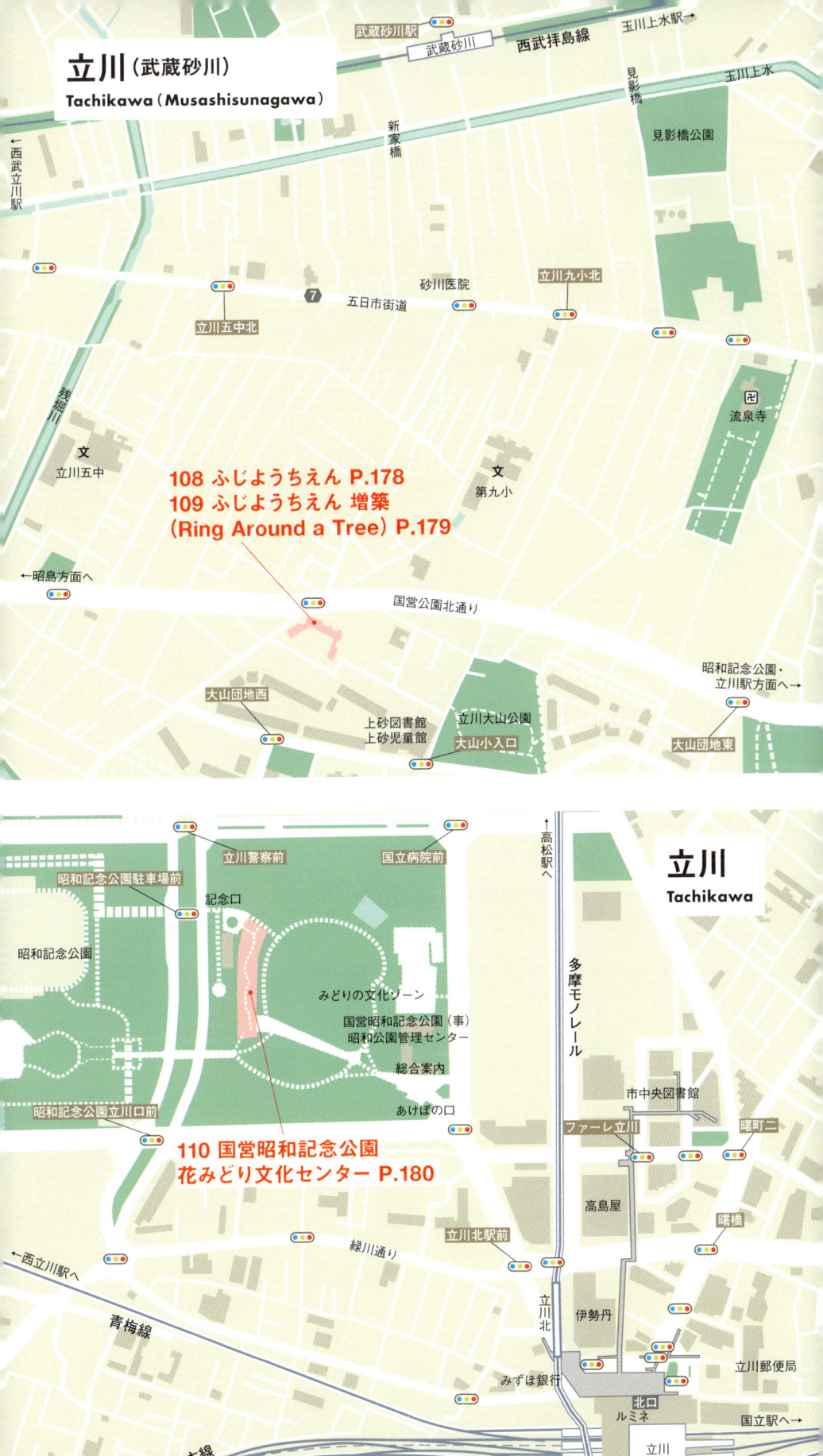

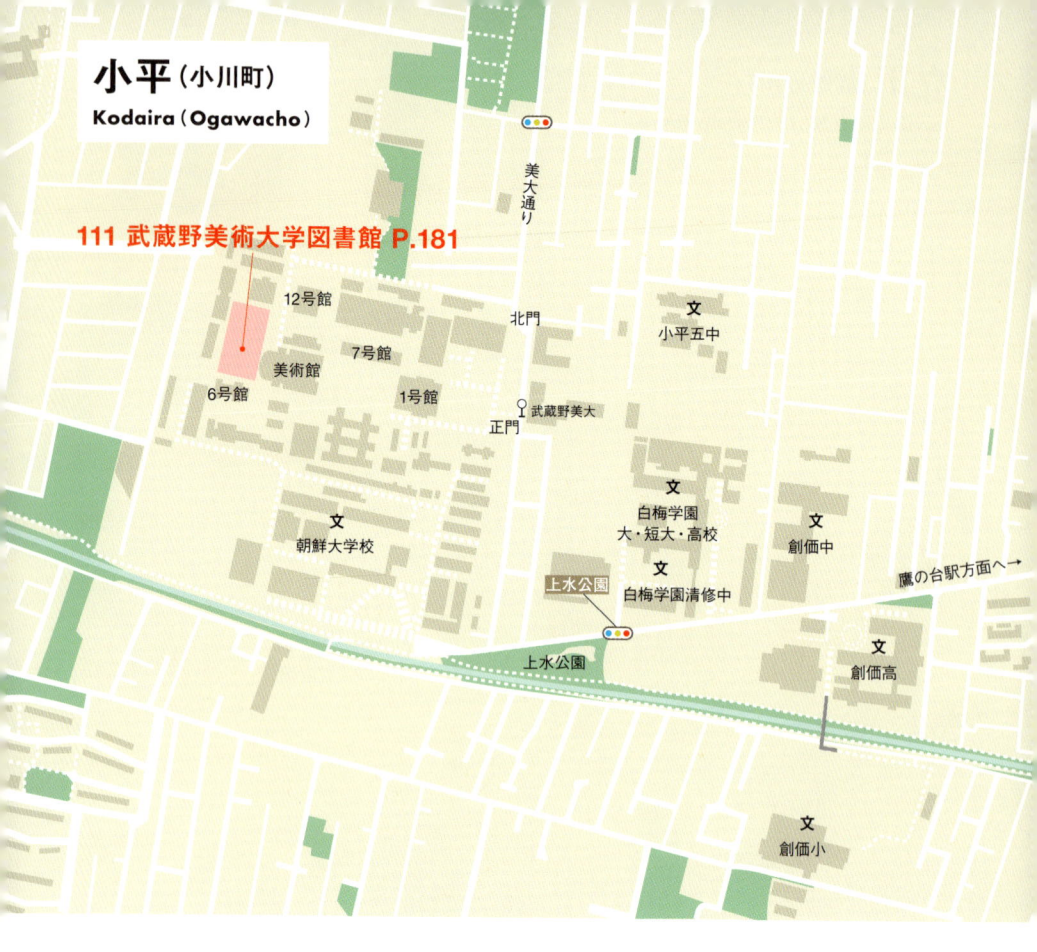

小平(小川町)
Kodaira (Ogawacho)

111 武蔵野美術大学図書館 P.181

美大通り
北門
12号館
7号館
美術館
6号館 1号館
正門　武蔵野美大
小平五中
文 朝鮮大学校
文 白梅学園 大・短大・高校
文 創価中
上水公園
白梅学園清修中
鷹の台駅方面へ→
文 創価高
文 創価小

0　100m

高円寺
106　座・高円寺　東京都杉並区高円寺北2-1-2　P.175

八王子（鑓水）
107　多摩美術大学図書館（八王子キャンパス）　東京都八王子市鑓水2-1723　P.176

多摩動物公園
112　多摩動物公園・昆虫生態館　東京都日野市程久保7-1-1　多摩動物公園内　P.181

立川（武蔵砂川）
108　ふじようちえん　東京都立川市上砂町2-7-1　P.178
109　ふじようちえん 増築 (Ring Around a Tree)　東京都立川市上砂町2-7-1　P.179

立川
110　国営昭和記念公園　花みどり文化センター　東京都立川市緑町3173　P.180

小平（小川町）
111　武蔵野美術大学図書館　東京都小平市小川町1-736　P.181

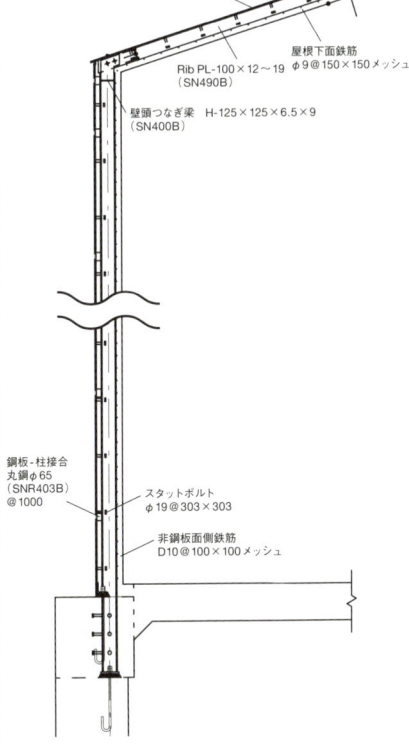

座・高円寺
テント屋根をイメージした鋼板コンクリートによる曲面構造

施工性や経済性から片側鋼板構成に

　座・高円寺というユーモラスな名称は、杉並区立杉並芸術会館の愛称である。高円寺駅から北口を出て、JR中央線の高架に沿って中野方面に歩くこと約5分、環状7号線手前の住宅地の中に突如として黒褐色の大きなサーカステントのような建物が現れる。表面には直径約30cmの無数の丸い孔があいており、ユニークな外観を呈している（図1）。建物の敷地面積や周辺環境に配慮して、諸室の多くを地下部分に配置し、地上部分はメインの小劇場とカフェ、事務室という構成になっている。

　プロジェクトは鋼板に覆われた4角い箱というイメージから始まり、鋼板をそのまま外観表現として用いる鋼板コンクリート構造が検討された。鉄骨の柱梁を内包したこのSC構造では、コンクリートによる遮音性能と、鋼板による止水化と座屈補剛や耐火被覆の免除といった役割分担がなされた。

　本来は引張側となる屋根下面に鋼板を配置することが理想的だが、鋼板が建物を覆うという一貫したコンセプトと、コンクリートの内外を鋼板で挟むことが施工性や経済性を考えたとき困難との判断から、外側を鋼板とした片側鋼板の構成が採用されている。

屋根版をキールトラスで支える

　屋根の形状については、鋼板による製作に配慮して、平面に展開が可能な円錐曲面を7枚組み合わせることとし、力学的合理性に注意しながら決定された。

　屋根版は、応力状態に応じてリブにより補剛された12mm厚の鋼板をコンクリートと一体としている。ここでも最終的な厚さを決定するにあたっては、現場でモックアップを作成し、作業手順や確実にコンクリートを充填するための各部寸法等の綿密な検討が重ねられている。

　メインとなる21m×21mの小劇場ホールでは屋根の稜線に沿って、X字状に鉄骨のキールトラスを設けることによって屋根を支えている。

　設計者、施工者の間で、最終的なイメージを共有しつつ粘り強い協議を重ねて実現された建築である。

1／外観　2／内観　3／断面詳細図

東京都杉並区高円寺北2-1-2
建築設計：伊東豊雄建築設計事務所
構造設計：佐々木睦朗構造計画研究所
施工：大成建設
竣工年：2008年
構造種別：S造、一部RC造

多摩美術大学図書館（八王子キャンパス）
鉄板コンクリートで構成された薄いアーチ壁

創造する図書館

　学生が調べ物をしたり、本を読んだりするだけでなく、「何かを考え、刺激を受け」創作の源となる場として「創造する図書館」が目指された。学生を図書館に呼び込む工夫として、1階のアーケードギャラリーやバーカウンター式のDVD視聴コーナーなど、行為を誘発する仕掛けがちりばめられている。

SC構造による連続アーチ

　外壁面は、緩やかな曲面をもったコンクリートによる連続アーチで構成されている。一見するとRC造のように見えるが、そのアーチ壁面の足元を見れば、なにか特別なことが起こっていることがわかる。実は、200mmの薄いコンクリートの壁の中に主構造となる鉄骨（鉄板）が配置されたSC構造なのである。壁の小口面にはフランジとなる平鋼を配置し、開口端部を補強するように鉄骨がI形形式の柱、梁を構成し、主な強度と剛性を確保している。コンクリートの役割は、鉄骨の弱点となる、局部座屈の防止と、耐火性能の確保である。図書機能による厳しい積載重量に対応した剛性確保と振動防止の役割も担っている。コンクリートにはひび割れ防止用鉄

SC構造

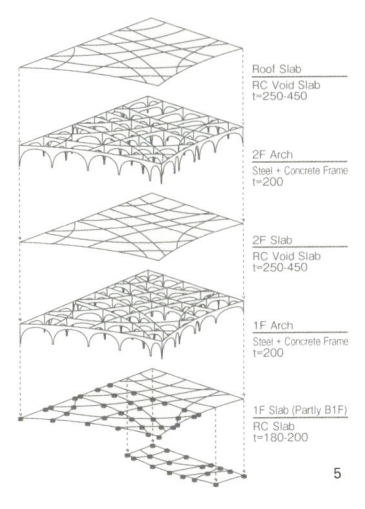

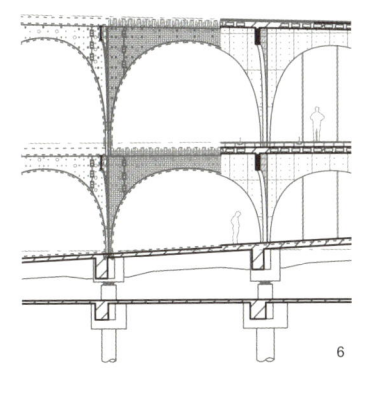

	Roof Slab RC Void Slab t=250-450
	2F Arch Steel + Concrete Frame t=200
	2F Slab RC Void Slab t=250-450
	1F Arch Steel + Concrete Frame t=200
	1F Slab (Partly B1F) RC Slab t=180-200

1／緩やかに曲がった外壁アーチ　2／鉄板構造の建て方状況　3／鉄板アーチの接続部の様子　4／アーチが連続した図書館内部　5／構造アクソメ図　6／断面図
写真1・2　提供：多摩美術大学、撮影：伊奈英次

筋が配置されているが、鉄筋に応力負担させるSRC造にしないことで、薄い壁厚を実現している。
　「ピンヒール」のように絞り込まれた、特徴的な柱脚部はその形状からピン接合として設計されているが、接合部には一定の回転剛性が発生するため、剛接合とした場合の曲げ応力の伝達を想定した検討もなされている。一方でコンクリートの充填性を確保するため、脚部のみフランジ部分の平鋼を中止し、ウェブだけの十字形断面の柱とされている。床自体は軽量化と剛性を確保できるボイドスラブ。無梁版構造が可能であり、梁との合成効果も期待できる収まりとなっている。なお応答加速度を抑え、大地震時の図書館機能維持の観点から、免震構造が採用されている。

東京都八王子市鑓水2-1723
建築設計：伊東豊雄建築設計事務所
設計協力：鹿島建設
構造設計：佐々木睦朗構造計画研究所
施工：鹿島建設　竣工：2007年
構造種別：鉄骨＋コンクリート造、一部RC造

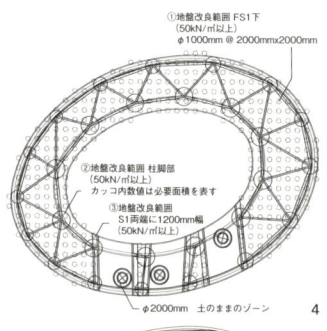

ふじようちえん
巨大屋根を実現したラーメン構造と接合部設計

園児のための屋根の家

外周約183m、内周約108mのフリーハンドで描かれた中心の一致しない2重楕円形を平面に持つ平屋建ての幼稚園である。既存樹木であるケヤキ3本が建物内部を貫いている。ウッドデッキとなっている屋根は園児の遊び場となっており、園庭との一体的利用が図られている。

ランダムな柱配置による3方向ラーメン構造

使い勝手とケヤキの保全を優先し、既存樹木をよけるように28本の鉄骨柱がジグザグに配置されている。梁はその柱をつなぐように3角形平面を描き平面トラスを形成することで水平剛性を確保するよう計画されている。構造形式はこれらによる3方向に展開するランダムなラーメン構造（図5）となっており、壁の無い空間を実現している。

勾配を吸収する柱頭接合部

当然ながら建物にはグリットがなく、躯体勾配も取られているため、柱に対し平面的にも、断面的にもさまざまな角度から梁が取り付けられ（図6）、柱頭接合部が複雑になる。ここでもディテールの標準化が考えられたが、最終的に荷重、コスト面等の理由から、28カ所全ての接合部について設計を行う方法が取られている。接合部設計のルールは「溶接が可能であること」である。具体的には、取り付く梁のフランジ厚よりも接合部のダイアフラムを厚くし、厚みによって角度によるブレを吸収するというシンプルなもので、この問題を解決している。最終的には直径150mmの鉄骨柱の肉厚は25mmとされている。

木の根に配慮した基礎計画

本建物において最も優先されたことは木の根を傷めないことである。基礎形式はベタ基礎であり、通常通り設計するとどうしても木根の上に基礎が載り、根を傷めてしまうことになる。そのため、既存樹木周辺は根に荷重を掛けないようにフラットスラブを基礎から基礎へととばし、支持する方法が採用された。

1／屋根を貫通するケヤキ 2／建物に囲まれた園庭の様子 3／建物内のケヤキ 4／基礎伏図 5／架構図 6／柱・梁接合部

東京都立川市上砂町2-7-1
建築設計：手塚建築研究所
構造設計：池田昌弘建築研究所
施工：竹中工務店
竣工：2007年
構造種別：S造

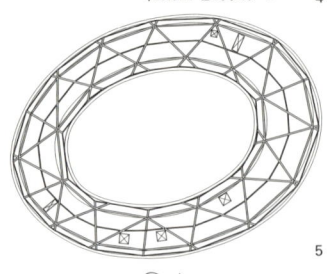

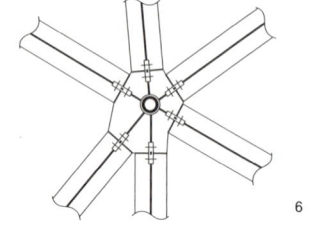

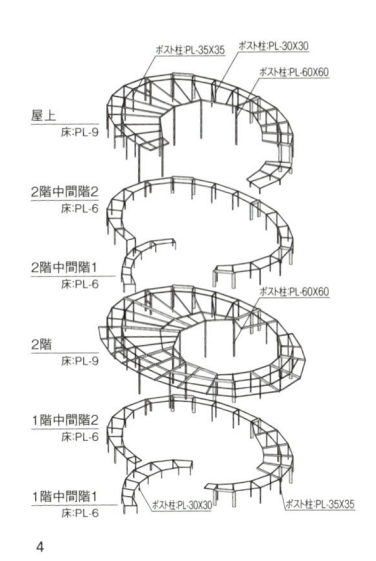

109　Tokyo / Tachikawa-shi / Fuji Kindergarten(Ring Around a Tree)　フィーレンディール

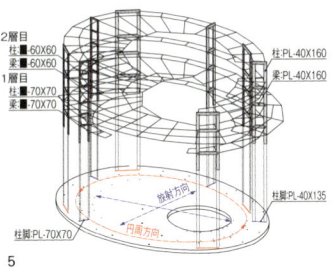

ふじようちえん 増築（Ring Around a Tree）
家具のような微細な構造体を実現

異なる2種類の柱と7枚の床

同一敷地内に建てられた「ふじようちえん」離れの計画で、英会話教室とバスの待合所として利用されている。記念樹である大ケヤキを囲うように7枚の床と2種類の柱、葉脈のように張り巡らされた梁によって構成された地上2階建て150㎡にも満たない小さな建物である。使用する園児のスケール感を意識し、家具の一部とも思える程の微細な構造体を実現している。

柱は水平力を負担する梯子状のフィーレンディール柱と鉛直荷重を負担するポスト柱によって構成されている。フィーレンディール柱は円周方向・放射方向に4枚ずつバランス良く配置され60角の無垢材と平鋼40mm×100mmで構成されている。部材断面を小さく抑えるにはブレース構造が有効であるが、子供達が自由に動き回れるよう、壁となる部材を極力排除して構造計画が立てられている。一方、ポスト柱は30角の大きさで細かく配置されている。2階建ての建物に配置された7枚の床により各柱スパンを短く、細長比を小さく抑えることによって微小断面を実現している。

机を重ねたような鉄骨工事

記念樹により大型重機での施工が難しかったため、工場製作のパーツを小さくするよう施工計画がなされている。具体的には耐震要素となるフィーレンディール柱は工場で一体化され、それ以外の柱梁は、机のような状態まで工場で製作され、それを現場で積み上げる方法が採用されている。柱梁の溶接は突き合わせ溶接とし、要求性能に応じて部分溶け込みとしている。

木根に配慮した基礎計画

記念樹の根がどの方向にも這っており、直接基礎では根を傷めてしまうことになる。この場合、杭基礎は有効と考えられるが、木根があるため、地面を掘り起こすこともできない。そこで、地業工事、土工事を無くす、杭を突出させる形式を採用し、スラブを地表面から浮かすことで木根に負担を掛けない基礎となっている。

1／記念樹を囲むように配置された建物　2／地面から浮かぶように計画された1Fスラブ配筋工事の様子　3／建て方の様子　4／構造アクソメ図　5／フィーレンディール柱のレイアウト図

東京都立川市上砂町2-7-1
建築設計：手塚建築研究所
構造設計：オーノJAPAN
施工：日南鉄構
竣工：2011年
構造種別：S造

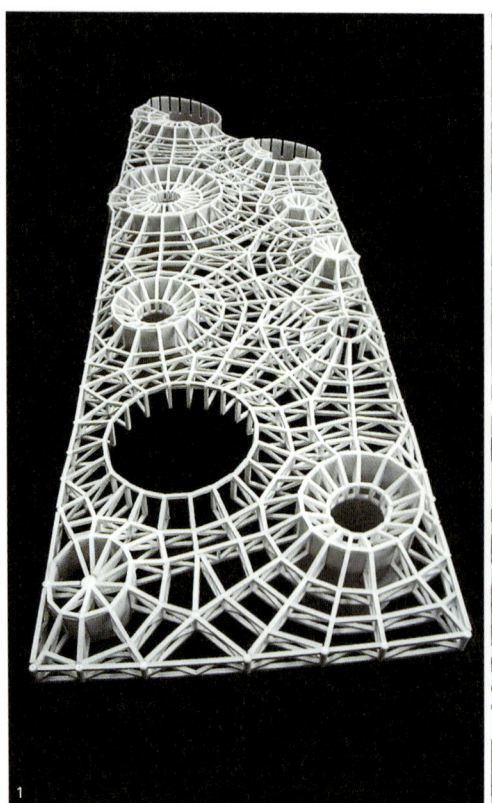

110 　Tokyo ／ Tachikawa-shi ／ Showa kinen Park Hanamidori Cultural Center　　RC造、SRC造

国営昭和記念公園 花みどり文化センター
くもの巣トラスとうねる屋根がつくる公園と一体化する建築

建築と構造デザインの融合

　昭和記念公園に入ってすぐ正面に見える花みどり文化センターは、公園と一体的に計画されたランドスケープ建築である。なだらかな公園のスロープから続く歩行可能の屋根は、シリンダーと呼ばれる15本の円筒状の柱により支えられている。シリンダーのうち6本は直径30cmの鉄骨を円状に配置したS造、9本は厚さ60cmのSRC造となっている。S造は開放的な空間を、SRC造は閉鎖的な空間を内部に有する。地震力に対してはSRC造のシリンダーで耐えるため、これらを平面的にバランスよく配置することが構造計画上必要となった。
　屋根は鉄骨平面トラスの上部に鉄筋コンクリートスラブが配され、端部は2mのキャンチレバーとなっている。この鉄骨トラスの配置や部材形状も重要なポイントとなっている。

屋根形態と部材配置

　屋根形態と部材配置を決定するために、①平面的なグリッドの計画、②全体的な屋根形状のうねり、③局部的な屋根形状の変化の3つの操作が行われている。まず、屋根はシリンダーにより支えられているため、シリンダーの中心同士を結ぶことでできる三角形を基準に、各内部がシリンダーとの交点でのグリッド長さが2.5～3.5mとなるように分割されている。それぞれのシリンダーから放射状に伸びた部材が途中で他のシリンダーの影響を受けながら変化していくことで、図1のようなくもの巣状の形態をとることになった。
　屋根全体のうねりは、建物の長辺方向の両端を、振幅1.5mのサイン曲線、コサイン曲線とし、両端を直線でつなぐことで形成され、建物南側の外部スロープから建物屋上へのアプローチとつながる。シリンダー周りについては、鉛直荷重を受けた際の曲げモーメントが大きくなるため、平面トラスのせいを高くすることで対処している。
　屋根構造は地上部より見上げることで把握することができる。図1のどの部分にあたるか考えながら眺めてみて欲しい。

1／屋根構造の模型　2／屋根構造見上げ　3／施工中

東京都立川市緑町3173
基本構想：鈴木雅和＋貝島桃代
設計・監理：緑の文化施設ゾーンセンター施設設計伊東・クワハラ・金箱・環境エンジニアリング設計共同体
協力：アトリエ・ワン
構造設計：金箱構造設計事務所
施工：竹中工務店　竣工：2005年
構造種別：S造、SRC造

111 Tokyo / Kodaira-shi / Musashino Art University Library

ラーメン構造

武蔵野美術大学図書館
渦巻き状に続く書架壁

図書館全体が渦巻き状の形態

　渦巻き状に書架が配置された図書館。といっても建物内部の説明ではない。建物全体が書架の集まりをそのまま表現しているため、図書館全体がそのような形態をしているのである。

　設計者は、図書館の備えるべき性質として「検索性」と「散策性」を意識しており、渦巻き状の書架壁には適度な開口が設けられ一定の視線の抜けが確保されている。

書架に内蔵された構造体

　この建物の構造は「うすっぺらいラーメン構造」である。一見すると書架そのものが構造体のように思えるが、構造体は一方向に最小化され書架内に内蔵されているのである。書架の奥行きを邪魔することのないよう柱・梁せいが大きく幅

の小さい偏平なH形鋼が用いられている。柱は書架の折れ曲がり点に配置されているため、書架の配置によって柱位置が決まってしまう。一見不整形な書架配置だが、柱位置は一定のグリッドにのるよう心掛けていることが伺える。

東京都小平市小川町1-736
建築設計：藤本壮介建築設計事務所
構造設計：佐藤淳構造設計事務所
施工：大成建設　竣工：2010年
構造種別：地上S造、地下RC造

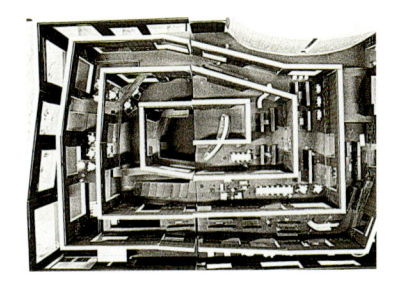

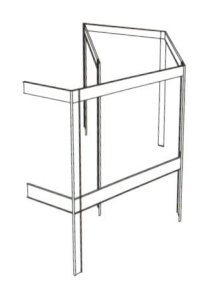

---

112 Tokyo / Hino-shi / Tama Zoological Park Insectarium

アウトフレーム構造

多摩動物公園・昆虫生態館
構造を表に出した温室建築

**蝶が挟まらないように、
鉄骨を外部に出す**

　蝶をモチーフにした建物形状を持つ、昆虫の飼育展示施設。1年中四季を通じて多くの蝶を飛ばしている大きな温室と、バッタなどの飼育展示室で構成され、敷地の高低差を生かした環境的恩恵を受ける場所に位置している。

　鉄とガラスでつくられる温室は、歴史的にも多くの名作があるが、内部空間に鉄骨が配置されていることが多い。ここではガラスと鉄骨の間に蝶が挟まり死んでしまうのを避けるために鉄骨を外部に配置したアウトフレーム構造を採用している。

**各梁の接合をずらし、
複雑な構造を回避**

　温室は平面的に扇型形状、断面的にアーチ形状をしており、

600mmせいのH形鋼によって構成されている。小梁を直径267.4mmの丸パイプとすることで、ガラス屋根荷重によるねじれを抑える工夫がなされ、扇型平面の根元で、梁が集中する箇所については、中心からずらすことによって複雑な接合部になることを避けている。

TEL 042-591-1611（多摩動物公園）
休園日：水曜日（祝日、都民の日に当たる場合は翌木曜日）、年末年始（12月29日～1月1日）
開園時間：9：30～17：00
（入園券の発売は16：00まで）
URL：https://www.tokyo-zoo.net/zoo/tama/

東京都日野市程久保7-1-1多摩動物公園内
建築設計：日本設計
構造設計：日本設計
竣工：1987年
構造種別：RC造、S造

Topography and the ground of Tokyo shown in maps of Meiji era

明治の地図で読む東京の地形・地盤

建物の構造は、地形や地盤と深く関わっている。起伏の激しい山の手、デルタ地帯の下町という2つの地帯が広がる東京では、特にその関わりは強い。明治の地図を手がかりに、東京の地形・地盤を探れば、建物を見るさいに、新たな一面が見えてくるだろう。

1 東京の凸凹・地形と地盤

山の手の台地と下町の低地

東京の地理をつかむには、山の手の台地と下町の低地に分けるとわかりやすい。明治時代にお雇い外国人教師と呼ばれる人たちが来日したとき、船で横浜港へ入港し、新橋ステーションまで汽車で移動したさい、多摩川を越えてから左手に続く「台地」の崖に早くから気づいた（図1）。エドワード・モースが「大森貝塚」を発見したのもこの台地の崖であった。

現在ではビルや高速道路にさえぎられてこれらの崖がわかりにくくなっているが、上野の山、神田駿河台、皇居（江戸城）の高台、芝の愛宕山（あたごやま）、品川御殿山……というように、山の手の台地の縁が「山」としてランドマークとされていた。この標高差20mほどの起伏が山の手の台地と下町の低地を分ける境界である。

山の手の凸凹

図2は東京都心部を標高別に彩色したものである。京浜東北線の上野〜東京〜新橋が南北に通り、その付近を境に左手側（西側）は標高20m以上の「台地」、右手側（東側）が標高5m以下の「低地」に分かれる。これを見ると、山の手の台地は平坦な高台ではなく、凸凹した起伏の激しい土地であることがわかる。

上野駅に隣接するのが上野の山で、駅の反対側の細長い低地の末端に不忍池（しのばずのいけ）がある。その隣が本郷の台地で、先端部が駿河台である。駿河台を横切る川は神田川で、水道橋から御茶ノ水にかけての神田川は深い谷となっている。水道橋から上流では、神田川は台地の間の細長い低地を流れている。水道橋付近で2つの低地が合流している。

中央部のお堀に囲まれた場所が皇居（旧江戸城）で、台地の末端に

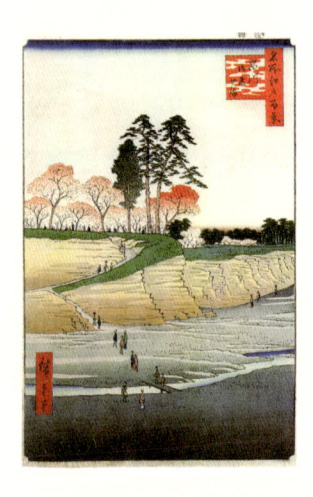

図1 品川御殿山（広重名所江戸百景）

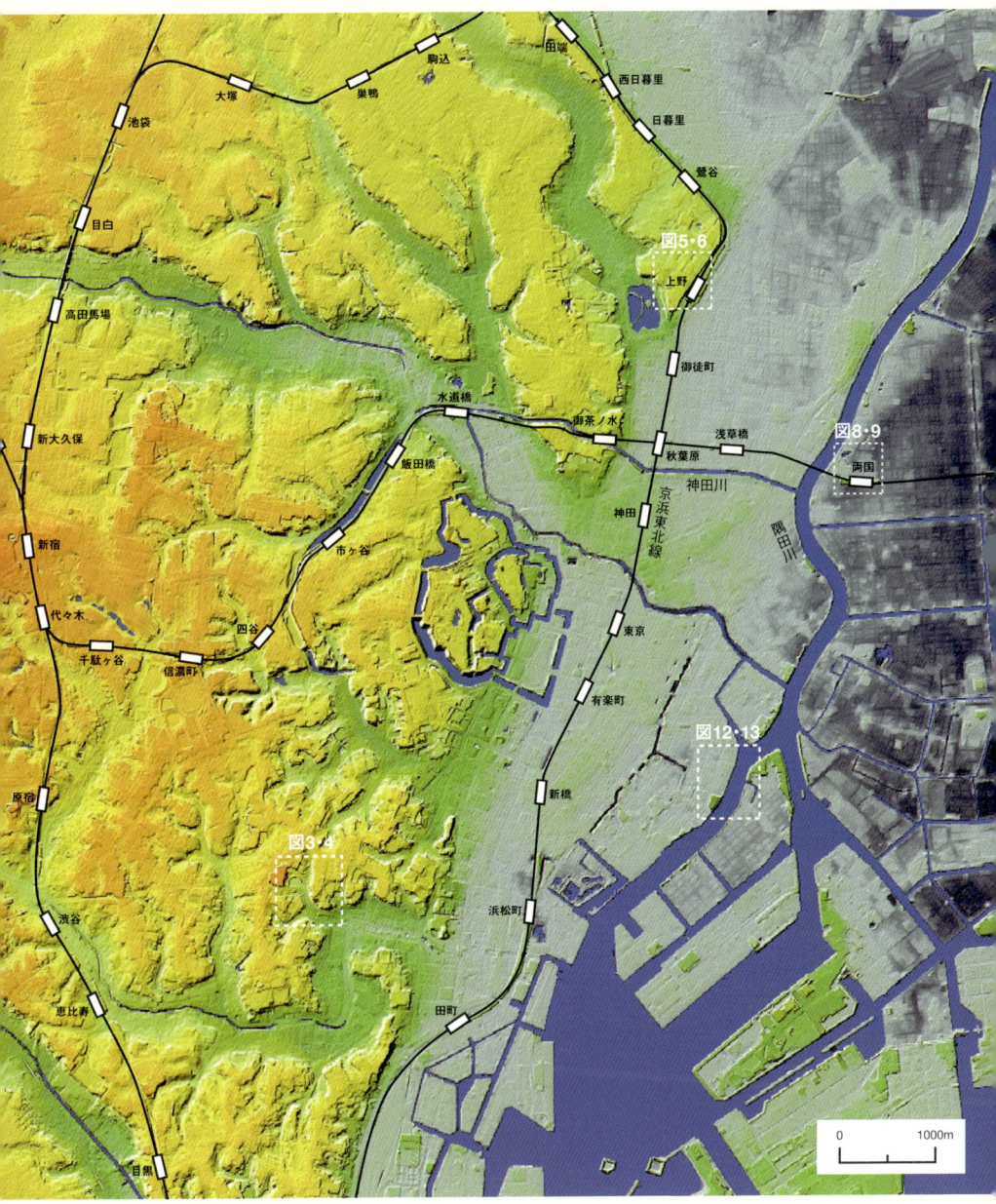

図2 標高彩色図（国土地理院5mメッシュ標高データと「カシミール」で作成）

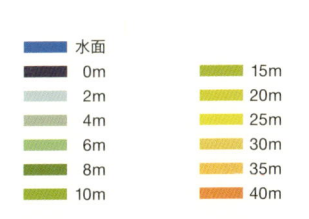

図3 麻布十番付近 1883年「東京府麻布区永坂町及坂下町近傍」　　0　100m

築かれているのがわかる。総武線の飯田橋〜四谷は江戸城の外堀に沿って走るが、御茶ノ水付近の神田川はこの江戸城外堀の延長として人工的に掘削された部分である。水道橋から皇居の方へ向かう日本橋川が、元の神田川であった。

四谷から赤坂見附を経て溜池にかけて、樹枝状に低地が入り込んでいる。この「樹幹」の部分も、江戸城の外堀（弁慶堀など）になっていた。

図2の下部の麻布十番や一之橋付近にも低地が入り込んでいるが、これは渋谷川下流の古川が流れる低地である。

このように、山の手の台地には神田川や渋谷川、江戸城外堀に利用された飯田橋〜四谷の谷、四谷〜溜池の谷など、中小の谷が複雑に入り込み、起伏の多い地形をつくっている。このため崖（急斜面）や坂道があちこちにあり、九段坂、三宅坂、霊南（れいなん）坂、雑司ヶ谷（ぞうしがや）、四谷、渋谷……などの地名がそれを示している。そしてそれらの坂の切り通しには、かつては関東ローム層の赤土がみられ、崖下に湧水がみられるところもあった。

デルタ地帯

一方、図2の京浜東北線の東側は、「川の手」と呼ばれることもある下町の低地、デルタ地帯である。ここには隅田川のほか、竪（たて）川や小名木（おなぎ）川など江戸時代に発達した運河網がみられた。さらに東側には荒川、中川、江戸川などが東京湾に注いでいる。

デルタ地帯の呼び名の通り、隅田川や江戸川は昔の荒川や利根川の最下流部で、水面に近いウォーターフロントである。また、地下には軟弱な沖積層が厚く横たわり、地下水採取による沖積層の収縮で地盤沈下がすすみ、海面より低い「ゼロメートル地帯」が拡大した。隅田川の東側にはこのゼロメートル地帯が広く分布する（図2の色の濃い部分）。一方、東京湾の湾岸では埋立地が沖合に拡大している。

地形・地盤と都市の発展

東京の原地形と地盤は構造物の基礎としての重要性は無論のことだが、江戸時代以来の都市建設にとっても、地域性、多様性を産み出した大きなファクターである。山の手の台地には武家屋敷が分布し、下町の低地には町人町が広がっていたし、明治以降は官庁街や工場の立地などにもそれぞれ地理的背景があった。

以下では東京の台地と低地それぞれの地域から、明治前期の地形図（参謀本部陸軍部測量局による縮尺5000分の1測量原図）と現代の地図を比較しながら、地形や地盤の特色と都市の発展に注目してみたい。取り上げるのは六本木・麻布エリア（図3・4）、上野駅付近（図5・6）、蔵前・両国付近（図8・9）、湾岸エリア（図12・13）である。

図4 麻布十番付近 2014年

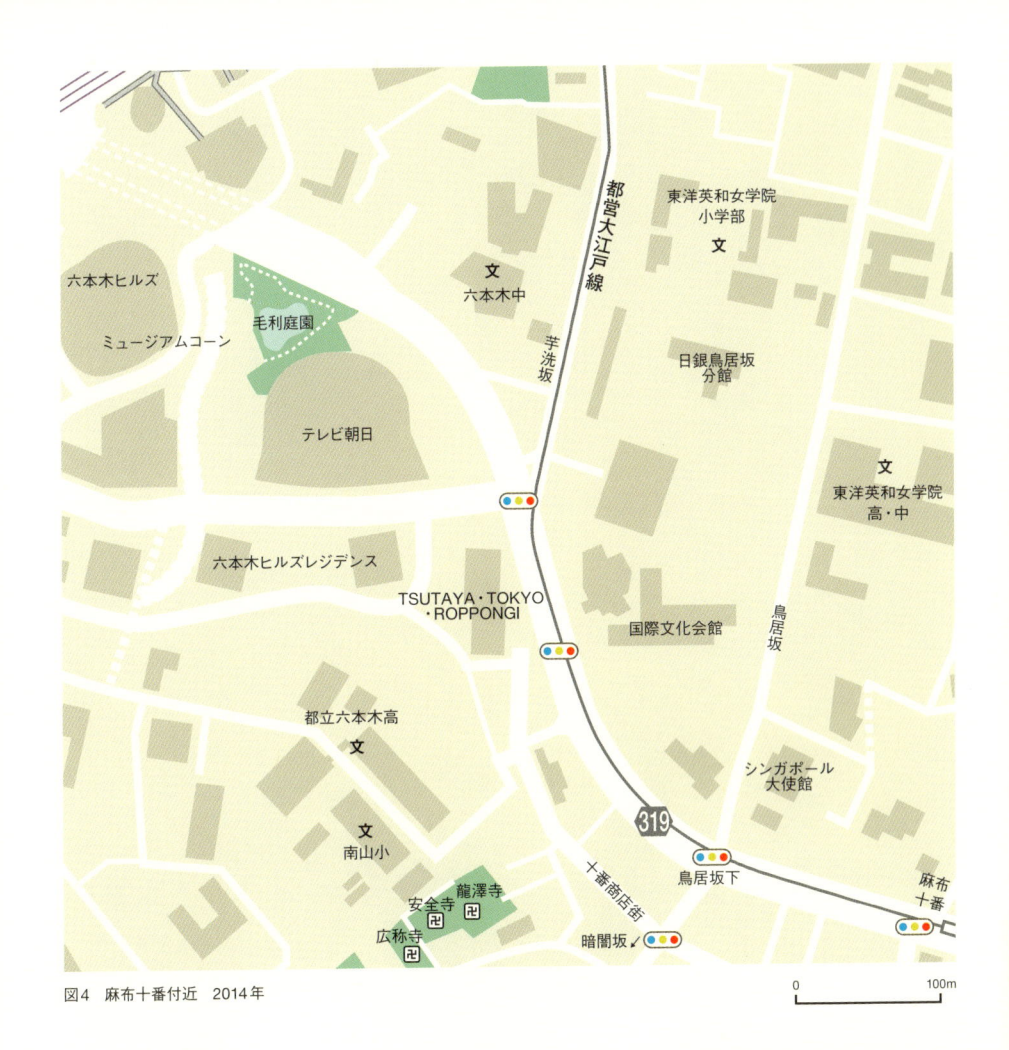

2 六本木・麻布エリア

明治時代と現代の地図

　図3および図4は、六本木ヒルズから麻布十番付近にかけての明治10年代と現代の地図である。このエリアは起伏に富み坂が多いのが特色で、現代の地図にも芋洗（いもあらい）坂、鳥居坂、暗闇坂などの名前が見える。六本木ヒルズから麻布十番までは下り坂になっているが、六本木交差点（図4の上方）から芋洗坂を下っても、国際文化会館横の鳥居坂を下っても、元麻布（図4の下方）から暗闇坂を下っても、麻布十番付近にたどり着く。

　明治の地図（図3）をみると、中央部に「北日下窪（きたひがくぼ）町」・「南日下窪町」などの家が集中する部分があり、麻布十番付近まで続く。この部分の両側に、等高線が集中して描かれる急斜面があり、台地に谷が入り込んでいることがわかる。この谷は麻布十番に隣接する一之橋付近で古川（渋谷川の下流）に合流する支流の谷である。芋洗坂のある北日下窪の谷と、「麻布宮村町」のとなりに「藪下」と書かれている谷が、南日下窪町付近で合流している。谷底には池が集中し、ここでは金魚の養殖をしていた。六本木ヒルズや鳥居坂の両側、六本木高校のあたりは高台で、明治の地図では荒地や畑になっているが、もとは武家屋敷だったところで、毛利庭園はその名残りである。

麻布の鳥居坂

周辺の地形

　六本木・麻布付近の地形は、このように起伏に富み坂が多い。六本木ヒルズもミッドタウンも、アークヒルズも泉ガーデンも斜面に面してい

図5　上野付近　1884年「東京府下谷区上野公園地及車坂町近傍」

るし、鳥居坂、霊南坂、仙台坂などの坂があちこちにある。

これらの斜面や坂の正体は、図2でも見たとおり、武蔵野台地を刻む古川（渋谷川）の谷や溜池の谷である。ミッドタウンや六本木ヒルズのある「坂の上」は武蔵野台地で標高は30mほどあり、「坂の下」にある麻布十番や溜池交差点などの標高は10mに満たない。

谷地形の分布

溜池の谷も古川の谷も支谷が多く、台地のなかに樹枝状の谷を複雑に入り込ませている。溜池の谷は四谷駅南方から弁慶堀〜赤坂見附〜溜池交差点を経て虎の門に続く低地である。その両側には支谷がいくつかあり、赤坂4丁目の山脇学園とTBS放送センターの間の谷、千代田線赤坂駅のある谷、そして六本木交差点から首都高の谷町（たにまち）ジャンクションにかけての谷などがならぶ。

古川は上流から天現寺（てんげんじ）橋、古川橋、一之橋、赤羽橋とクランク状に曲がりながら芝公園の南へ続く。川の両側は幅500m位の低地であり、これが谷底の部分である。古川の谷の北側が麻布の台地、南側が白金〜三田の台地である。天現寺橋で西麻布方面から外苑西通り付近を通る笄（こうがい）川の谷が、一之橋で日下窪（麻布十番）の谷が合流する。

地盤の特徴

皇居（旧江戸城）から麻布、白金などにかけての高台は、武蔵野台地の一部で「淀橋台」と呼ばれる（淀橋は新宿西口の地名）。

淀橋台の高台部分では関東ローム層が12m以上の厚さでみられ、その下位に砂層や泥層が分布する。浅層に礫層（れきそう）や岩盤はない。

溜池の谷や古川の谷沿いにはかつて多くの湧水がみられた。これは、武蔵野台地に降った雨が関東ローム層にしみこみ地下水となり、台地を刻む谷壁のところで地表に現れたものである。また、谷底には水が集まるため、湿地にみられる「泥炭層（でいたんそう）」という、未分解の植物遺体がスポンジのように水を含んだ層が堆積しており、局地的に軟弱地盤をつくっている。1923年の関東地震では山の手の台地地域の被害は小さく下町の低地の被害が大きかったが、山の手で例外的に被害が大きかったのがこの泥炭層が分布する谷底であった。

3　上野エリア

明治時代と現代の地図

図5と図6は上野公園と不忍池、上野駅付近の明治時代前期と現代

図6　上野付近　2014年

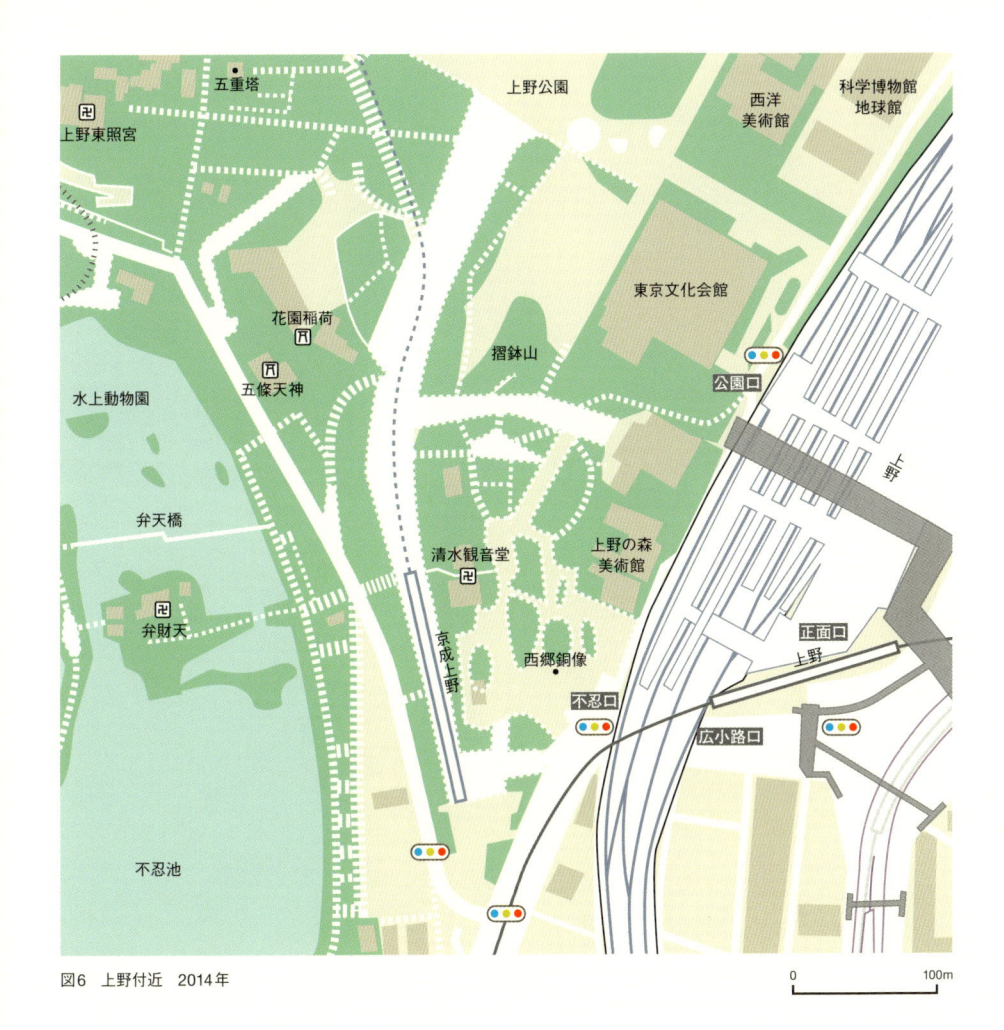

の地図である。

　西郷さんの銅像をはじめ、東京文化会館や西洋美術館、東照宮などがある部分が「上野の山」である。「山」といっても標高は20m程度だが、不忍池周囲の標高が5～6m、上野駅の正面口側の標高は2～3m程度なので、それなりにそびえているように見え、ビルでいえば5～6階分位のちがいがある。このため、JR上野駅の公園口は山手線・京浜東北線ホームから階段を上がった高架上にあり、広小路口や正面口は階段を下ったところにある。

　明治10年代の上野付近の地図（図5）をみると、左側に不忍池があり、中央部が上野公園、右側が上野駅で、上野の山は東照宮などの社寺や公園になっているのは現在とあまり変わらないが、上野駅は終着駅になっており、南側には線路はない。

　上野公園と上野駅の間や、上野公園と不忍池の間は等高線が密集し、比高10mほどの崖が連なっていることがわかる。上野駅南側の低地には町屋が集中している。

　上野の山は徳川家の菩提寺である寛永寺の広大な敷地だった部分で、戊辰（ぼしん）戦争で大部分が焼失後、明治初期に公園として指定された。明治14年（1881）に第2回内国勧業博覧会が開催され、明治15年（1882）に動物園開園、明治16年（1883）に日本鉄道（上野～熊谷）上野駅が開業した。

周辺の地形

　図2でも見たとおり、京浜東北線は上野の山の崖下を通っている。この崖を北へたどると、日暮里の「諏訪の台」、西日暮里の「道灌山」、王子の「飛鳥（あすか）山」など、同様の景観が京浜東北線沿いに続く。

　一方、不忍池の北側の不忍通り沿いは低地になっており、かつて「藍染（あいぞめ）川」あるいは「谷田（やた）川」と呼ばれた小河川の流れていた谷地形である。谷中（やなか）の「夕焼けだんだん」は日暮里の「諏訪の台」から藍染川の谷へ

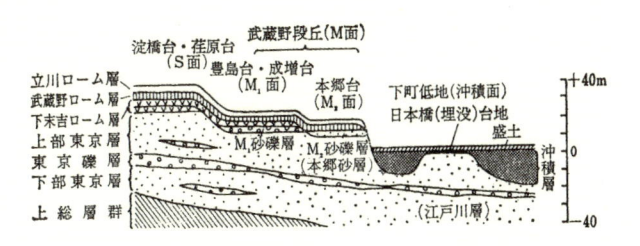

図7　山の手台地から下町低地にかけての模式的な断面（貝塚1979）

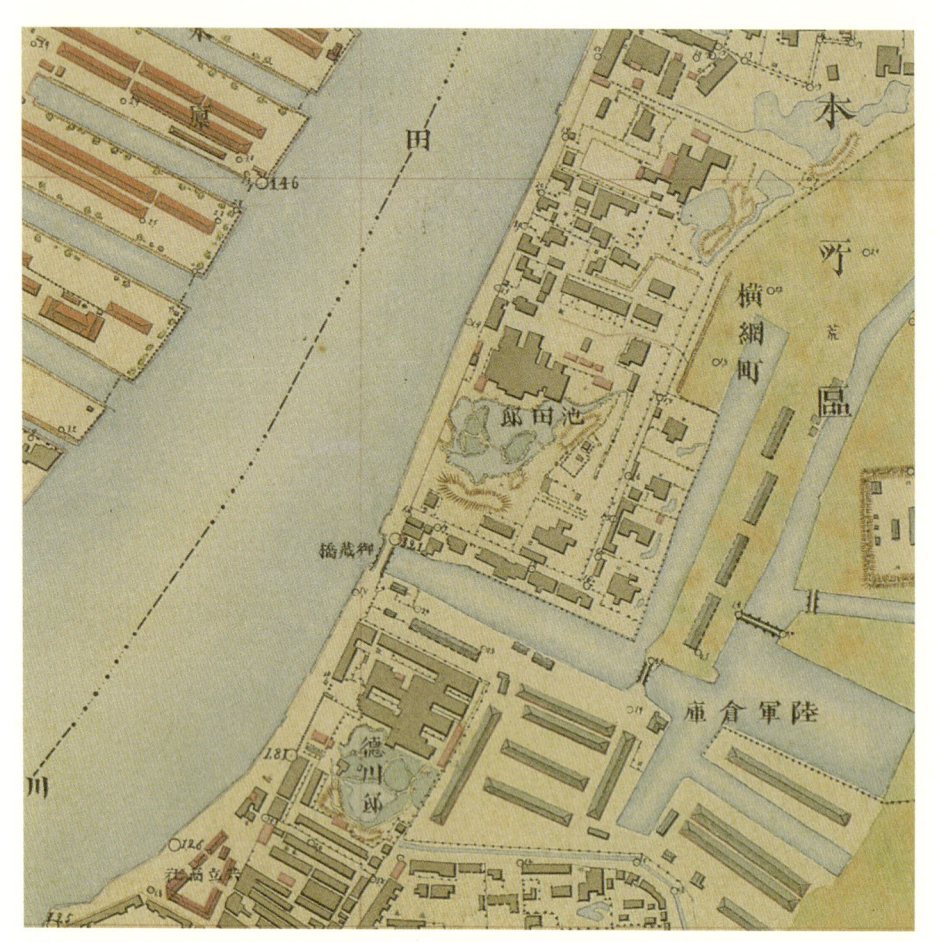

図8　両国付近　1884年「東京府浅草区須賀町及本所区横網町近傍」

下りる坂である。そして、反対側は再び坂となり（千駄木の「団子坂」など）、本郷～駿河台の台地となる。

この藍染川の谷は、溜池の谷や古川の谷とくらべると支谷がほとんどなく、本流の谷だけが北へ続き、王子付近で石神井（しゃくじい）川の谷に連続していく。現在の石神井川は王子駅付近で武蔵野台地を離れ、隅田川に注いでいるが、かつては（おそらく数千年以上前）、藍染川の谷沿いに不忍池方面に流れていたとされる。

上野駅不忍口付近。左の上野公園側が高台になっているのがわかる

地盤と地形

麻布の台地が標高30ｍほどあるのとくらべると、上野や本郷の台地は20ｍとやや低い。武蔵野台地の中でも「本郷台」と呼ばれる一段低い部分である。ここでは関東ローム層の厚さが5～6ｍと「淀橋台」の約半分で、その下には砂礫層がある。また、六本木・麻布エリアと比較すると台地上は平坦で谷地形が少ない。

このような違いは、「淀橋台」と「本郷台」では武蔵野台地の成り立ちがやや異なることを示している（図7）。淀橋台は標高がやや高く、関東ローム層も厚い。その下は砂や粘土層で削られやすいため、谷地形が密に入り込んでいる。砂や粘土層からは貝化石が発見され、かつての浅海底に堆積したものとされている。

いっぽう本郷台は関東ローム層が薄く、その下には礫層があり、谷地形は細長く支谷がほとんどない。これは石神井川や神田川などの谷とも共通する特色である。本郷台の礫層は武蔵野台地の概形をつくったかつての大きな川が堆積させたものとされる。関東ローム層は、海や河川の作用が働かなくなった後に火山灰が堆積したもので、関東ローム層が

図9 両国付近 2014年

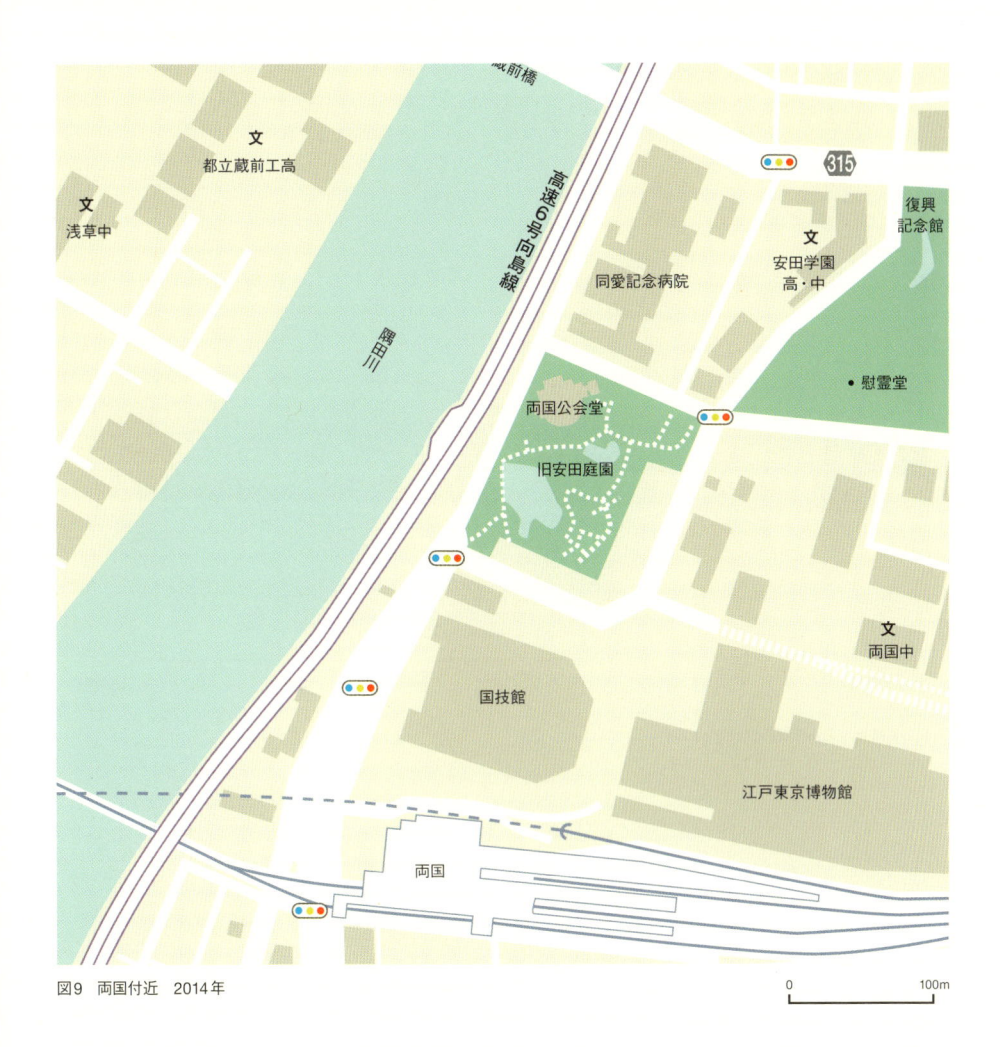

厚い方が年代が古いことを示す。
　図7の本郷台や豊島台・成増(なります)台などの関東ローム層の下の砂礫層は、多くの場合地下水を含む「帯水層」で、石神井川や神田川の谷壁ではかつて多くの湧水がみられた。

4 蔵前・両国エリア

明治時代と現代の地図

　図8と図9は隅田川両岸の蔵前・両国付近の明治時代前期と現代の地図である。隅田川右岸(西側)の蔵前は、江戸幕府の米蔵があったところで、明治の地図では隅田川から櫛の歯状に入る水路と細長い建物が並び、「大蔵米廩(べいりん)」という文字が記されている(米りんは米蔵の意)。隅田川左岸(東側)の「池田邸」は旧岡山藩主池田邸で、その後安田善次郎邸となり、現在の「旧安田庭園」である。そのとなりの「徳川邸」付近が現在の国技館と両国駅である。陸軍倉庫付近は隅田川につながる運河があり、水運が重要であったことがわかる。この付近に現在の江戸東京博物館がある。
　明治の地図で陸軍倉庫となっていた地域が、大正12(1923)年の関東地震のさいに火災旋風で4万人もの死者を出した「本所被服廠(ひふくしょう)跡」であり、旧東京市内の死者の60％以上を占めるに至った(松田2009)。現在はその一角に東京都慰霊堂と復興記念館がある。

周辺の地形

　上野の山から続く崖線(がいせん)の東側は、隅田川や荒川、江戸川などが流れ、東京湾へと続く低地(東京低地)である。標高はほぼ5m以下で、江東デルタ地帯などと

隅田川から見た蔵前橋

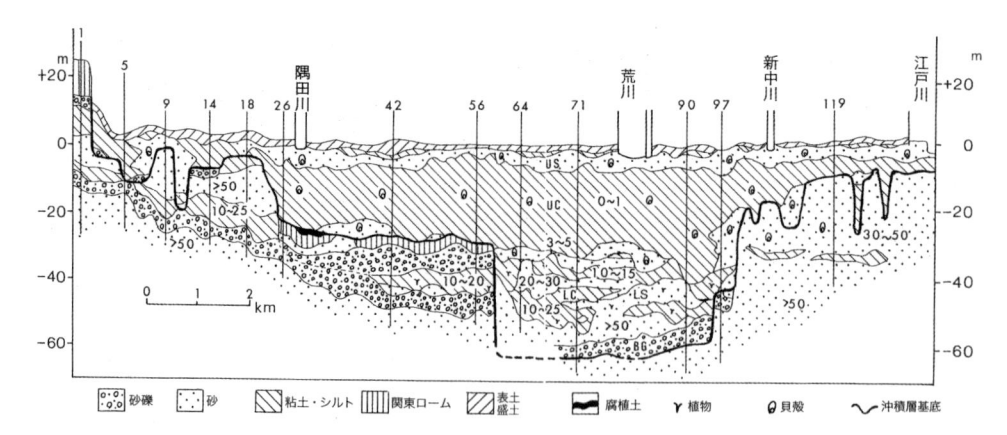

図10 東京低地の沖積層断面（松田2009）

も呼ばれる。

　武蔵野台地と東京低地は標高の違いだけでなく、地盤も土地の成り立ちも大きく異なる。台地の地層は「洪積層」、低地の地層は「沖積層」と呼ばれてきた。洪積層は台地をつくる関東ローム層やその下の砂礫層、「土丹（どたん）」などと呼ばれる固結した地層（図7の東京層など）からなる一方、「沖積層」は軟弱地盤を構成する未固結の砂泥層などを主体とする。

　沖積低地は地下水位も高いため、水田地帯として利用されたり、河川や運河を利用して水上交通が発達したりした土地である。

沖積層の特色

　図10は東京低地の沖積層の東西断面（都営新宿線沿い）を示したものである。これをみると、隅田川の東西で地盤が大きく異なることがわかる。隅田川の西側は沖積層が薄く、浅いところに洪積層が分布する。洪積層が谷状になっている部分では局地的に沖積層が厚くなる。一方、隅田川の東側では厚さ数mの砂層の下に、N値（標準貫入試験）0～2程度の極軟弱な泥層（粘土・シルト）が厚く分布する。これは貝化石を多量に含み、縄文時代前期の約7000年前頃、東京湾が内陸へ大きく入り込んでいたときのもので、「下部有楽町層」と呼ばれる。さらに、荒川の地下では下部有楽町層の下に「七号地層」と呼ばれる砂や粘土・シルトからなる層があり、沖積層がもっとも厚い部分である。七号地層の最下部には礫層があり、「沖積層基底礫層」と呼ばれる。江戸川付近から東側は再び沖積層が薄くなる。

関東地震と災害

　台地と低地で地震の被害が異なることは、1923年の関東地震で注目された。沖積層の軟弱地盤が地震の揺れを増幅させたため木造家屋の被害が大きかった。

武村（2009）や諸井（2008）によれば、関東地震では台地上での震度が5-～5+であったのに対し、隅田川東側の東京低地では震度6+～7に達するところが多かった（図11）。これは軟弱地盤における揺れの増幅によるものである。

　これにともない、住家の全壊率も台地上の旧本郷区で0.7％、（溜池のある）旧赤坂区で3.1％に対し、隅田川東岸の旧本所区で15.6％、旧深川区で8.9％というように大きな差が見られた。東京低地でも隅田川の西岸と東岸で震度や被害が大きく異なっていたのは、沖積層が西岸では薄く東岸で厚いためであった。

　さらに、東京低地では火災の発生により多くの死者を出した。図11で最大の焼死者を示しているのが両国付近（本所被服廠跡）で、隅田川東岸ではそれ以外でも多数の焼死者・溺死者を出した。

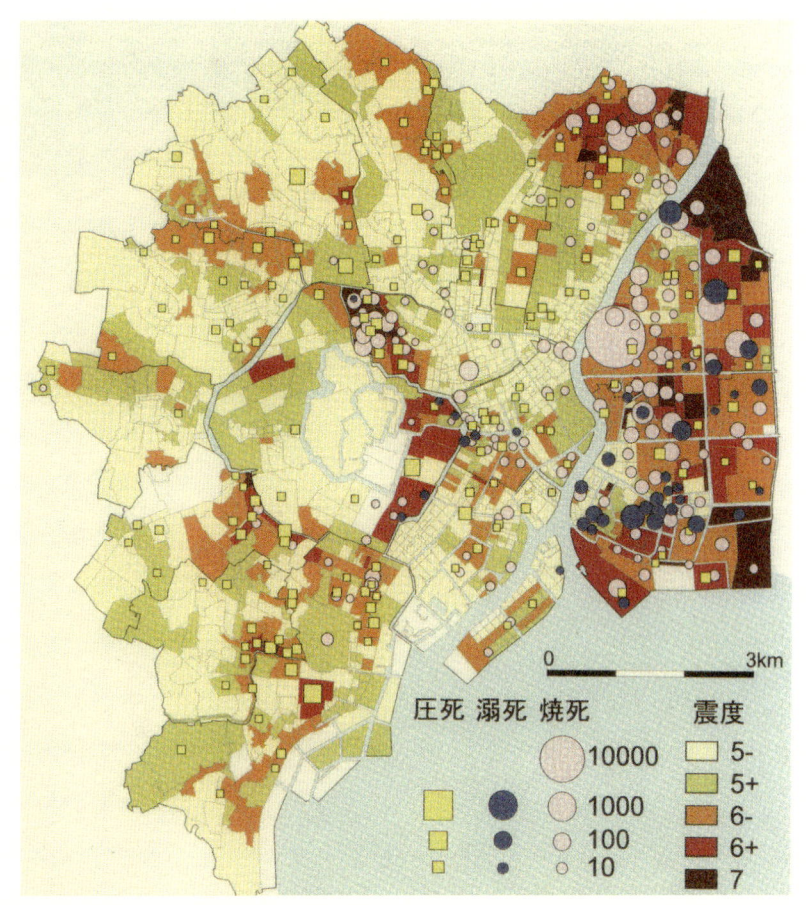

図11 関東地震による死者と震度の分布（武村2009）

5 湾岸エリア

明治時代と現代の地図

　図12と図13は明治10年代と現代の佃島（つくだじま）付近の地図である。図12の中央が隅田川の河口部で、右側中央部が佃島で、住吉神社がある。北側には「石川島監獄署」があるが、これはその後の石川島造船所で、現在は大川端リバーシティ21の西側のブロックである。

　佃島の南側は現在の月島であるが、四角い島状の土地（佃島砲台跡）を除けば陸地はなく、干潟が広がっている。佃島と月島の間の水路は「澪（みお）」で、月島はこの後、隅田川の浚渫土砂により造成され、東京湾埋立1号地となった。

　隅田川の対岸は明石町で、現在は佃大橋を渡ると聖路加（せいろか）タワーなどがある。

周辺の地形

　現在の東京湾岸エリアはレインボーブリッジやお台場をはじめ、モノレールやゆりかもめなどがビルの間を縫って走る開発の最先端である。

　ウォーターフロントの開発は江戸時代のはじめ、隅田川河口の佃島に大阪の佃から漁民が移り住んだことに遡る。佃島の沖には干潮時に干潟があらわれる遠浅の江戸前の海がひろがっていた。

　幕末に黒船があらわれると海の中に砲台（お台場）が築かれた。現在残っているのは品川台場（7箇所）のうち、第3台場と第6台場の2箇所である。

　明治期以降湾岸の埋立が急速に進み、東京湾岸では陸地が10km近く沖合まで前進した。これらの埋立には河川や海底の浚渫土や房総半島

現在は高層マンションが建ち並ぶ佃島（大川端リバーシティ21）

図12　佃島付近　1884年「東京府武蔵国京橋区新湊町近傍」

お台場フジテレビ付近。

の「山砂」などが使われ、夢の島や若洲ではごみによる埋立も行われた。現在は東京湾中央防波堤外側に「埋立処分場」が設けられ、不燃ごみなどの埋立処分が行われている。

沖積層の層厚分布

1923年の関東地震以降、東京では復興局による地質調査でボーリングが行われ、それ以降、ビルや土木構造物の建設に伴うボーリング調査などの膨大なデータを利用して、沖積層の層厚や層相（地層の状態）が非常にくわしく解明された。それによれば、現在の荒川付近で沖積層がもっとも厚く（図10）、荒川河口の江東区辰巳（たつみ）付近では沖積層の層厚は約70mに達する。

軟弱層が厚いと地震時の揺れが増幅され、また建物の固有周期と一致すると共振するため、沖積層の厚い湾岸地域では高層ビルの長周期震動にも注意が必要である。

ゼロメートル地帯

東京低地では戦前から地盤沈下が進行していた。これは工業用水のくみ上げ等により地下の軟弱層が収縮して地面が下がる現象で、地下深くに杭を打った井戸や建物は沈下しないため「抜けあがった」状態になったり、堤防のかさ上げによって海面（海抜ゼロメートル）より低い土地が生まれたりして大きな問題となった。ゼロメートル地帯は沖積層の厚い荒川の両岸に広がり（図14）、積算で最大4m以上も地盤が沈下した。

1960年代ころより揚水規制が行われて沈下はおさまったが、もとの地盤高にはもどらず、「ゼロメートル地帯」を守るために堤防で取り囲み、数多くの水門やポンプが設置されている。

埋立地における液状化

湾岸の埋立地の多くは砂質土による埋立が行われ、地下水位も高いため、地震による液状化の発生が認められる。

1995年の兵庫県南部地震にお

図13　佃島付近　2014年

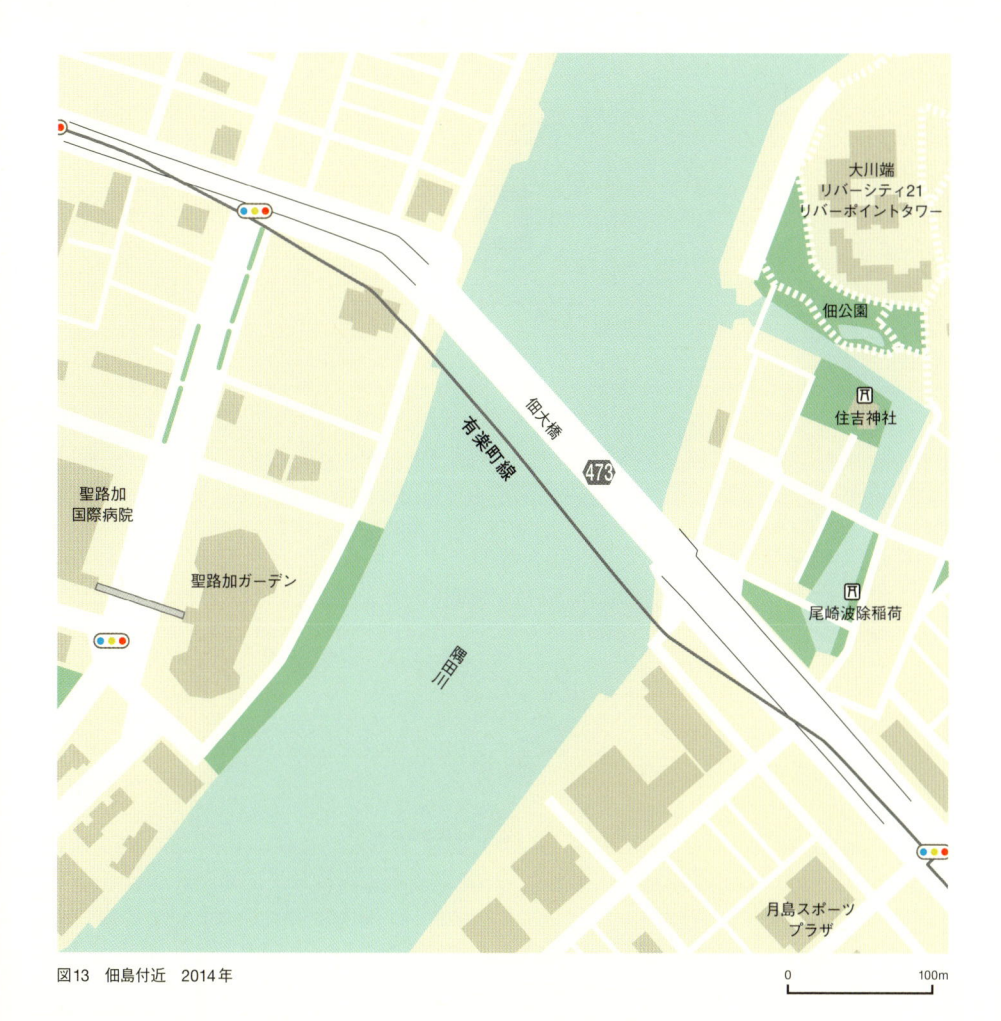

ける神戸ポートアイランド地区や、2011年3月の東日本大震災時における千葉県浦安市での被害が注目されたが、浦安ではそれ以前の1987年千葉県東方沖地震でも小規模な液状化が発生しており、特定の地盤条件の場所でくり返し発生することが指摘されている（若松、2011）。

明治の地図
・『参謀本部陸軍部測量局五千分一 東京図測量原図』(財)日本地図センター1984

文献
・貝塚爽平『東京の自然史　増補第2版』紀伊國屋書店1979（講談社学術文庫2011）
・武村雅之『未曾有の大災害と地震学―関東大震災―』古今書院2009
・芳賀ひらく『江戸の崖・東京の崖』講談社2012
・松田磐余『江戸・東京地形学散歩　増補改訂版』之潮2009
・諸井孝文　第Ⅰ部第2章1.関東大震災、『地図にみる関東大震災』図録（歴史地震研究会編）日本地図センター2008
・若松加寿江『日本の液状化履歴マップ』東京大学出版会2011

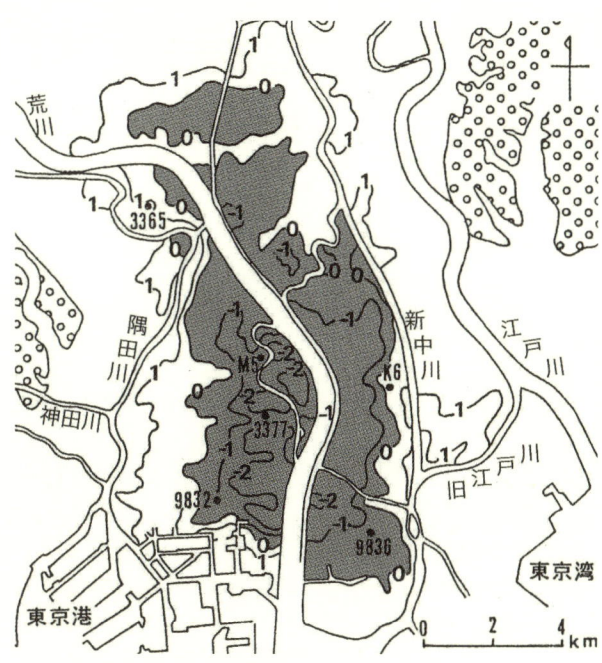

図14　東京低地の地盤高（単位m）（松田2009）

COLUMN

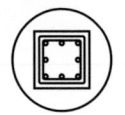

コンクリート

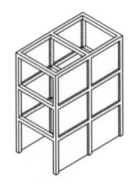

| 耐震壁付きラーメン | 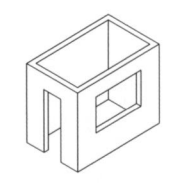 壁式 | 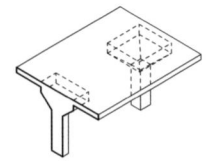 フラットスラブ |
| 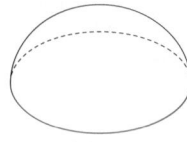 球形シェル | 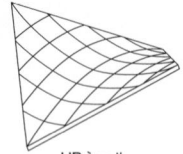 HPシェル |  折板 |

鉄筋コンクリート造による構造形式例

　セメントやコンクリートの歴史は古く、その始まりはB.C.7000年頃と言われる。中国では石材間接合のため石膏モルタルが使われたらしい。火山灰に石灰を混ぜた天然セメントと砂と砕石による「ローマン・コンクリート」でつくられた「パンテオン」(118〜128年)は、今でもローマの観光名所である。

　人工セメントは、1824年イギリスのアスプディン(1779〜1855年)により考案され誕生した。石灰石と粘土を高温焼成して粉砕し、高強度の水硬セメントにする手法は大量生産が可能なため全世界に普及した。

　鉄とコンクリートを組み合わせた鉄筋コンクリートの発明は、フランス人造園師モニエが1867年に鉄線をモルタルで固めた植木鉢の特許をとったことが、始まりとされている。

　コンクリートは、セメント、砂、砂利、水および混和剤を加えて練り混ぜ、硬化させたもので、圧縮力に対して強いが引張力には弱い。一方、鉄筋は引張力には強いが、圧縮力には座屈しかつ熱に弱い材料である。お互いの長所、短所をうまく組み合わせた構造が鉄筋コンクリート構造である。また両者の温度に対する線膨張係数の一致も一体性を可能とした。

　鉄筋コンクリート構造の第一の特徴としては連続した一体構造が構築できることであり、一度型枠、鉄筋を組みコンクリートを流し込むことで任意の形態がつくれる。直線部材から構成されるラーメン構造、アーチ、ドーム、シェルなどの曲率を持つ構造を容易に実現できる。

　第二に材料が安価で施工が容易であるため他の構造に比べて経済的であり、維持管理費も少ない。

　第三に耐久性、耐火性に優れている。

　第四に遮音、断熱、気密性に優れている。また剛性が高く振動障害が少なく、総合的な居住性能が高い。

　第五に短所として、乾燥収縮または地震荷重時でひび割れが発生しやすい。また自重が重い構造物の解体、改造が容易ではない、などが挙げられる。

　通常の建築物に用いられるコンクリートの圧縮強度は、$Fc=24〜30 (N/mm^2)$ が一般的である。一方で1980年代以降RC構造物の高層化の需要が急速に高まり、超高度コンクリートの開発が進んできた現在では、セメントの一部にシリカフュームを置換させ$Fc=100〜140 N/mm^2$の超高強度コンクリートによる超高層住宅の建設が可能となっている。

CHAPTER 10

KANAGAWA

神奈川

横浜大桟橋国際客船ターミナル
横浜ランドマークタワー
横浜赤レンガ倉庫
桜台コートビレジ
東京工業大学すずかけ台キャンパスG3棟レトロフィット
神奈川工科大学KAIT工房
藤沢市秋葉台文化体育館
ポーラ美術館
横須賀美術館
COLUMN：コンクリート

みなとみらい
MinatoMirai

114 横浜ランドマークタワー P.200

- いちょう通り西
- みなとみらい大通り
- 新高島駅へ
- いちょう通り
- 国際大通り
- みなとみらい
- パシフィコ横浜前
- 国立横浜国際会議場
- パシフィコ横浜
- ヨコハマグランドインターコンチネンタルホテル
- 会議センター
- みなとみらい駅前
- クイーンズスクエア横浜
- けやき通り
- さくら通り
- 国際橋
- よこはまコスモワールド
- けやき通り西
- みなとみらい出入口
- カップヌードルミュージアム
- よこはまコスモワールド
- 横浜ロイヤルパークホテル
- 横浜ワールドポーターズ
- 日本丸メモリアルパーク
- 横浜みなと博物館
- 根岸線
- 汽車道
- 横浜駅へ
- さくら通り西
- 16
- 高島駅へ
- 紅葉坂
- TOCみなとみらいビル ニューオータニ
- 日本丸
- 万国橋通り
- 横浜市営ブルーライン
- 桜木町駅前
- みなとみらい線
- 海岸通四
- 本町小入口
- 本町小
- 文
- ワシントンホテル
- 馬車道
- 本町四
- 花咲町二
- 桜木町二
- 桜木町
- 133
- 本町五
- 本町三
- 桜木町一
- 県立歴史博物館
- 大江橋
- 16
- 尾上町五
- 馬車道
- 関内大通り
- 新横浜通り
- 馬車道
- 関内
- 尾上町
- 入船通り
- 218
- 羽衣町
- 尾上町通り
- 日ノ出町
- 横浜市役所
- 大岡川
- 京浜急行本線
- 関内
- 関内駅南
- 吉田中
- 文
- 大通り公園
- 伊勢佐木長者町駅へ
- 不老町

113 横浜大桟橋国際客船ターミナル 神奈川県横浜市中区海岸通1-1 P.198
114 横浜ランドマークタワー 神奈川県横浜市西区みなとみらい2-2-1 P.200
115 横浜赤レンガ倉庫 神奈川県横浜市中区新港1-1 P.201

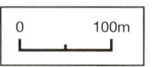

Kanagawa / Yokohama-shi / Yokohama International Passenger Terminal

横浜大桟橋国際客船ターミナル
キールアーチと折板構造により、起伏を表現

ターミナル計画について

「大桟橋」の名で親しまれ、多くの有名客船が着岸する岸壁の老朽化に伴い、新たな「大桟橋」の建設を横浜市が事業主体となって計画した。国際コンペによってイギリス人建築家の案が最優秀に選ばれ実現した。実現した屋根は海のうねりを模す起伏ある地形を表現している。多くの人にとって横浜の港を一望できる海に突出した公園として楽しまれている。公園の下には国際港としての入国管理あるいは関税に関する役所、ボーディングロビーなどの集合スペースがある。上階の施設には、2本のスロープによってアクセスできる。

動線を造る2本のキールアーチ構造

コンペ案ではカードボード（段ボール）構造が検討されていたが、実際には2重構造のボックス断面形状のキールアーチが主要構造を構成している。このキールアーチの断面形状はアーチに沿って変化し、内部は通路として使われている。

折板構造とヒルティ鋲の採用

キールアーチの間に折板構造を架け渡して屋根面に起伏ある地形

桁梁・折板

1／空撮による大桟橋の全体像　2／上部は起伏のある地形となっている　3／内観。折板構造による特徴的な屋根　4／海側から見た突端部　5／海に突き出た広い桟橋は開放的な場となっている

を実現している。そして内部は折板構造によって無柱空間が広がる。天井の折板の表情は美しい。

　折板構造はトラスによって構成され、曲げモーメントには弦材の軸力、せん断力は鋼板が担っている。

　この折板構造の接合方法は、施工性や歪みなどの影響からボルト、溶接は難しく、最終的に採用したのは「ヒルティ鋲」であった。一方向からの施工が可能であり、1本4.5mm径のもので1.5tものせん断耐力をもつ。主要構造部材への使用は初めてのことであった。

　この建築は、コンピュータ解析によって人の流れを計画段階から組み込んで設計された。建築におけるコンピュータの役割は大きかったが、同時に設計を実現したものは、現場における職人の技でもあった。

神奈川県横浜市中区海岸通1-1
建築設計：foa
構造設計：構造設計集団〈SDG〉
施工：清水建設、鹿島建設、戸田建設他
竣工：2002年
構造種別：S造

横浜ランドマークタワー
風を克服したシンボリックタワー

296mの超高層ビル

横浜ランドマークタワーは1993年の開業から2014年まで、日本一の高さを誇った超高層ビルである。最高高さは296mであり、羽田空港に関する航空法の制限内に収まるよう決められた。地上70階、塔屋3階で、オフィス（1階〜48階）の上にホテル（49階〜68階）が配置されている。

平面形は、四角形の角部に菱形を組み合わせたものとし、シンボル性・ランドマーク性を際立たせるため、建物基部から上層部にゆくにつれ縮小する形態とした。また断面方向もオフィスとホテルという全く異なる機能を積層しながら、外観のデザイン、構造ともに超高層として調和のとれたデザインとなっている。この建物は、300mに近い高さではあるが比較的安定した形のため、風荷重が地震荷重と同等以上となり、風に対する配慮がなされた超高層である。

耐風設計

風による揺れ、特に風直交方向の揺れ低減のため、建物固有周期をできるだけ短くしたねじれ剛性の高い架構とし、風による並進とねじれの連成振動を生じにくくしている。具体的には外周部の面はチューブ構造とし、柱梁フィーレンデール（はしご形状）架構とし、各階かつ低層部レベルで隅角部の架構に伝えた。隅角部に荷重を集めることで水平力に対し安定する架構としている。建物の下層部では用途の関係で吹抜け等があるため、8階床以下からSRC造とし強さに加え剛さを持つ構造にしている。

Tuned Active Damper（TAD）

49階以上がホテル用途のため、居住性向上のための制振装置（TAD）が開発され、塔屋に2基設置されている。装置は多段振り子によって吊られた重しに電気制御駆動部を設け建物の揺れを抑えるものである。限られた高さの中で、吊り材を多段において建物固有周期（6秒）に同調させた。吊り材の合計長さが等しい単振り子と同じ固有周期で振動する振り子という基本原理を使いながら、省スペースを実現した制振装置である。この装置により風荷重時（30〜43m/s）の揺れを約35〜40%低減させている。

1／建物全景　2／軸組図　3／主要平面図　4／Tuned Active Damper

横浜市西区みなとみらい2-2
建築設計：三菱地所（現三菱地所設計）
構造設計：三菱地所（現三菱地所設計）
施工：大成建設JV
竣工：1993年
構造種別：S造、一部SRC造、RC造

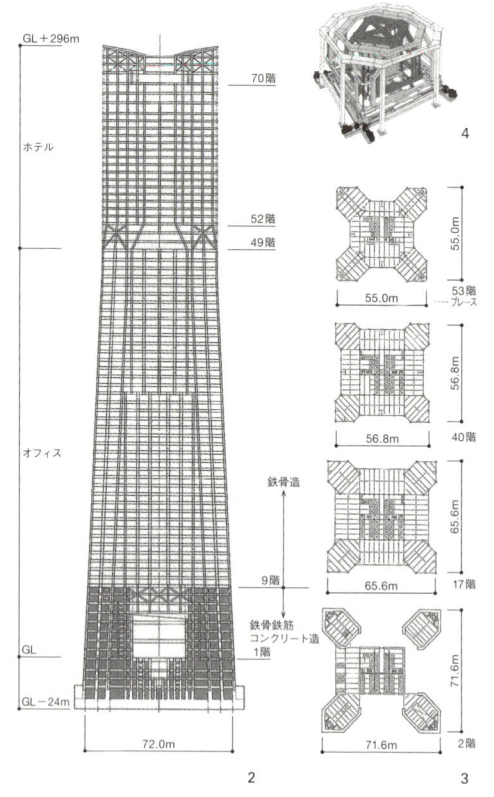

横浜赤レンガ倉庫

碇聯鉄（ていれんてつ）構法による赤レンガ倉庫

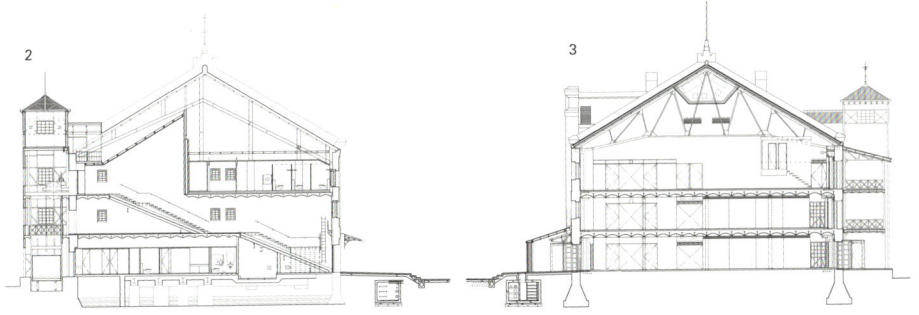

「赤レンガ倉庫」の歴史

欧米文明導入による近代化が進められた幕末の開国以降、お雇い建築家の指導のもと西洋建築の模範として煉瓦造建築が多くつくられた。軍需や鉄道などの近代産業のために全国各地につくられた「赤レンガ倉庫」と呼ばれる施設もその一種である。しかしその多くが被害を受けた関東大震災（大正12年）以降、主役は急激に鉄骨造と鉄筋コンクリート造に取り替わっていく。わずか半世紀程度の短い間に盛んに建設された煉瓦造建築のうち文化財的価値や再活用の可能性を見出されたものは、保存修理や改修を経て現代に残されている。

妻木式碇聯鉄（ていれんてつ）構法

横浜新港埠頭倉庫は、横浜港近代化への港湾整備の一環として建設された2棟（2号倉庫1911年、1号倉庫1913年）の赤レンガ倉庫である。設計者は、コンドルの弟子で官僚営繕を確立した妻木頼黄（よりなか）である。

煉瓦造は漆喰やモルタルを介して煉瓦を積んで壁体をつくるため、構造体としての一体性に乏しい。これを克服するための方法としてコンドル、レスカス、エンデ＆ベックマンらが提唱・実践した碇聯鉄（ていれんてつ）構法や、三井本店（明治35年）や東京駅（大正3年）等で採用された鉄骨補強式煉瓦造がある。碇聯鉄構法は日本において妻木が多用したことから妻木式構法と呼ばれ、本倉庫にも採用されている。煉瓦壁内部に帯状の鉄を水平に積み、鉛直方向に差し込まれた鉄柱で固定することで鉄筋コンクリートのように煉瓦壁を補強し耐震性を高めており、関東大震災では1号館の一部損壊のみに留まった。

保存と活用

1989年に倉庫としての役割を終えた後、保存修理と改修工事が行われ、2002年に文化・商業施設として生まれ変わった。エポキシ樹脂による煉瓦目地補強等の構造補強も行われ、耐震性を高めている。

1／赤レンガ倉庫2号館　2／赤レンガ倉庫1号館断面図　3／赤レンガ倉庫2号館断面図

神奈川県横浜市中区新港1-1
建築設計・構造設計：妻木頼黄（大蔵省臨時建築部）
施工：大蔵省
竣工：1911年（2号館）、1913年（1号館）
保存改修：2002年（建築設計：新居千秋都市建築設計　構造設計：TIS＆PARTNERS　施工：竹中工務店）
構造形式：煉瓦造、一部S造

すずかけ台
Suzukakedai

117 東京工業大学すずかけ台キャンパス G3棟レトロフィット P.205

厚木（下荻野）
Atsugi (Shimoogino)

118 神奈川工科大学KAIT工房 P.206

横浜（青葉台）
Yokohama (Aobadai)

116 桜台コートビレジ P.204

すずかけ台
117 東京工業大学すずかけ台キャンパスG3棟レトロフィット 神奈川県横浜市長津田4259 P.205

厚木（下荻野）
118 神奈川工科大学KAIT工房 神奈川県厚木市下荻野1030 P.206

横浜（青葉台）
116 桜台コートビレジ 神奈川県横浜市緑区桜台33-7 P.204

湘南台
119 藤沢市秋葉台文化体育館 神奈川県藤沢市遠藤2000-1 P.207

箱根
120 ポーラ美術館 神奈川県足柄下郡箱根町仙石原小塚山1285 P.208

横須賀
121 横須賀美術館 神奈川県横須賀市鴨居4-1 P.201

湘南台 Shonandai

119 藤沢市秋葉台文化体育館 P.207

箱根 Hakone

120 ポーラ美術館 P.208

横須賀 Yokosuka

121 横須賀美術館 P.210

Kanagawa / Aoba-ku / Sakuradai Coat Village

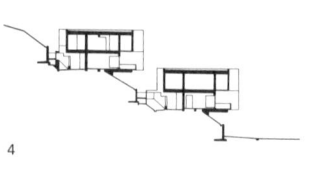

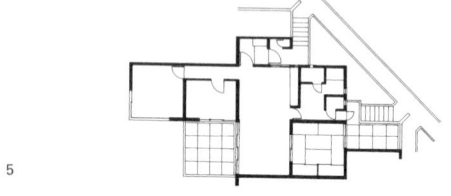

雁行平面、RC壁式構造

桜台コートビレジ
急勾配の斜面に建つ、雁行した壁式集合住宅

コートビレジの敷地

桜台コートビレジは、積極的に丘陵の斜面や自然を残して建築に取り込もうとした先駆的集合住宅である。しかし、この敷地は北に向かって下る丘陵の西斜面かつ平均24度もある急勾配であり、南北に細長く奥行きが短いことから、十分な居住スペースと日照の確保が困難な条件であった。

傾斜地を活かしたユニットプラン

そのため写真に示すように、傾斜に沿って段々に配置された住宅ユニットの軸を斜めに45度振ることで、一戸あたり約80㎡（当時の平均は68.1㎡）の床面積と、南向きを含む三面の開口を獲得している。

隣接する住戸の壁を共有した壁式構造は住戸の連続性を生み出し、バルコニーの視野をコントロールしてプライバシーに配慮している。また、尾根側に配置された擁壁の役割を兼ねるオープンスペースとしての通路は、敷地全体を循環し、迷路のようで子供にとっても魅力的なスペースとなっている。

斜面に対する構造計画

構造形式はRCの壁式構造とラーメン構造の併用であり、3.6m×3.6mの単位ユニットを7個連続させることで各住戸ユニットを構成している。壁や柱型、梁型などを全て同一寸法とし、プレキャスト化することで、傾斜地における施工の省力化と工期の大幅な短縮を計っている。

地盤状態は関東ローム質粘土の地耐力18.5 t/㎡（設計地耐力12 t/㎡）である。できるだけ斜面を残すためには基礎の面積を極力減らして斜面の掘削量を少なくする必要があった。そのためバルコニーをキャンチレバーとし、建物が斜面から離れて空中に浮いている部分が壁柱による部分的ラーメン構造で支え、基礎を分散して、基礎の面積を抑えている。

また、住宅ユニットを斜面に対して45度振ることにより、斜面への接地面積を大きくし、定着性を高めており、建築計画だけでなく構造計画においても合理的である。

1／全景　2／オープンスペースとしての通路　3／全景（空撮）　4／住戸断面図　5／住戸平面図

神奈川県横浜市緑区桜台33-7
建築設計：内井昭蔵建築設計事務所
構造設計：松井源吾+O.R.S
施工：東急建設
竣工：1970年
構造種別：RC壁式構造

Kanagawa / Yokohama-shi / Tokyo Insititute of Technology Suzukake-dai Campas G3 Building Retrofit

RC造、耐震改修

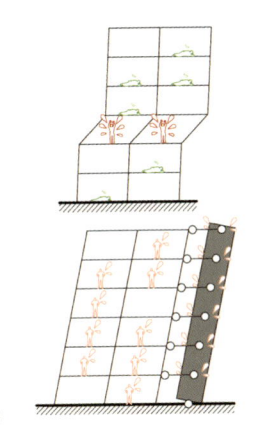

東京工業大学すずかけ台キャンパスG3棟レトロフィット
ロッキング壁による耐震改修

オリジナルデザインの尊重

東工大すずかけ台キャンパスに建つG3棟は、1970年代に建設された高層研究棟の1つである。既存建物は緑の眺望を満喫させる横長連窓の2つのオフィス空間を、3mセットバックした縦シャフトで連結した、モダニズム建築の流れを汲む明快な構成であった。しかし、施設の老朽化、耐震性の不足が問題となり、改修を行うことになった。耐震改修では、G3棟の外壁面がセットバックした、くびれ部分にプレストレスコンクリート製連層壁=「ロッキング壁」を設置し、オリジナルデザインを尊重しつつイメージの更新を行い、最小の操作で耐震性能を向上させる新たな耐震改修手法が実践されている。

心棒効果としてのロッキング壁

同校の緑ヶ丘1号館とは異なり、本建物は柱に充分なせん断補強筋（フープ）が入っていたが、柱より梁が強く、損傷が特定層に集中する危険性があった。そのため、地震エネルギーを全層に分配するロッキング壁が導入された。このロッキング壁は、地盤面とはピンで接合するため、それ自体では地震力に抵抗しない。だが、高張力ワイヤーで初期張力が導入された高強度コンクリートの壁柱が既存ラーメン架構に寄り添うことで、特定階に集中しようとする変形が全層に再分配され、既存建物が持つ潜在的な耐震性能が最大限まで発揮される機能を持つ。また、壁柱脚部の回転を自由にすることで、基礎への負担を軽減し、基礎工事のコスト低減も実現した。ロッキング壁と既存躯体との間には、地震エネルギーを吸収するせん断パネルダンパーが配置され、地震応答を低減する。

本建物は東工大すずかけ台キャンパスの最深部に位置する。同キャンパス内には同じ工法で改修された建物が多く見られる。近くの大学会館「すずかけホール」3階食堂のテンション構造屋根も見応えがある。

1／建物の凹部にはめ込まれたロッキング壁　2／壁には偉人の言葉が刻まれている　3／特定層崩壊（上）と全層への損傷分配（下）

神奈川県横浜市長津田4259
デザインアーキテクト：和田章研究室＋元結正次郎研究室＋坂田弘安研究室＋奥山信一研究室
建築設計：東京工業大学施設運営部＋綜企画設計
構造設計：綜企画設計
施工：浅沼組　施工：1970年
耐震改修：2010年
構造種別：RC造

Kanagawa / Atsugi-shi / Kanagawa Institute Of Technology Kait Studio

水平抵抗柱

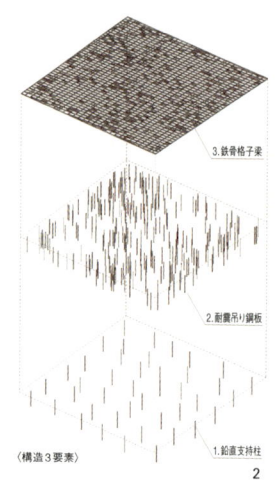

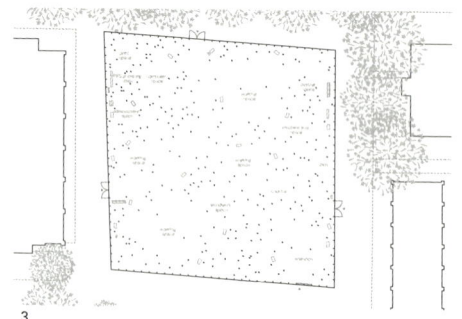

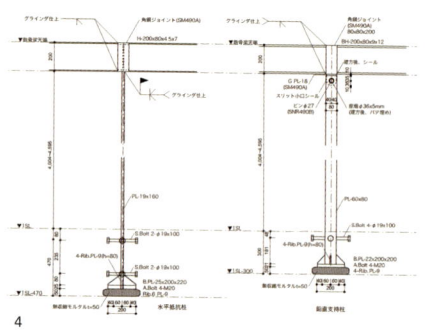

神奈川工科大学KAIT工房
305本の薄い柱が作り出す開放感

曖昧な境界

　神奈川工科大学キャンパス内にある工房施設。歪んだ正方形の平面をした約2,000㎡のワンルーム平屋として計画されている。設計当初からフレキシブルな空間が求められたそうだ。空間には多数の柱が配置されその粗密によって曖昧な境界が作られ、柱の数と空間の開放感のバランスが、この建物のもっとも重要な要素となっていることが分かる。

薄い柱

　一見するとランダムに配置された柱は、多様な断面形状をしているが、構造的には明確な2つの役割が与えられている。1つは「鉛直支持柱」。約8m間隔で配置され座屈防止のため柱幅を55mm以上とした柱で、主に鉛直荷重のみを負担する。梁からの伝達モーメントを遮断し、地震時に過大な応力が発生しないよう、柱頭部はピン接合、一方、柱脚は座屈長さを短くし、耐力を高めるよう剛接合として計画されている。もう1つの役割は「水平抵抗柱」。柱総数305本のうち263本が水平抵抗柱である。本来柱は鉛直、水平どちらも負担するものだが、水平荷重だけを負担するというところにこの建物の特徴が現れている。水平抵抗できるよう、柱頭、柱脚は剛になっているが、それでは鉛直荷重を負担してしまう。薄い柱を実現するにはこの鉛直荷重（圧縮力）が問題となることから、積雪時に発生する圧縮力に相当する力を事前に引張力として導入し力を打ち消し合う方法がとられている。具体的にはプレロードとその除荷により張力を導入するユニークな方法が採用された。

格子梁

　屋根架構は1.5m×1.0mグリッドの鉄骨格子梁とし、複雑な柱配置に対応した2方向の応力伝達が可能なよう計画されている。鉄骨梁は軽量化を目的に溶接軽量H形鋼が用いられ、柱梁の接合部には溶接ひずみを回避するための無垢材が配置されている。なお屋根面内の水平剛性もこの鉄骨格子梁のフィーレンディール効果によって確保している。

1／多数の柱により境界がつくられている様子　2／構造アクソメ図　3／平面図　4／柱頭・柱脚詳細図

神奈川県厚木市下荻野1030
建築設計：石上純也建築設計事務所
構造設計：小西泰孝建築構造設計
施工：鹿島建設
竣工：2008年
構造種別：S造

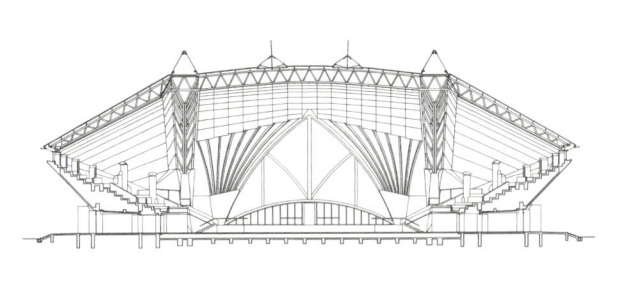

119　Kanagawa / Fujisawa-shi / Fujisawa-city Akibadai Cultural Gymnasium　円筒シェル

藤沢市秋葉台文化体育館
巨大アーチによる大空間

円弧と直線の壮大な空間

大アリーナ、小アリーナ、エントランスの3棟からなる。各棟の屋根はステンレス葺で、光を受けて輝く。エントランス等でつながる大小のアリーナ棟の屋根は、大小の半径を持つ円筒をモチーフとして、切り取った部分を組み合わせることによって空間と形態を形成した。その特徴的な形態から、兜蟹やUFO、カエルなどのさまざまなニックネームで呼ばれ、年間14万人を超える利用者に親しまれている。

屋根の部材の納まり

大アリーナ棟の主構造における特殊性は、キールアーチの部材が立体的に結合する納まりにある。屋根の部材断面をH形鋼で構成したことで、ディテールが難しくなり、何度も試行錯誤したようである。

大アリーナ棟の屋根はスパン90m、ライズ19.75mの2本のキールアーチと、これらの直交方向に架け渡した小梁で構成される。

キールアーチはV型をした2面の垂直トラス梁と1面の水平トラス梁を組み合わせた逆3角形断面で、曲げ応力が中央部で大きくなり、両端に近づくにつれて小さくなることから、トラスの成を中央部で大きくとり、端部で小さくしている。耐火等の要求から脚部は鉄骨鉄筋コンクリートとし、スラストにはアーチ端部間を鉄筋コンクリートのタイビームでつなぎ、引張力で抵抗している。

直交トラス梁

キールアーチと直交方向に架かるトラス小梁は、H形鋼の広幅を用いた上下弦材と中幅のラチス材で構成され、東西にある観客席の外側に架けられ、中間をキールアーチが支持する3径間連続梁になっている。キールアーチ間は梁成を一定でとっているが、キールアーチから外端支点に近づくにつれ、梁成を小さくしている。中間点でのたわみが大きいので、キールアーチ間でむくりがとられた。

この建物における2列のキールアーチ構造は、同じ建築家と構造家の設計による東京体育館において、2列のキールアーチに加え、中央2列の円弧アーチを加えたアーチ構造に発展している。

1／体育館全景　2／大アリーナ内観　3／断面図

神奈川県藤沢市遠藤2000-1
建築設計：藤沢市建設局、槇文彦＋槇総合計画事務所
構造設計：木村俊彦構造設計事務所
施工：間組
竣工：1984年
構造種別：RC造、S造、SRC造

ポーラ美術館
高性能免震と開放的美術館空間の実現

自然の中の美術館

9,500点以上にも及ぶコレクションを展示・収蔵するポーラ美術館は、日本有数の観光地である神奈川県富士箱根伊豆国立公園内の、ブナやヒメシャラ群生の森の中にある(図1)。この土地の動植物生態系を極力損なうことなく、自然環境と共存するために、建物高さは地上8m以下、建設・施工範囲は直径76mの円内に限定された。

美術品を地震被害から守るため、天然ゴム系積層ゴムと鉛ダンパーによる免震構造が採用されている。下部構造は、最大厚さ3mの円形平面の底盤と、最大厚さ2mの傾斜した擁壁を一体とした、鉄筋コンクリート造すり鉢状構造体とした(図2)。底盤との取合い部を基端とする片持ち効果と円周方向のリング効果により、常時及び地震時の土水圧に抵抗する。

高性能免震と美術館空間

美術館本体である上部構造は十字型の平面形で、下部構造体に合わせて上層ほど拡がる建物形態である。十字型の内部空間と三角形の外部空間の境界に、4枚のトラス架構が井桁状に配置された(図3)。

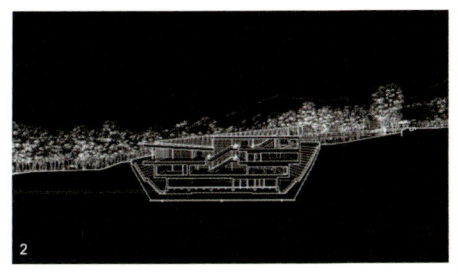

高性能免震、トラス架構、すり鉢状下部構造

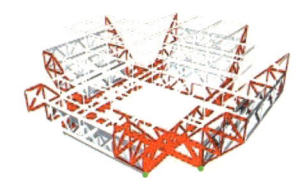

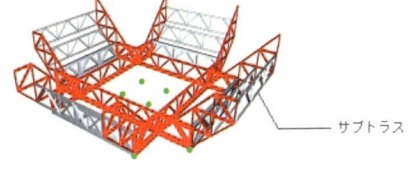

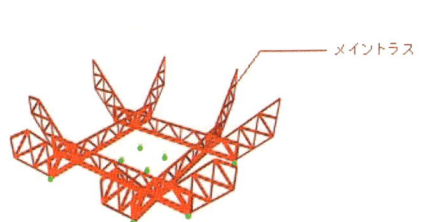

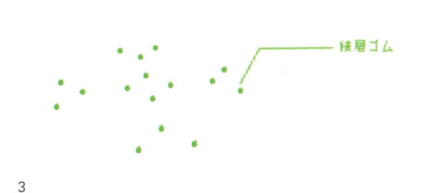

1／建物の高さは周囲の木々よりも低く、森の環境と一体化したような印象を受ける　2／鉄筋コンクリート造すり鉢状構造体の下部構造　3／メイントラス・サブトラスの組合せで、建物全体を16体の積層ゴムで支え、長周期・高性能免震を実現　4・5／光が差し込むアトリウム空間

このメイントラス架構は、上層ほど拡がる建物形態を支持すると共に、最下層においては27mスパンの梁として、建物の支点となるアイソレータ数を削減して長周期化を図り、大地震時の展示室における床水平応答加速度を100cm/s²程度以下に抑えている。メイントラス間の27mスパンには、各階外壁位置にサブトラス架構を設け、トラス架構の地震時上下動は粘性ダンパーとTMDにより、地震応答を1/2〜1/3に低減している。

免震構造とトラス架構の組合せが、地震力から解放された展示室及びロビー空間で象徴的な無耐火被覆の十字型断面柱や、建物を貫くガラストップライトと光あふれるアトリウム空間を実現している（図4・図5）。

神奈川県足柄下郡箱根町仙石原小塚山1285
建築設計：安田幸一・日建設計
構造設計：日建設計
施工：竹中工務店
竣工：2002年
構種別：S造、一部SRC造免震構造

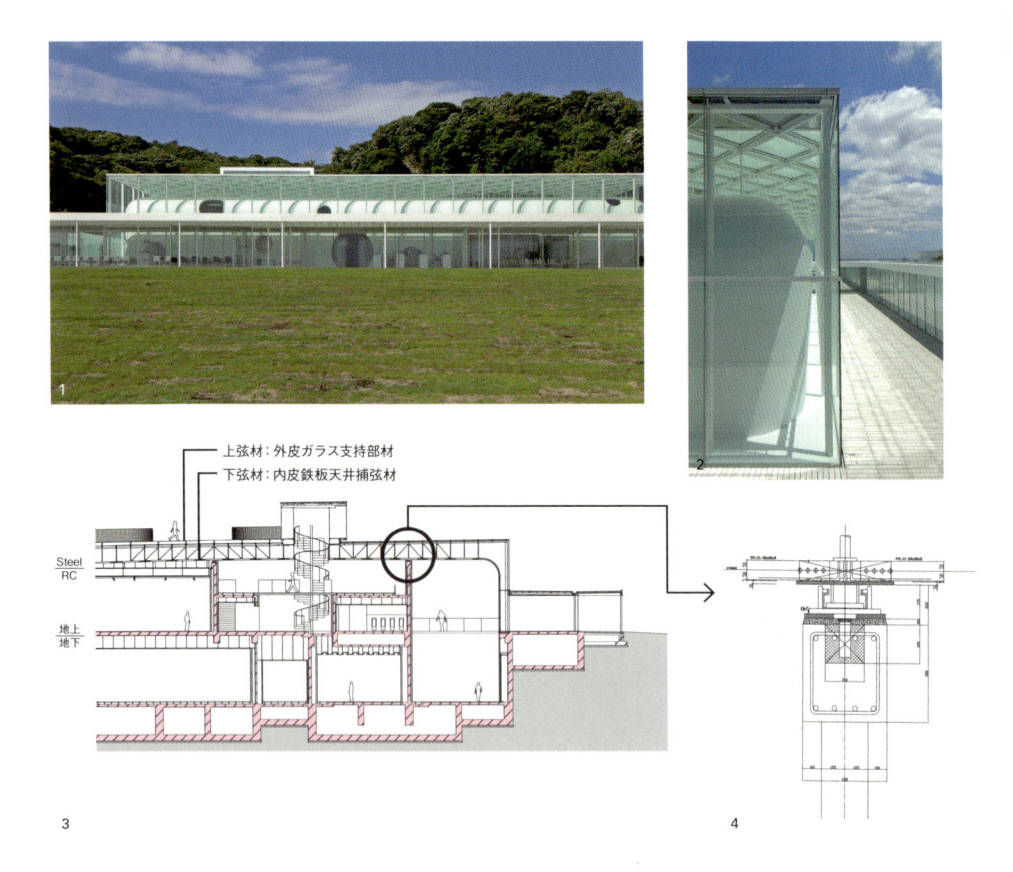

121　Kanagawa / Yokosuka-shi / YOKOSUKA MUSEUM OF ART　温度応力、併用構造

横須賀美術館
ガラスと鉄骨のダブルスキンによる透明感

入れ子状プラン

　緑地と海に囲まれた敷地に建つ美術館。「滞在型美術館」という設計意図で、周辺の恵まれた環境に配慮し、建物半分を地下に埋めて計画されている。その豊かな環境も、収蔵品にとっては、湿気と塩害という負の要因になることがある。この美術館では、デリケートな収蔵庫や展示室をより中心に配置する何重もの入れ子状のプランニングがなされている。

RCと鉄骨の併用構造

　建物半分を地下に埋めたこともあり、主要構造部は鉄筋コンクリート（RC）造としている。一方で、建物は鉄骨とガラスによるダブルスキンでくるまれており、屋根構造だけが鉄骨造となっている。ここで問題となるのが鉄骨の温度収縮、温度応力である。鉄骨部材断面を小さく抑えるには温度応力の発生しない「すべり支承」が必要となる。一方で屋根の地震を下部RC構造に伝えるためには、一定の応力伝達が必要となる。ここでは接合部の摩擦係数を一定値（0.3程度）に管理し、中規模地震程度の水平力に対してはすべらないディテール（図4）を採用し解決している。

ダブルスキンの皮膜

　外皮をガラス、内皮を鉄板で構成したダブルスキンの皮膜は自然環境から内部を守る環境装置として計画されている。内皮鉄板天井のスパンは18mあり、トラス架構によってそのスパンを実現している（図3）。トラスを構成する上弦材は外皮ガラスの支持部材を兼ね、下弦材は内皮鉄板天井の捕弦材として機能している。トラスは格子状に配置された「斜め格子梁」で、上弦材は帯鋼、下弦材は山形鋼、束材・斜材は鋼棒で構成されている。格子梁にすることで、発生応力の分散、均一化と一定の剛性確保が可能となっている。また、本体構造と格子梁を45度で交差させた斜め配置にすることで、屋根面の水平剛性を確保することが可能となっている。

1／芝生広場から見た様子　2／ガラスと内皮鉄板の関係　3／断面図　4／すべり支承詳細図

神奈川県横須賀市鴨居4-1
建築設計：山本理顕設計工場
構造設計：構造計画プラス・ワン
施工：鹿島建設
竣工：2006年
構造種別：RC造、一部S造

CHAPTER 11
CHIBA
千葉

千葉県文化会館
千葉県立中央図書館
ホワイトライノ
千葉ポートタワー
COLUMN：テンセグリティ
幕張メッセ
幕張メッセ北ホール
ファラデーホール
テクノプレース15
東葉高速鉄道船橋日大前駅舎西口
ホキ美術館
マブチモーター株式会社本社棟
BDS柏の杜 出品会場

千葉中央
ChibaChuo

- 千葉中央駅へ
- 本千葉ガード前
- 京成千原線
- 内房・外房線
- 明聖高
- タウンライナー
- 地方裁判所
- 県庁
- 中央四
- 本町二
- 大和橋
- 都川
- 県庁前
- 千葉県庁
- 県警本部前
- 県立図書館入口
- 千葉文化の森
- 市立郷土博物館
- 千葉大学看護学部
- 聖賢堂
- 県警察本部
- 高徳寺
- 本千葉
- 千葉寺駅へ
- 千葉大網線
- 蘇我駅へ
- 神明町
- 港町
- 県立千葉高・中

123 千葉県立中央図書館 P.215

122 千葉県文化会館 P.214

千葉みなと
Chibaminato

- 稲毛海浜公園へ
- 千葉みなと
- 千葉都市モノレール
- みなと公園
- 千葉市役所
- 市役所前
- タウンライナー
- みなと公園
- 千葉中央警察署前
- 千葉みなと駅入口
- 社会年金事務所前
- 千葉中央警察署
- オークラ千葉
- 京葉線
- 中央局前
- 千葉中央郵便局
- 千葉地方合同庁舎
- 蘇我駅へ

125 千葉ポートタワー P.217

千葉ポートパーク

幕張
Makuhari

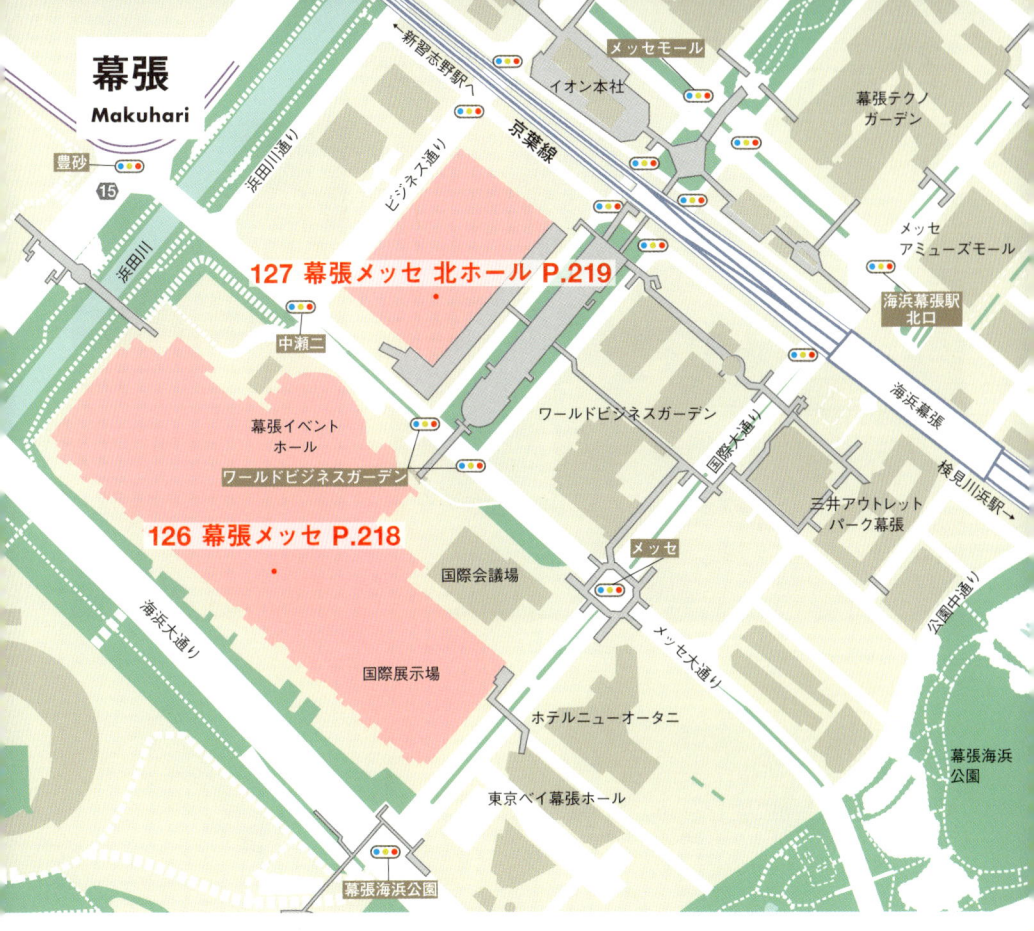

127 幕張メッセ 北ホール P.219

126 幕張メッセ P.218

西千葉
Nishichiba

124 ホワイトライノ P.216

千葉中央

122　千葉県文化会館　千葉県千葉市中央区市場町11-2　P.214
123　千葉県立中央図書館　千葉県千葉市中央区市場町11-1　P.215

千葉みなと

125　千葉ポートタワー　千葉県千葉市中央区中央港1丁目ポートパーク内　P.217

幕張

126　幕張メッセ　千葉県千葉市美浜区中瀬2-1　P.218
127　幕張メッセ　北ホール　千葉県千葉市美浜区中瀬2-2　P.219

西千葉

125　ホワイトライノ　千葉県千葉市稲毛区弥生町1-8　東京大学生産技術研究所内　P.216

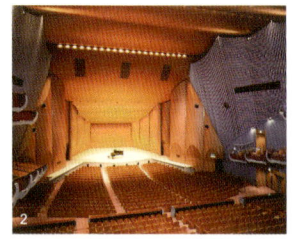

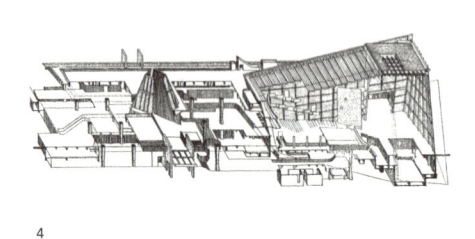

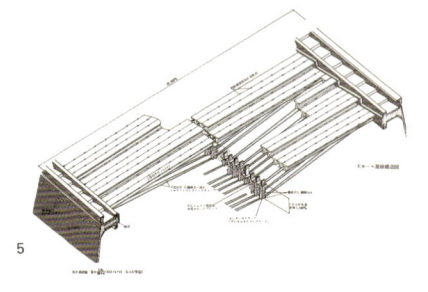

千葉県文化会館
巨大空間を支えるPCトラスとHP曲面壁

大髙正人と木村俊彦による協働

　JR外房線の本千葉駅から徒歩7分ほどのところに、千葉文化の森とも呼ばれる亥鼻（いのはな）公園がある。この公園には建築家・大髙正人と構造家・木村俊彦の協働による、千葉県文化会館、千葉県立中央図書館という2つの有名な建築があり、ほぼ同時期に建設された。

　千葉県文化会館は千葉県立中央図書館の2年前の1967年に竣工した建築で、前川國男事務所から独立した大髙正人が自分の仕事として取り組んだ初めての本格的大規模プロジェクトである。同年の日本建築学会作品賞を受賞している。

大ホールを成立させる構造の3要素

　オーデトリアム、フライ、ホワイエ、ロビーが各々の機能に見合った特徴的なボリュームと構造を有しており、有機的なつながりを持って構成されている。中でも、奥行60m×幅30m×高さ40mの巨大な無柱空間となる大ホールは、特に斬新な構造の提案と丹念な検証がなされている。大ホールの構造は、①屋根を直接支持するスパン30mのPCトラス、②これを支持するHP側壁、③PCトラスとHP側壁をつなぐ縁梁、の3つの要素で構成されている。PCトラスは、上弦材となるレール形断面のPCジョイスト（梁せい540mm）を、下弦材となるPC鋼棒直径24mm×2本がスパン中央のセンターストラットを介して支持するという明解な構成である。PCトラスは両端で縁梁にジョイントされ、屋根荷重を円滑にHP側壁に伝えている。大ホールを囲む側壁は、幅60m×高さ40mの広大な版であり、地震や風には大きな面外方向の力を受ける。この応力と変形を抑制するために、平板ではなく、力学的に効率のよい形であるHP曲面の壁にしている。また側壁が内側へ倒れようとするのをPCトラスが突っ張ることで向かい合う側壁同士がお互いに支え合っている。

　隣接する聖賢堂は、RC格子梁を十字型やI字型断面の壁柱が支えるというストイックな構造デザインがなされており、静謐な空間に秩序と品格を与えている。

1／外観　2／大ホール　3／聖賢堂　4／パース　5／大ホールPCトラスアクソメ

千葉県千葉市中央区市場町11-2
建築設計：大髙建築設計事務所
構造設計：木村俊彦構造設計事務所
施工：戸田建設
竣工：1967年
構造種別：RC造、PCaPC造、S造

123　Chiba / Chiba-shi / Chiba Prefectural center library　　PC構造、プレグリッド・システム

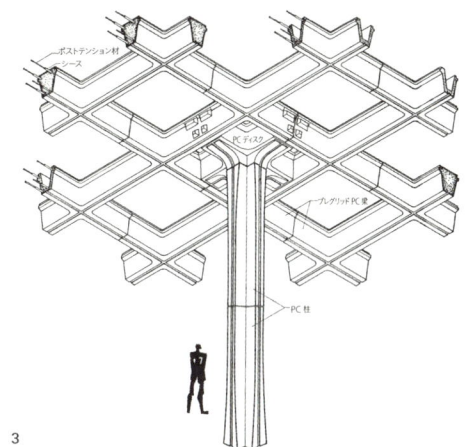

千葉県立中央図書館
プレグリッド・システムによるPC構造

特異な内外観を持つ図書館

　千葉県文化会館の2年後に竣工した千葉県立中央図書館は、V字形断面の「樋」のようなものが2方向に突き出た特異なコンクリート建物である。内部に一歩足を踏み入れると、繊細なコンクリートの格子天井を持つ開放的な空間が広がり、外部に突き出していた「樋」が実は格子梁の一部であることに気づく。普通は柱の直上に梁が取り付くが、この建物では十字形断面の柱が上部で広がってグリッドのマスの中にすっぽり納まることで格子梁を支えているのだ。近づいてみると格子梁にも十字柱にも部材の中間位置に目地が設けられており、現場打ちによって一体的につくられたものではなく、細かいパーツによって組み立てられた構造であることを窺わせる。このような外見上の特徴は、この建物が「プレグリッド・システム」と呼ばれるPC構造でできているが故である。

プレグリッド・システム

　プレグリッド・システムは、建築家大高正人の意を酌み、構造家木村俊彦が創案したもので、標準化された工業化製品としてのPC部材の利点を損なうことなく、少ない部品の繰り返しによって多様で美しい空間を生み出すために考えられた。図書館機能と運搬可能な幅から2.4mのグリッドが設定され、自由な平面を展開していけるよう格子梁＋十字柱を基本要素としたPCラーメン構造が追求された。主要素は格子梁・柱・柱頭ディスクの3種類のみで、工場製作されたのち現場に運ばれ、プレストレスによって部材の中間位置で接合される。格子梁の断面は600mmせいのV字形で、外部型枠が1種類で済むよう外形が統一され、肉厚と配筋のみを変えることで応力の変化に対応できるよう工夫されている。これに薄肉PCa床パネルを載せて構造が完成する。このシステムはその後、木村により少しずつ改良されながら、静岡市農協センター、佐賀県立博物館、1970年大阪万博中央ゲート等に応用されていった。

1／外観　2／十字形PC柱とV字形PC格子梁　3／プレグリッド・システムの基本構成

千葉県千葉市中央区市場町11-1
建築設計：大高建築設計事務所
構造設計：木村俊彦構造設計事務所
施工：戸田建設
竣工：1968年
構造種別：PCaPC造

ホワイトライノ
世界初のテンセグリティ構造で支えられた建築

見せるための骨組み

JR西千葉駅から北へ徒歩5分。東京大学生産技術研究所・千葉実験所内にたたずむサーカステントのような建築「ホワイトライノ」。その中に入ると、見慣れない骨組みが2基、鎮座して膜屋根を支えている。ホワイトライノは世界で初めてテンセグリティ風ではなく、典型的なテンセグリティ骨組みを構造架構として利用することを可能にした建築だ。

テンセグリティは張力による軽量化が可能だが、決して合理的な構造ではない。その独特な形状を鑑賞してはじめて意味がある。見せるための骨組みなのだ。

構造の見所

ホワイトライノでは、最も単純なテンセグリティ骨組みである「シンプレックス」を基本構造として、さらに3本の張力材を追加している。追加された3本の張力材は、外力がかかると「圧縮力」を負担する。即ち、見かけ上の太い圧縮材は3本だが、追加された張力材も圧縮材として機能するために非常に剛性の高い構造となる。

施工時の微妙なコントロールを要求される張力導入作業は、機械式ジャッキやコンピュータ制御などは用いず、作業員が直接ターンバックルをまわす作業を現場でリアルタイムでモニタリングしながら直接指示を出すことによって行われ、複雑な自己つり合い張力が正確に導入された。

明るい内観

透明感のある内観に着目しよう。圧縮材が密に交差しないため、膜屋根を通して日光が邪魔されることなく降り注いでいる。

建物を覆う膜屋根は、テンセグリティ中央からさらに吊り下げられた、空中に浮かぶような1本の束(つか)材によって突き上げられている。この束材は膜屋根とテンセグリティ架構間のインターフェイスであり、大風時に発生する大きな屋根の変形を吸収している。

屋根膜はガラス繊維布を塩ビコーティングしたものにさらに酸化チタンコーティングを施している。

1／建物外観 2／建物内観 3／施工中のテンセグリティ骨組み（赤い線が追加の張材） 4／架構図 5／内観見上げ

千葉県千葉市稲毛区弥生町1-8
東京大学生産技術研究所内
建築設計：藤井明
構造設計：川口健一研究室、太陽工業
施工：太陽工業
竣工：2001年
構造形式：テンセグリティ構造、張力構造、膜構造

Chiba / Chiba-shi / Chiba Port Tower　ハーフミラーガラス、制振構造、チェーンドマスダンパー

千葉ポートタワー
制振マスダンパーを設置した外装のある観光タワー

チューンドマスダンパー（TMD）を初めて取り入れた制振構造

　このタワーの特徴は鉄塔全体をハーフミラーガラスで覆い表現した点にある。当時、構造体をガラスの外装材で覆ったタワーの例はほとんどなく、超高層建築をも連想させるその美しい外観は斬新であった。構造的にはタワー上部にTuned Mass Damper（以下TMD）のダンパーを取り入れた初の制振構造としても注目できる。

　このタワーは、最高高さ124.5mで、上層部に展望室、塔全層に渡ってEV・階段が設置されている。平面形は菱形であるが、主体構造は正六角形であり各辺に梁・ブレースを配置したチューブ構造であり、塔体のねじれに対しても安定した架構となっている。柱断面は直径500～700mmの鋼管、梁・ブレースはH形断面となっている。

　このタワーは、足元が末広がりの一般的な塔の形状ではなく、全体が同じ平面形でかつ外装材で覆われていることにある。よって風荷重が増えまた脚部で踏ん張る柱間隔も小さく、従来のタワーに比べ厳しい耐風設計が求められた。

TMDで強風・地震時の揺れを低減

　構造耐力上は主体構造で十分安全性を確保した計画となっているが、タワー最上部にTMDを設置し風荷重に対して展望室の振動を減少させ、居住性の向上を図った。

　その機構は二方向に移動できるレール上に重りを乗せ粘性体の減衰機構を組み合わせたものとした。TMD重量はタワー重量19,500kNに対しX方向100kN、Y方向150kN、スライド量±1.0mである。

千葉県千葉市中央区中央港1丁目ポートパーク内
建築設計：日建設計
構造設計：日建設計
施工：竹中工務店 JV
竣工：1986年
構造種別：S造、一部SRC・RC造

COLUMN

テンセグリティ

「太い柱が空中にバラバラに浮いた、無重力空間にあるような骨組み」
テンセグリティの見た目を一言でいうならこうなるだろう。構造的には「圧縮材が互いに触れ合わず、自己つり合い力で完結した構造」と表現できる。テンセグリティはその独特な外観から、多くの建築家を惹きつけてきたが、

1. 極端な大変形を生じる
2. 自己つり合い力が複雑に絡み合っている

という2つの性質のため、アートにはなっても、建物を支えるしっかりとした骨組みとして成立させるのは難しく、「テンセグリティ風」の構造を作って、テンセグリティ構造と呼んでいる場合が多い。

　1949年に米国ブラックマウンテンで21歳の若者、ケネス・スネルソンの作った張力アート。この構造を洗練させて「テンセグリティ（テンション＋インテグリティ）」という造語とともに特許をとったのは命名の天才、バックミンスター・フラー（1895年～1983年）だ。トラス構造より部材数の少ない究極の軽量骨組みとなることもわかった。テンセグリティはその後アート、建築、そしてバイオの分野でも特異な骨組みとして知られるようになった。

虎ノ門JTビル前にあるケネス・スネルソンのテンセグリティアート T-Zone Flight（1995年）

幕張メッセ
無柱空間による大型立体展示場

幕張メッセの計画

かつては海浜が広がっていた幕張海岸に、東京ウォーターフロントの先駆けとなる新都心として、商業、住居地域が開発された。見本市の開催はその国の経済や産業活動のレベルを世界に発信し、産業界が商機を見出す場として重要な施設である。当時東京周辺にあった晴海見本市会場は、既に狭小・老朽化していた。幕張メッセは本格的な国際展示場、多目的イベントホール、国際会議場などが統合された施設として、新たに計画された。

国際展示場の構造

国際展示場は54000㎡の展示スペースをもつ一体型の大型展示場である。全長520mの屋根はステンレススティール鋼板で覆われる巨大な翼を思わせる。建築家槇文彦によって従来の展示空間のようなただ平面的に広いだけではなく、立体的に展示が見られるような演出がなされている。可動間仕切りにより8ホールの無柱空間に用途別に分割が可能である。

広大な土間面および複雑な床の構成は、PCを積極的に取り入れ、スパンの拡大、品質の確保、生産性、施工性を向上している。

全体は巨大な屋根が覆う。この屋根の構成は、標準的な断面性能を持つ規格部材を使用して組み立て、1200mの緩やかな曲率をもつアーチ状の立体トラス構造を採用している。

人を迎え入れる赤いひさし

ドームに附随されたエントランスの赤いひさしは、球形のシェルを正方形で切りとった形を3つ並列し各々のシェルの隅4点で支える明快な構造方式がとられた。球形シェルの部材配置はラメラパターンと言われ、部材を螺旋状に組んだシェルである。3つのシェルを連結し、安定を保っている。支点部分にはアーチ構造によって生じる水平方向の力（スラスト）が発生するのでバランスをとるため、基礎相互を連結する梁が挿入されている。このように水平方向に伸びた巨大な空間の配列や構造、工法とさまざまな観点から検討され、建築の表現の基盤を形成していった作品と言える。

1／建物全景　2／俯瞰図　3／内部
4／エントランスの球形シェル

千葉県千葉市美浜区中瀬2-1
建築設計：槇総合計画事務所
構造設計：木村俊彦構造設計事務所、構造設計集団（SDG）
施工：国際展示場（清水建設、鹿島建設他）、幕張イベントホール（大林組、旭建設JV）、国際会議場（大成建設、新日本建設JV）　竣工：1989年
構造種別：RC造、S造

幕張メッセ　北ホール
吊り構造による2つの曲面屋根

吊り構造の屋根

敷地である幕張のウォーターフロントの原風景をイメージとし、単純な1つの曲面ではなく、波のような曲面で構成される屋根が特徴的な建築である。この北ホールの配置は新都心の都市軸であるメッセモールに沿いながら、海側のⅠ期に向かって空間的、形態的な連続性をもたせ、メッセ全体としてダイナミックな新しい風景となることが試みられた。展示ホールの96mスパンの屋根は、鋼鉄の引張に強い特質を積極的、合理的に利用したサスペンション構造（吊り構造）によって支えられている。

展示空間と屋根形状

屋根形状は凹面から凸面に湾曲し、2つの連続曲面により屋根が波打ちながら、軽やかに浮かんでいる。凹面の屋根は高い空間、凸面の屋根は低い空間を与え、2つの異なる展示スペースは展示内容に応じて利用が可能である。

凹面の屋根は「カテナリー」、凸面の屋根は「ウェーブ」と、一種の愛称として呼ばれている。下凸のカテナリーの屋根は浅いので、純粋な引っ張りに加え曲げモーメントによって力を伝達している。そのため部材をトラス梁として曲げモーメントに抵抗し、梁の端部を引っ張ることで張力を与えてトラスの梁せいを3mに抑えている。反力はバックステイが負担する。

上凸のウェーブの屋根は、アーチ形状であるが、ほぼ平坦なので力の伝達は曲げモーメントが支配的となる。96mスパンに対してトラスせいは5～6mとなるので、中間で吊り上げてカテナリー状屋根と梁せいをそろえる。吊り上げる力はバックステイが負担する。

下凸と上凸の異なる形状の屋根の接する部分は2つの形状が重なった剛性の高い梁になっている。

風による振動問題

しかしながら、このような構造方式では屋根部分の剛性が軟らかいために風の問題が支配的になってしまい、常時の風で揺れ動くため、風の挙動を把握することが責務であった。そのため、風を考慮した解析や模型を用いた風洞実験を経て、下地の重量などを調整するといった緻密な作業がなされている。

1／全景　2／俯瞰　3／けんすい曲面の屋根　4／内部

千葉県千葉市美浜区中瀬2-2
建築設計：槇総合計画事務所
構造設計：構造設計集団（SDG）
施工：清水・大林・三井JV
竣工：1997年
構造種別：RC造、S造、SRC造

船橋日大前
Funabashinichidaimae

- 130 東葉高速鉄道 船橋日大前駅舎西口 P.223
- 129 テクノプレース15 P.223
- 128 ファラデーホール P.222

千葉（土気）
Chiba (Toke)

- 131 ホキ美術館 P.224

船橋日大前
- 128 ファラディホール　千葉県船橋市習志野台7-24-1　P.222
- 129 テクノプレース15　千葉県船橋市習志野台7-24-1　P.223
- 130 東葉高速鉄道船橋日大前駅舎西口　千葉県船橋市坪井東1-4-1　P.223

千葉（土気）
- 131 ホキ美術館　千葉県千葉市緑区あすみが丘東3-15　P.224

松戸（松飛台）
- 132 マブチモーター株式会社本社棟　千葉県松戸市松飛台430　P.226

柏（金山）
- 133 BDS柏の杜 出品会場　千葉県柏市金山770　P.226

松戸(松飛台)
Matsudo (Matsuhidai)

132 マブチモーター株式会社本社棟 P.226

史料館
本社第二棟
JFE機材フォーミング
八柱霊園
松飛台駅北側
新東京病院松飛台
千葉県水道局松戸給水場
松飛台
北総線
←東松戸駅へ
大町駅へ→

柏(金山)
Kashiwa (Kaneyama)

133 BDS柏の杜 出品会場 P.226

大津ヶ丘中入口
大津ヶ丘中
大島田柏戸
沼南署
大津ヶ丘中央公園
沼南高入口
大島田
沼南ゴルフ林間コース
藤ヶ谷カントリークラブ
風早工業団地入口
沼南工業団地入口
沼南体育館
藤ヶ谷ゴルフレンジ
区民会館
鳥見神社
塚崎大塚
熊野神社前
南部小入口
風早南部小
如意輪寺
持法院
藤ヶ谷
沼南高柳高入口
高柳大久保台
白井市・八千代市方面へ
折立

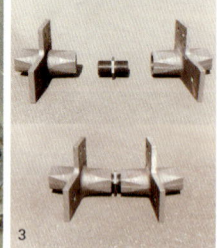

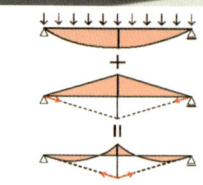

BSSの第一の特徴は、アクティブなストリング。梁の"補強"だけでなく、張力のわずかな加減で梁の応力・変形を容易にコントロールできる。そこでは施工方法がポイントとなり、従来の鉄骨梁につきものの"起り"の考え方も変わってくる。

ファラデーホール
新しい価値を見出され現代に甦った張弦梁構造

古くて新しいハイブリッド構造

　ファラデーホールは日本大学理工学部船橋キャンパス内の「プラザ習志野」の一角、パスカルとダヴィンチの2つの食堂棟と並んだ多目的ホールである。平面約20m角の建物は車輪型張弦梁の円形屋根で覆われている。

　設計当初は通常の格子梁の中央に大きなシャンデリアを吊った内観であったが、理工系キャンパスにふさわしいドラスティックデザインが採用された。車輪型張弦梁構造が目指したものは"集積"をイメージした構造表現とトータルな構造的合理性。1970年当時を席巻していたポストモダンからの脱皮を計る意図もあった。

　かつて19世紀のヨーロッパには曲げ材の補強として同様な構造形式がみられたが、すぐに消滅した歴史がある。その技術を現代的評価によって甦らせた最初の事例。設計者によって提唱されたBeam String Structure（BSS：張弦梁構造）は今日、国際的用語として認知されている。

　BSSの特徴は第一に部材の組合せとデザインの自由さ、第二にストリングによる応力・変形制御。ハイブリッド構造としてのBSSのもつ美しさと合理性の融合は構造家と建築家による多様なプロジェクトの中に展開されている。

システムとディテール

　直径約20mの車輪型張弦梁構造は大きく3つの要素から構成されている。すなわち上部鉄骨梁（H型鋼）、下部張弦ストリング（ロッド）、そして両者をつなぐ中央リング（上弦圧縮リング＋束材＋下弦引張リング）である。32組の張弦梁を放射状に一体化したものと考えると理解しやすい。

　この内特に下弦引張リングは、束材とストリングが集中して立体的に結合されるため、応力的にも幾何学的にも複雑であり、そのデザインには工夫が求められた。ここでは「へ」の字型のリングエレメントを逆ネジが切られた太径ボルトにより互いに引き寄せることで全体のリングを形成する手法がとられている。応力の伝達性能、形状の立体性を考慮して32組のエレメントは鋳鋼製としてある。

1／車輪型張弦梁の様子　2／写真左建物がファラデーホール　3／ハングエレメントを分解した様子　4／PS導入による梁応力の制御概略図

千葉県船橋市習志野台7-24-1
建築設計：小林美夫
構造設計：斎藤公男
施工：大成建設
竣工：1978年
構造種別：S造

129　Chiba / Funabashi-shi / Techno Place15

張力膜

テクノプレース15
ばね内蔵型ストラットの張力膜大屋根

「ショーケース化」された実験施設

　実験そのものを新たな教育・広告媒体として活用し、多様な交流の場を生むことを狙いとして計画された建物である。「ショーケース化」された各教室と、それらを見学、回遊できるような半屋外空間の廊下によって構成されている。

1枚膜の大屋根

　幾つもの諸施設と広場・回遊空間を内包するこの屋根には、機能的・視覚的に開放的であることと、全体の空間構成に統一的秩序を与えることが要求された。その回答としてここでは「ばね内蔵型ストラット」による一枚膜の大屋根が採用されている。屋根形状は円筒形の一部を斜めに切り取った形状で、これをH形鋼の格子梁と1枚の膜によって実現している。

メンテナンスフリーの張力膜構造

　通常、膜で大空間を覆う場合、負担面積に応じた圧力や張力が必要となり、その張力維持管理が大きな課題とされている。しかし、ここでは膜面の製造幅から決まる幅約4mグリッドの格子梁を配置し、膜を細かく領域化することで、各膜面の荷重負担面積を小さくしその問題を回避している。さらに、膜面をストラットでわずかに突き上げることで、初期張力を導入、安定させるような工夫がなされている。通常、膜を使用する場合、常に付きまとう問題として応力弛緩（リラクセーション）があり、張力を再導入するための仕組みが必要となる。これに対し、ここではストラットにばねを内蔵、ばねの伸び縮みにより常時安定する形態を形成、張力を維持し続けるシステムが採用された。

千葉県船橋市習志野台7-24-1
建築設計：坪山幸王＋梓設計
構造設計：梓設計＋斎藤公男
竣工：2002年

130　Chiba / Funabashi-shi / Toyo Rapid Railway FunabashiNichidaimae Station building west exit

スケルション構造

東葉高速鉄道船橋日大前駅舎西口
スケルション構造による明るく軽快な空間

明るく開放的な駅舎空間

　建物の基本コンセプトには「明るく開放的な近未来の駅舎空間」を掲げ、地下鉄駅舎でありながら展示などに用いられる多目的スペースなども併設する3層構成の建物である。上屋部分にあたるスパン約20mのコンコース空間は張弦梁とスケルション構造によって明るく軽快な空間を獲得している。

スケルション（SKELSION）構造

　Skelton（骨組）とTension（張力）の組み合わせによる造語。比較的剛性の低い架構を立体的に統合した引張材によりバランスさせることで、鉛直・水平荷重に有効な立体架構を作り出すあやとりのような構法のこと。鉛直荷重に強い張弦梁構造と水平力に効く傾斜ブレースを立体的に組み合わせることで互い

のPS（プレストレス）が自碇式に釣り合うようなバランス構造を形成することが特徴である。通常は引張にしか抵抗しないブレースは、プレストレスが消失しない限り圧縮材として機能し、水平力に対する架構全体の変形を抑える。また、鉛直荷重に対する柱脚のスラスト（水平反力）はブレースで処理し安定することから、仮設建築などの転用においても有効な構法と考えられている。

立体ブレースへのPS導入方法

　1番の課題であるテンション材へのPS導入は"フェイスジョイント"と呼ばれる2枚のプレートの隙間をボルトの締め付けにより密着させることで6本のブレースに同時にそして容易に所定のPSを導入する仕組みとなっている。

千葉県船橋市坪井東1丁目
建築設計：伊澤岬＋日本鉄道建設公団＋パシフィックコンサルタント
構造設計：斎藤公男
施工：奥村組・福田組JV
竣工：1995年

ホキ美術館
30mの片持ち鋼板構造

250mmのサンドイッチ構造

　この建物は、プレーンでシームレスな鋼板構造と鉄筋コンクリート薄肉床壁構造を採用した写実細密画の美術館である。2カ所支持で浮かせた長さ100mの北側1階部分に鋼板構造を、他の部分にRC薄肉床壁構造を採用している。

　緩やかにカーブした鋼板構造は2枚の壁と2枚の床（屋根）が主構造で、壁面・天井面は鋼板があらわしとなり、仕上げ面を構成する。片側に箱形断面を構成し、ねじりに抵抗するキールとなり、東にむかって30mの片持ち構造を実現している。

　主構造の壁と床は中骨と2枚の鋼板からなるサンドイッチ構造である。2枚の鋼板間隔は面外力学性能とダクト機能や配線のため250mmとしており、中骨はH-250とC-250としている。また、この中骨に加え、鋼板の面外性能向上と座屈補剛から4.5mmの軽量溝形鋼を使用している。補剛材である軽量溝形鋼は内側からの断続すみ肉溶接と外側からの孔溶接（プラグ溶接）にて鋼板とつないでいる。また、軽量溝型鋼と孔溶接を用いて座屈補剛された鋼板パネルの性能確認のための実験も実施された。

構造概念図

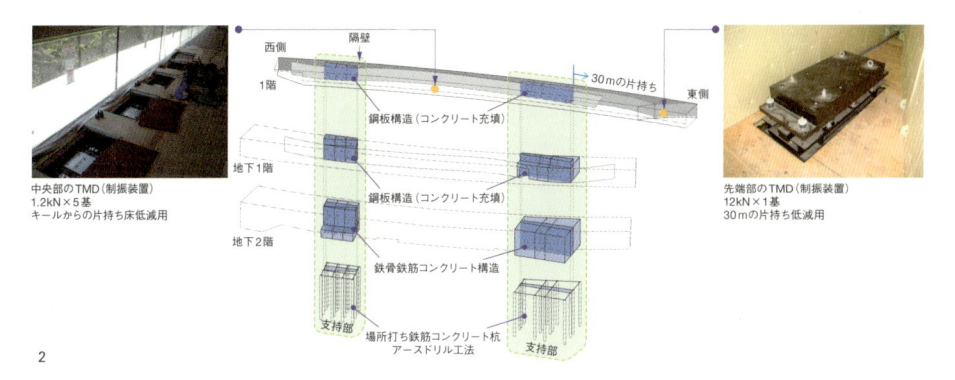

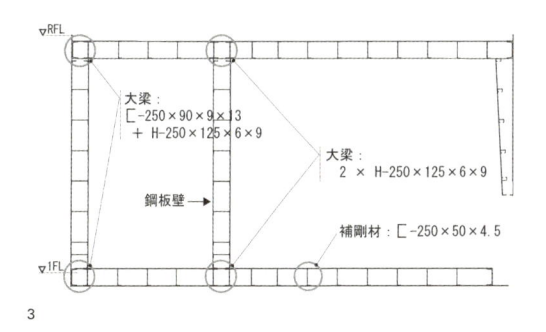

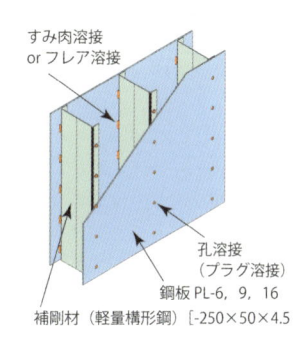

2／構造概念図

中央部のTMD（制振装置）
1.2kN×5基
キールからの片持ち床低減用

先端部のTMD（制振装置）
12kN×1基
30mの片持ち低減用

3／鋼板構造断面図

大梁：
[-250×90×9×13
+ H-250×125×6×9

大梁：
2 × H-250×125×6×9

鋼板壁

補剛材：[-250×50×4.5

4／サンドイッチ構造溶接要領

すみ肉溶接 or フレア溶接
孔溶接（プラグ溶接）
鋼板 PL-6, 9, 16
補剛材（軽量構形鋼）[-250×50×4.5

1／30m片持ち部　2／構造概念図
3／鋼板構造断面図　4／サンドイッチ構造溶接要領　5／内観写真
写真1・5：野田東徳／雁光舎
（のだ・はるのり／がんこうしゃ）

鋼板板厚は6mmを基本とし、仕上げ内で板厚差が外に表れない床・屋根上面に応力に応じ9mm、16mmの鋼板も使用している。

2カ所の支持と制振装置

100mにのびる鋼板構造を東側と西側の2カ所で支持させ、先端と支間を浮かせている。30mの片持ちを受ける東側は階段でもあるが、高流動コンクリートを充填したサンドイッチ鋼板で十分な剛性・耐力を確保している。また、転倒抵抗確保のため、地下においてはアウトリガー状に十分なスタンスをとり、高い剛性・耐力確保から、東西支持部直下は場所打ちコンクリート杭で支持させている。先端部には12kNの制振装置（TMD）を設置し、居住性能を確保している。

千葉県千葉市緑区あすみが丘東3-15
建築設計：日建設計
構造設計：日建設計
施工：大林組
竣工：2010年
構造種別：S造、RC造、一部SRC造

132 Chiba / Matsudo-shi / Mabuchi Motor Company Global Headquarters

ハイブリッド構造、免震構造

マブチモーター株式会社本社棟
CFT＋PC床版、免震構造による大スパン無柱空間

複合機能を持つ大スパンPC床版

　小型モーター製造販売の大手、マブチモーター株式会社の本社棟である。4層に積層されたオフィス空間には、33.6ｍもの大スパンを架け渡すリブ付のプレストレストコンクリート（PC）床版が採用され、1500㎡の大無柱空間を生み出している。また、その緊張力を生かして床構造と4.8ｍピッチで配置された外周柱（CFT）を一体化するハイブリット構造を実現している。この構造システムの採用により、中央アトリウムを介して東西のオフィスが向き合い、ワークプレイス全体の雰囲気が瞬時に感じ取れる空間となっている。

　PC床版の下面は、緩やかな曲面形状となっており、そのまま露出天井として、アンビエント照明の反射面に利用し、奥行きの深いオフィスの天井に変化をもたらしている。合わせて、床版のボイド部分は空調の還気流路として、夜間はこの空間に外気を逆流させて夜間冷気による躯体蓄熱を行っている。

免震構造とファサード

　地下には振動低減を目的として94基の免震装置が配置されている。大スパンで問題となる鉛直振動に対しては、制振用粘性ダンパーがスパン毎に4本用意されており、床の振動を抑えることができる。本建物は、CFT＋PC床版による超大スパンのハイブリッド構造と、免震構造を組み合わせることで、かつてない一体型の大空間を創出した好例と言える。建物内に入ることはできないが、敷地内は庭園として一般にも開放されている。環境配慮型のガラスファサードも美しい。

緑色の柱が制振ダンパー

千葉県松戸市松飛台430
建築設計：日本IBM、日本設計
構造設計：日本設計
施工：清水建設
竣工：2004年
構造種別：SRC造

133 Chiba / Kashiwa-shi / BDS kashiwanomori auction place

膜構造

BDS柏の杜　出品会場
2万3000㎡の巨大膜屋根展示場

5000台のバイク展示場

　バイク専用の完全会員制オークション会場である。バイクの配置より求めた6×6.8ｍの基準ユニットを組み合わせたB種膜のテント構造を採用している。B種膜は軽量かつ高強度な素材である。また、日射調整装置としても優れており、内部空間に対して適度な明るさを確保できる。膜構造システムにより、出品会場は部品の露出したバイクを守るとともに、明るく風通しが良いため整備作業が行いやすい。会員が出品されたバイクを全て見渡して探せる空間を創り出すことが可能になっている。

自立型の膜屋根ユニット

　1000㎡以下のユニットの集団を1ブロック、3000㎡のブロックの集団を建物とすることで、建物、ブロック、ユニットの順に大・中・小の明快なアドレスが与えられている。最大長さ350ｍ、幅100ｍに及ぶ会場のユニット数は600個近く存在する。1000㎡の1ブロックの外周には、鉄筋コンクリート造の柱と角型鋼管の水平梁が配置され、膜体の水平力を分担している。ブロックを構成するユニットは、鋼棒と鋼管による突き上げ機構によりホルン型のテントを形成しており、独特の空間を生み出している。ユニット谷部の鋼管の柱は、テントの浮き上がり防止と雪荷重への抵抗を目的とするが、内部は縦樋、電線の導管であり、設備支柱でもある。柱頭部はロート状の膜体のドレーンとなっており、床から脚立で掃除、メンテナンスできる仕様になっている。

　海外は元より、日本でも類例のない大規模B種膜構造建築物である。

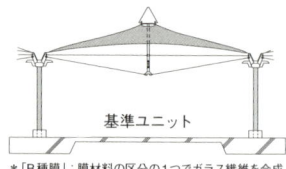

基準ユニット

＊「B種膜」：膜材料の区分の1つでガラス繊維を合成樹脂でコーティングした膜材料

千葉県柏市金山770
建築設計：アトリエ・K
構造設計：斎藤公男＋空間構造デザイン研究室（協力：構造計画プラスワン）
施工：竹中工務店
竣工：2007年
構造種別：S造、膜構造

CHAPTER 12

OTHER METROPOLITAN AREAS

首都圏その他

水戸芸術館
埼玉県立大学
西武ドーム
立教学院聖パウロ礼拝堂
立教学院太刀川記念交流会館
立教大学新座キャンパス新教室棟4号館・8号館
立教大学新座キャンパス6号館
COLUMN：木

水戸
Mito

134 水戸芸術館 P.230

越谷(せんげん台)
Koshigaya (Sengendai)

135 埼玉県立大学 P.231

水戸
134　水戸芸術館　茨城県水戸市五軒町1-6-8　P.230

越谷(せんげん台)
135　埼玉県立大学　埼玉県越谷市三野宮820　P.231

西武球場
136　西武ドーム　埼玉県所沢市上山口2135　P.232

志木
137　立教学院聖パウロ礼拝堂　埼玉県新座市北野1-2-26　P.233
138　立教学院太刀川記念交流会館　埼玉県新座市北野1-2-26　P.233
139　立教大学新座キャンパス4号館・8号館　埼玉県新座市北野1-2-26　P.234
140　立教大学新座キャンパス6号館　埼玉県新座市北野1-2-26　P.236

西武球場
Seibudome

136 西武ドーム P.232

志木
Shiki

139 立教大学新座キャンパス4号館・8号館 P.234
138 立教学院太刀川記念交流会館 P.233
137 立教学院聖パウロ礼拝堂 P.233
140 立教大学新座キャンパス6号館 P.236

134　Ibaraki / Mito-shi / Art Tower Mito　　　無限ラセン、チタン

1／シンボルタワーの全景　2／施工の様子　3／一体成型となったヘクサポット　4／タワー基壇部分足元の四面体を地面に対して38度傾けることでタワーの軸線を垂直にしている。

水戸芸術館
80年代のポストモダン建築の集大成

高さ100mのシンボルタワー

　水戸の街の中に一際目を引く空高い塔が現れる。日本を代表する建築家、磯崎新による作品である。竣工は1990年、80年代に流行したポストモダニズムを象徴するような建築と捉えることができる。

　最もそのことを特徴付けているのが、高さ約100mの塔である。一辺9.6mの正四面体を28個積み重ねた形態になっている。もともとこの形状はイサム・ノグチが若い頃にバックミンスター・フラーと旅した際に、退屈しのぎにつくったものがモデルだと言われている。

　正四面体を水平面に対して約38度傾けて、後は順次2つに組み合わせた正6面体を回転するように重ねていくと、1本の垂直軸の回りを各頂点が3重螺旋を描くように空中に昇っていく。その様子は水戸市の将来への無限の成長を象徴している。

三角形で構成される塔の構造

　塔の構造要素である正四面体は全ての面が正三角形でつくられている。多くの建物が柱や梁などで四角形を構成しているのに対して、全て3角形で構成されているこの塔は軸力伝達型で構造的にも効率がいいといえる。

　実際に設計された塔の構造は、稜線部分に配置された直径500mm、厚さ21～60mmの鉄骨のパイプ材と、それらが取りつく接合部で構成されている。1つの接点に厚みを持った6本のパイプが角度をつけながら集まるという接合部の問題に対しては、6本足の鋳物で一体形成することにより解決した。

　基壇部分は鉄骨鉄筋コンクリート造の強固な構造となっており、さらに地下室は周囲の駐車場部分と一体となることで転倒モーメントに抵抗する役割を持つ。

複雑な構造ディテール

　基壇部分の正四面体の構造は、下部で大きな正三角形平面のSRC造の構造体につながっている。

　細部の納まりなど、構造設計者のこだわりが表現された多彩な構造ディテールは必見である。

　内部にはエレベーターがあるので、塔の構造をじっくり見ながら頂上まで上がるのもこの建築の楽しみ方の1つかもしれない。

茨城県水戸市五軒町1-6-8
建築設計：磯崎新アトリエ、三上建築事務所
構造設計：木村俊彦構造設計事務所、横山建築構造設計事務所
施工：鹿島建設、大成建設他
竣工：1990年
構造種別：チタン造

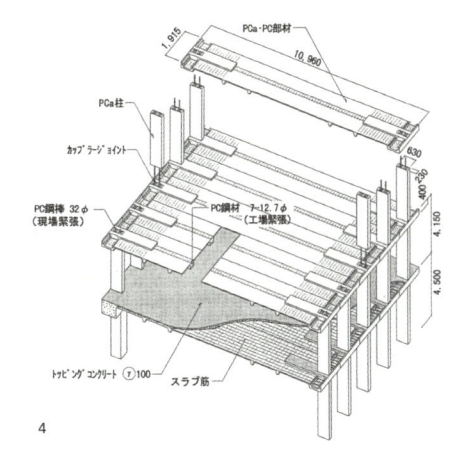

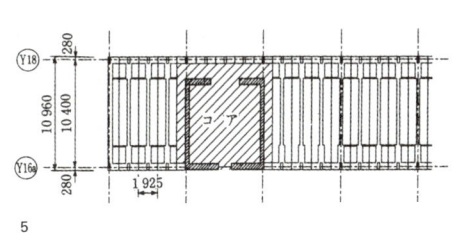

135 Saitama / Koshigaya-shi / Saitama Prefectural University　　併用構造、フィーレンディール

埼玉県立大学
空間に構造を溶け込ませる

適材適所の構造形式

建築面積約34,000㎡、延床面積約54,000㎡という広さを持ち、異なる用途の建物が数棟分かれて配置された大学施設である。「地域に開かれた親しみのある施設とする」ことを基本理念としており、それに基づいて設定された構造計画は「できる限り構造体を目立たせず空間の中に溶け込ますこと」であった。

エントランス屋根で目を引く、鉄骨によるフィーレンディール架構や、内部吹き抜け空間の細い鉄骨柱から、鉄骨造による建物と想像しがちだが、実際はプレキャストプレストレストコンクリート（PCaPC）と現場打ちコンクリート（RC）、鉄骨造による併用構造として計画されている。水平力を負担する構造をPCaPC/RC造による耐震壁付きラーメン構造とし、そこに鉛直荷重のみを負担する鉄骨部材を併用することで「空間の中に構造を溶込ませる」ことが試みられている。大部分の水平力を耐震壁に負担させることで、柱梁断面を小さくする事が可能となる一方で、耐震要素がいわゆる「壁」となるため、平面計画上の自由度を阻害したり、立面デザインに大きな影響を与えたりすることがあるが、この施設のどこに耐震コアが隠されているかを考えながら見学しても面白いだろう。

－PCaPCによる構造－

部材断面の小ささや部材数の多さ、要求される躯体の精度、品質から、PCaPC造が採用されている。スパン10.4mのラーメン構造を構成する柱は230×630の偏平断面、梁せいは400mmとし、運搬を考慮した間隔1,925mmで並べられている。床と梁は一体的にプレキャストされており、水平剛性を確保するため、上面に現場打ちコンクリートが打設された。

体育館の構造にもフィーレンディール架構が用いられている。しかし部分的に引張りブレースが配置されており、ここでも部材断面を小さくし、構造を目立たせないようにしようという意図が見え隠れする。

1／エントランスの様子　2／体育館のフィーレンディールとブレースの様子　3／フィーレンディールを吊りこんでいる様子　4／PCアクソメ図　5／コア配置平面図

埼玉県越谷市三野宮820
建築設計：山本理顕設計工場
構造設計：織本匠構造設計事務所、構造計画プラス・ワン
施工：大林・日本国土・株木・ユーディケー特定建設工事共同企業体、東急・和光・川口土建特定建設工事共同体、三井・三ツ和・松永特定建設工事共同体、高元・スミダ・野尻特定建設工事共同企業体
竣工：1999年　構造種別：SRC造、RC造、S造、PcaPc造

西武ドーム
野外球場に大屋根を後付けする

V字柱のみで支持された屋根

　バブル経済が終わり、新築の大型プロジェクトがなくなると、既存の球場に屋根をかける技術が注目されるようになった。西武球場は豊かな自然と開放感で長年親しまれてきた屋外球場だったが、そこへ、大屋根を架けることになった。球場の魅力である開放感を損ねないように、屋根はV字柱のみで支持され、屋内外を隔てる壁はなく内外の空間は連続している。中央部分は開放感のある透光性の膜屋根を採用している。

2期にわたる屋根の建設

　球場はペナントレースと日本シリーズで使用されるため、施工期間は極端に限られていた。大屋根架設は短いオフ期間を使って2年越しで成し遂げられた。2回の分割建設に対応して、屋根構造も鉄板葺きのドーナツ型外周鉄骨屋根と、骨組み膜構造の中央部屋根とに分割して設計された。

　第1期の施工は1997年末のシーズンオフ。周囲のドーナツ型の鉄骨屋根（外径220m、内径145m）が架設された。内側の圧縮リングと外側の引っ張りリングを結ぶ階段状のトラスは、観客席に仮設構台が建てられないため、迫出し工法で自立しながら組み立てられ、高所作業の足場も兼ねた。

　1998年末の2度目のシーズンオフには、グランド中央に単層グリッドの骨組み膜屋根（直径145m）が地組みされた。中央部屋根の形状は球面の一部で地球儀のように経線、緯線のグリッドで構成されている。このため、格子を構成する鋼管部材（直径558.8mm、t-14）は交点で直交し、約300点ある交点に用いられる鋳鋼製ジョイントは一種類だけですんでいる。

　屋根膜の展張を終えてから、ドーナツ型の外周鉄骨屋根上に設置された100台のジャッキを使ったジャッキアップ工法によって中央部屋根を吊り上げ（総重量2,100t）、外周鉄骨屋根の中央部に固定して大屋根が完成した。

1／外観　2／内観　3／1998年の状態
4／膜屋根を支える骨組みの鋳鋼製のジョイント

埼玉県所沢市上山口2135
建築設計：池原義郎・
　　　　　KAJIMA DESIGN
構造設計・施工：鹿島建設
竣工：1999年
構造種別：鉄骨＋テンション膜構造（屋根構造）、S造（下部構造）

137 Saitama / Niiza-shi / Rikkyo St.Paul's Chapel

鞍形形状、クロスアーチ、色ガラス

立教学院聖パウロ礼拝堂
鞍形形状のクロスアーチ構造

象徴的な立体鞍形状の形態

本建物は立教大学新座キャンパスの中心に位置し、正門の軸線上に配置されている。鞍形形状の形態が、キャンパスに訪れた人々を優しく招き入れる。クロスアーチを主構造とし、コンクリート打放し仕上げである。この曲線は、均等鉛直荷重に対し曲げを最小化する放物線の形状である。

設計当初は鞍形シェルを重ねたクロスヴォールトの繰り返しの構造だったが、薄肉シェルが厚肉となり、各々のヴォールトの縁に補強用の梁形リブが必要になった。最終的にはこのリブに鉄骨が入った鉄骨鉄筋コンクリート造の鞍形形状クロスアーチ構造となっている。高さと幅約13m、奥行き44.3mで、収容席数は500席である。

クロスアーチと曲面形状の荘厳な教会内部空間

内部空間は、クロスアーチの力強さと鞍形形状の立体的な曲面から荘厳な印象を受ける。またレーモンド夫人の作品である赤黄青の色ガラスをコンクリート板に埋めこんでいる。壁面からは鮮やかな光が降り注ぎ、西欧中世の教会を思わせる。建物全体が、レーモンド夫妻によって作られた芸術品とも言える。

南側の五角形の平屋の回廊のフラットなRC屋根、それを受けるプレキャストコンクリート造細柱、調和のとれた心地良い構造となっている。回廊中央の鐘楼は1968年に完成した。

ヴォールト屋根面は竣工後、防水工事が行われ現在の姿となっている。

埼玉県新座市北野1-2-26
建築設計：レーモンド建築設計事務所
施工：清水建設
竣工：1963年
構造種別：RC造（クロスアーチのみSRC造）

138 Saitama / Niiza-shi / Tachikawa Commemorative interchange building

木造集成材、エコウォール、省エネ

立教学院太刀川記念交流会館
木造とRC造を融合させた環境配慮型建築

耐震性と自然換気機能を併せ持つRC造エコウォール

本建物は立教学院に関わるさまざまな人が、多彩な交流活動のために利用できる施設として計画された。また緑豊かな周辺環境との調和と自然エネルギーの活用に配慮し、環境配慮型の建築を目指した。

外観は、周囲の自然と溶け込むよう高さを抑え水平線を強調した片流れ屋根を有する。建物天井部には、700mm間隔の木造梁からなる「木造小屋組み」が露出している。建物の背骨としてのRC造の「エコウォール」と共に建物構成が見て取れる内観となっている。エコウォールは耐震上の重要な役目に加え、自然換気経路や設備配管の導線としても利用されている。

木造による優しい空間作り

屋根梁は120×450mmの米松木造集成材を700mmピッチで連続させ、10.2mスパンの無柱空間となっている。屋根面は構造用合板を全面に配し、面内剛性を高めた。梁を受ける柱（120×450mm）相互間は鉄板とドリフトピンを介する納まりとし、金物を見せず意匠性に配慮した。ホール屋根及び外壁面を木造とし優しい空間である。

北側のエコウォールを含むコア側はRC造壁構造の剛強な架構である。一方建物前面には2階の床からコの字形状のRC造片持ち柱をたて、屋根の半分の自重と水平力を支えている。自然エネルギー活用のため、エコウォールと基礎のクールヒートトレンチ部に空気の出し入れを行い、空調、環境負荷低減を行い省エネルギーが図られている。

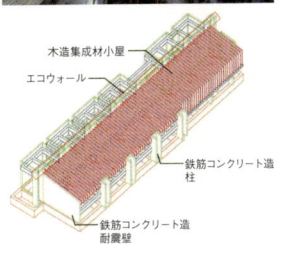

埼玉県新座市北野1-2-26
建築設計・構造設計：日建設計
施工：戸田建設　竣工：2007年
構造種別：RC造、屋根・一部外壁木造
写真：米倉写真事務所 米倉栄治

Saitama / Niiza-shi / Rikkyo University Niiza Campus Building No.4·No.8

立教大学新座キャンパス4号館・8号館
機能美と構造美に配慮した台形柱梁ラーメン構造

台形断面、RC造、構造美

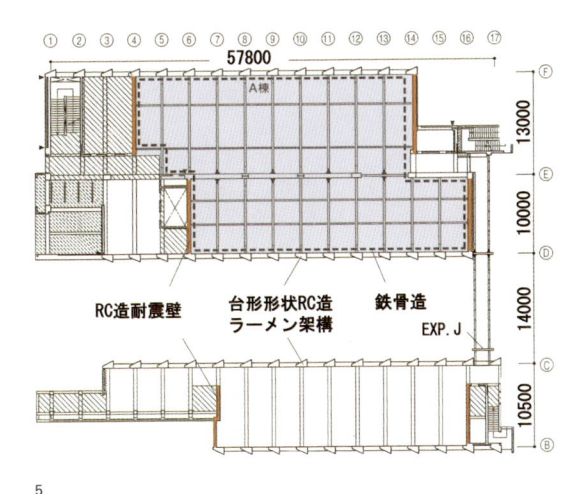

環境・意匠・構造に配慮した異形断面ラーメン架構の建築

本建物は、中庭を挟んで中低層2棟の建物を南東・北西に向き合って配置させた学校建築である。外壁面の架構は、建物の顔や骨格づくりに加え日射制御の環境面に対しても配慮が必要である。本設計では外壁面の架構自体が、日射遮蔽を可能とし、水平力にも抵抗する構造が追求されている。RC造の一度型枠を組めば自由形態の構造体を造れる特徴にも着目し、異形断面を格子状に組まれた架構である。

南東・北西を長手とする2棟構成の配置計画で直射光を有効に遮る柱梁の形を模索した。その結果日射に対し斜辺を持つ台形形状が有効であることがわかり、形態がそのまま構造となる設計となっている。

外壁面は日射遮蔽、構造合理性両面から柱ピッチ3.6m、基準階高4.0mと正方形の格子状架構となっている。柱梁共せいは1200mmの同一寸法とし応力の均一化が図られている。

高い耐震性と構造性能確認実験

教室階で階高4m天井高3m、壁のない自由な空間とするため教室は床梁のみS造である。ファサードの異形断面柱梁は構造実験が行われ、設計・実験値共概ね一致し、安定した耐震性能が確認された。

竣工直前に東日本大震災で震度5強の地震を受けたが、微細なひび割れも全く生じず無被害であった。

時刻毎に表情が変化する立体感のある構造ファサード

台形形状架構は日射遮蔽効果に加え光と影の変化を生み出す形態でもある。最終形状は構造、外観の見え方両面で決定され、陰影をより強調するため梁表面5mm研ぎ仕上げの配慮も行われている。

1／建物外観 2／光と影が変化するファサード 3／柱梁交差部（梁面斫り仕上げ） 4／中庭全景 5／3F床梁伏図 6／構造性能確認実験 7／教室部鉄骨建て方状況 8／見上げ外観
写真1～4、8：阿野太一

埼玉県新座市北野1-2-26
建築設計：日建設計
構造設計：日建設計
施工：戸田建設
竣工：2011年
構造種別：RC造、一部S造・SRC造

立教大学新座キャンパス6号館
フルPC構造で力の流れを表わした学校建築

応力曲線に沿う有機的な形態を PC構造で表現

建物は「現代心理学部」の研究室、図書館、ロフトの用途を持つ建築である。キャンパス運営に影響を与えず短工期・無騒音の圧着工法フルPC構造が採用されている。

また心理学研究のテーマである心・身体・映像を手がかりとし応力なりの曲線を描く骨格の様な形態を持つ建築である。PC構造の特徴を生かし通常直線化する梁、床を曲面形状とし天井材は設けず構造体をあらわしでみせる表現である。

フルPC造ラーメン架構と 鉄骨制振間柱による制振構造

大きな耐力を確保できるPC構造の利点を生かし、梁せいの小さく構造壁のないフレキシブルな空間を実現している。PC構造の原点指向性（残留変形が残らない反面履歴減衰性が少ない）を補う目的で、鉄骨制振間柱を組み合わせた制振構造とした。柱は900×900 mm、大梁は13.5mスパンを600×900 mm（梁せいがスパンの1／15）とし、S造並みの部材せいである。

低層部の図書館・ロフト・回廊・吹き抜けは曲面PC床版を連続させることで、有機的な空間となっている。PC床版は単純梁構造であるため応力に忠実になるよう中央に凸形状とした。13.7 mスパンを中央リブせいが700 mm、端部では厚さ400mmの均一な版となっている。

生物的な形態のフルPC圧着階段

吹き抜け中央部階段は、PC圧着構造の応用として踏み板とリブを一体としたPCブロック全26ピースを数珠繋ぎさせている。リブ内にケーブルを直線配置した圧着接合である。麻雀牌をヒントに考案された。このPC階段は今にも動き出しそうな生物的な形態となっている。

1／PC階段・PC曲面床版内観　2／建物全景　3／PC曲面床版鉄板型枠　4／図書館内観　5／PC階段単品製作状況　6／PC階段プレストレス力導入　7／建物夜景　8／鉄骨制振間柱
写真1：大野繁
写真2・4・7：本木誠一

埼玉県新座市北野1-2-26
建築設計・構造設計：日建設計
施工：清水建設　竣工：2005年
構造種別：プレキャストプレストレストコンクリート造、S造（制振間柱）

COLUMN

木

山から運ばれて原木市場に並べられたスギ原木

秋田スギを使った構造デザインの事例。「国際教養大学図書館棟（仙田満、山田憲明、2008年）」 撮影：藤塚光政

　木は、日本古来のみならず、現代において最も多く使われる構造材料である。森林の立木は、伐採→葉枯らし→おろし→玉切→皮剥ぎ→荒製材→乾燥→本製材という多くの工程を経てはじめて建築に使える木材となる。したがって、建築に使える製品となるまでに多くの時間がかかるだけでなく、原木の5割程度が端材となるため、製品としての木材は貴重なものである。これら端材はチップなどに加工されて燃料などに使われることもあるが、多くはそのまま捨てられてしまう。

　木は、針葉樹（スギ、ヒノキ、マツなど）と広葉樹（ナラ、ケヤキ、クリなど）に大別されるが、産出量の多さ、加工のしやすさ、狂いや割れの生じにくさから、構造部材としてはほとんど針葉樹が使われている。現在は日本国内で生産される国産木材の自給率は3割程度であり、残りの7割は外国産の木材、特に北米産やロシア産である。この国産材低自給率は、林業・林産業全体の縮小化による木材供給の不安定さが主な理由である。林業・林産業縮小化の原因は、林業従事者の人件費の低さ、山村の過疎化高齢化、原木搬出運搬用の路網整備の遅れ等といわれている。日本の山林は低樹高・小幹径・急傾斜であり、太く長くまっすぐな木材が効率的に得られにくい特徴がある。そのため、伐採時に製材・加工しにくい「曲り材」が多く発生するが、これらの有効利用を考えていくことが大切である。

　昔は、大工の経験と勘に基づいた高度な大工技術により、貴重な通直材は製材して見えがかりとなる柱や造作材に、曲り材は天井裏に隠れて見えないが強度が要求される小屋梁に製材せず曲がった丸太のまま使うなど、適材適所に使っていたが、安くてまっすぐで大きな外材が得られるようになって便利になった反面、このような大工職人の優れた知恵や工夫は失われつつある。

　森林資源の枯渇や伊勢湾台風による木造建築の被害などが重なり、1950年代末から約30年間に渡って大規模木造が作られない時代が続き、林業と木造建築技術が衰退していった。この状態を建て直すべく木造建築の復興ブームが1980年代に起こり、現代に至っている。さらに、2010年に制定された公共建築物等木材利用促進法により、低層の公共建築物は木造で建てることが義務化され、さらなる木造技術と文化の発展が期待される。

　近年では高度な加工や品質管理によってつくられるエンジニアリングウッド（EW）が開発され、大規模建物や高層建物に多く使われている。EWには、集成材・LVL・構造用合板・CLTなどがある。都市部での高層建築を実現させようという動きから、耐火木質材料や新しい構法が開発されつつあり、木をあらわしにした耐火木造建築物がつくられ始めている。

構造デザインのめざすもの ——想像力と実現力の融合

斎藤公男[日本大学名誉教授]

2つの舞台、2つの創造性

　構造デザインの舞台は2つあると考えられます。
　ひとつは建築家が描くイメージ、あるいは提起（要請）された課題をどう解くかという「協同」の舞台。美しいものをどう合理的につくるのか。構造設計者の創意と工夫が求められ、構法・工法・ディテールにわたる総合的な実現力とコミュニケーション能力が問われます。これが構造デザインのもっとも一般的な形です。
　いまひとつはエンジニア・アーキテクトと呼ばれる人々に代表されるような新しいストラクチャーの「開発」。その成果を実践するような「適用」の舞台で合理的なものをどう美しくつくるか。技術的ポテンシャルが高い構造システムを具体的なプロジェクトの中で洗練された感性とどう融合させるかが問われます。
　構造デザインのそれぞれの舞台には2つの創造性があるといわれます。個性的創造と普遍的創造とは山本学治（「現代建築と技術」1963）が発した言葉。一般的には「協同」の中に個性的創造を、「開発」の中に普遍的創造を見出すわけですが、「協同」の中にも普遍的創造が生まれる可能性があります。このことを見出し、評価することこそ、構造デザインの世界を未来へ広げるために大切にしたい。
　何を発想したか、どんな工夫をしたか、何がこれからも使えるか。省資源やエネルギー消費の観点から、未来へ手渡せるものは何か。1つひとつの構造デザインの中で、エンジニア自身が意識し、実践すべきテーマといえます。

構造デザインの諸相

　ところで、「デザイン」という言葉は何か。みえる「カタチ」に対しての名詞として使うことが多いが当然動詞的にもっと広い意味を持っています。つまり発想・検証・選択という一連のプロセスと考えると、対象領域は人間のさまざまな行為が含まれます。私たちはいつもデザインの世界と向きあっているといえそうです。たとえば時空をこえた人生のデザイン、旅のデザイン、など。構造デザインもそのひとつです。人間のデザイン思考と比べて、はたして構造デザインは、どんな状況で進行するのだろうか、という興味がわいてきます。
　ここで2つの構造デザインの創造性を動機づけている基本的要素を各々、イメージとテクノロジーという2つのベクトルにおきかえてみます。建築における創造的プロセス、つまり構造デザインの諸相をここから解くとどうなるか。最も端的に言い表すとすればそれは「イメージとテクノロジーという2つのベクトルをできるだけ高いレベルで融合すること」といえます。
　イメージとは「何をつくるか、つくるべきものは何か」であり、機能・空間・造形といった設計者の自由な発想だけでなく、時には規模・工期にコスト・性能といった計画的要請も含まれます。またテクノロジーとは「どうつくるのか、何ができるのか」であり、科学・工学を駆使した技術的可能性、知力が生む工夫・決断を意味しています。
　2つのベクトルの融合のしかた、つまりひとつのプロジェクトがどう進展し、どんな形での協同が展開するかは、そのテーマ性（何が中心的課題なのか）や建築家・構造家の個性や力量によって異なります。ここでは大きく3つのタイプを設定してみたい。すなわちType Aでは強いイメージが先行し、それが適切なテクノロジーのフォローによって実現される――美しいものを合理的に。Type Bでは成熟したあるいは開発された先進

のテクノロジーを豊かな感性で実現させる―合理的なものを美しく。Type C では2つのベクトルが計画の初期の段階からテーマを共有し、互いに有機的に触発・融合することで高いレベルの統合が生まれる―美しく合理的に。

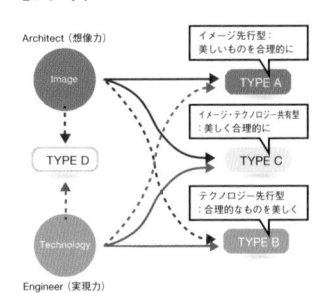

2つのベクトル

当然実際には中間タイプや時間的移行があるし、互いの優劣が問題ではありません。構造デザインの諸相とも考えられる3つのタイプ。重要なことはそこに2つのベクトルの積極的な融合を推進させ得るすぐれた資質をもったエンジニアが存在することです。

2つのベクトルの融合は建築家と構造家という職能としての協同が一般的ですが、時として一人の個人の中に共存することもあり得ます。

かつて科学も工学もなかった時代、西欧の組積造カテドラルあるいは日本の木造寺社建築を築いた匠（マイスター）達はすぐれた想像力と実現力を合せ持っていたはずです。今日のいわゆるアーキテクト・エンジニアと呼ばれる人達も同じでしょう。A・ガウディ、R・マイヤール、E・トロハ、F・キャンデラ、H・イスラー、J・シュライヒらが築いた独自の世界はType C の産物。そこには「すぐれた技術者であると同時に、高い建築的構想力と感性」の融合した構造空間がみられます。私たちにも、建築家のいない構造空間をエンジニア自ら創出する挑戦の機会がいつの日か突然廻ってくるかもしれません。その日のための修練と覚悟が必要です。

構造デザインのみかた

あらゆるテクノロジー、特にITの急速な発展によって今日の建築は実に多様です。超高層や大空間、自由な形態などその可能性は大きく広がっています。何でもできる時代。そう思えるような空気が漂っている一方、「何を、どうつくるか」が問われているようにも感じられます。

構造デザインを通じて建築をみる時、次の2つのことが重要でしょう。

第1はStructural Art。Engineering（技術）とArt（芸術）とはいずれも人間の創造的産物であり、無数を構想し最後に1つを選ぶという際立った個別性は同じです。技術は計算ではなく発想を求めます。一方、芸術は自由ですが技術は少し違います。技術によって生みだされるStructural Artは、その健全性を通して知的魅力―構造はそれ自体美しくなければならない、というメッセージをもっています。時としてメディアにもてはやされる「形態表現主義」的ともいえる自由奔放な建築が華々しく出現します。はたして健全なストラクチャーによって成立しているか。それが構造デザインにとって大切な視点なのです。

第2はEcologicalな視点。限りある地球資源をどのように有効に使うかは次世代につながるテーマであり、材料・構法・工法にわたるホリスティックなデザインはいまあらゆるプロダクツへの課題です。これこそ構造デザインの真髄ともいえる目標です。

この2つの視点はinvisible。外観だけでは見えにくい知的な評価が必要ですが、それを理解し納得した時、「構造デザイン」さらには「建築」への興味やみかたが一層高まるにちがいありません。

参考文献：『空間構造物語 ― ストラクチュラル・デザインのゆくえ』（斎藤公男著、彰国社、2003年）、
『新しい建築の見方』（斎藤公男著、エクスナレッジ、2011年）

用語解説

アイソレータ

免震構造では、地面と建物の間に揺れを吸収する免震装置を設けるが（110ページCOLUMN「免震構造と制振構造」参照）、アイソレータはその免震装置のひとつ。建物を支え、地震の際には建物をゆっくりと動かす役目を担う（ダンパーは建物の揺れを抑えるが、支える役目はもたない）。アイソレータには積層ゴム、すべり支承、転がり支承がある。

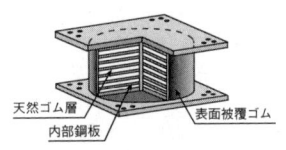

天然ゴム層　表面被覆ゴム
内部鋼板
天然ゴム系積層ゴムアイソレータ

アトリウム

古代ローマの住宅建築において、天窓のある広間や、回廊で囲まれた中庭をアトリウムと呼んでいたが、現在はガラスなど光を通す部材の屋根により覆われた広い空間を指す。

応力　おうりょく

ある部材に外部から力が加わると、それにつり合う力がその部材内に働く。それを応力という。本書の中で頻出する言葉だが、応力は大きく分けて、圧縮力、引っ張り力、曲げモーメント、せん断力の4種類がある（10ページ「本書を読むための基礎知識」参照）。部材内力あるいは内力とも言う。類似した言葉に応力度があるが、これは部材断面内の応力の分布を示す。

応力集中　おうりょくしゅうちゅう

部材内の応力の分布は物体の形状などによって、一様ではない。孔や溝といった変形した部分の近くでは局所的に応力が集中する。これを応力集中といい、部材の破損などの原因になることがある。

カーテンウォール

建物の荷重を負担しない外壁材のこと。中世ヨーロッパなどの組積造では壁が屋根を支えていたが、RC造、S造の発展により壁は純粋な意匠・環境皮膜となった。一方、高層建築物の発展に伴い、地震や風による構造の歪みに対しガラスが破損しないように追従できるカーテンウォールが発展してきた。金属パネルやアルミサッシ、サッシュレスのガラス外装などがある。

ガスケット

配管などの継ぎ手に取り付けて、漏れや流入がないようにするゴム。建築においては、目地（部材間の隙間）やガラスと枠をつなげる部材に取り付けて、空気や水を遮る役目を担う。

カテナリー曲線　かてなりーきょくせん

ロープの両端を固定し、ピンと張らずに自然に弛ませた状態をイメージして欲しい。そのときにできる曲線をカテナリー曲線という。懸垂曲線（けんすいきょくせん）ともいうが、それをひっくり返した形は、自重に対して純圧縮となるため、アーチの屋根や橋などに利用される。

キールアーチ

竜骨、つまり船において、船首から船尾にかけて船底の中心にわたす構造体のこと。建築では、ドーム型の屋根構造に架け渡す主アーチ材をキールアーチと呼ぶ。

キャンチレバー（片持ち梁）

片方だけが固定され、もう一方に張り出した梁をキャンチレバー、または片持ち梁という。水泳の飛込競技の飛込み板をイメージするとわかりやすい。

固有周期　こゆうしゅうき

振り子のおもりなどが自然に揺れる際に、一往復の揺れにかかる時間を周期という。建物はそれぞれの構造・規模によってその建物独自の揺れる周期を持つが、それを固有周期と呼ぶ。固有周期は低く剛性の高い建物（堅い建物）ほど短く、高く剛性の低い建物ほど長くなる。また、地震など建物に加わる振動の周期と建物の固有周期が一致することを共振といい、共振すると揺れが増幅される。通常の建物では固有周期が0.2～0.6秒程度のときに揺れやすい。免振装置は固有周期を約3秒以上に長くすることで、共振を防いでいる。

サッシュ（サッシ）

窓枠の框（かまち）や組子など、窓枠の建材を指す。古くは木製やスチールが良く用いられたが、現在ではアルミが良く用いられる。

CFT構造（コンクリート充填鋼管構造）　しーえふてぃーこうぞう

鋼管にコンクリートを詰めた柱をCFT柱(Concrete Filled Tube)と呼び、CFT柱を用いた構造をCFT構造（コンクリート充填鋼管構造）と呼ぶこともある。CFT柱は鉄のたがをはめることでコンクリートの耐力を向上させた部材であり、極めて高い軸力を細い部材で支えることができる。

充填形鋼管コンクリート（CFT）

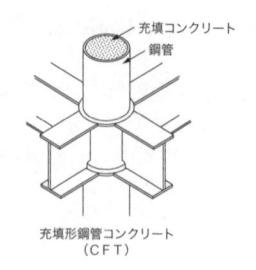

GL（グランドライン）　じーえる

建物の建つ地盤面の高さのこと。通常は、道路から建物がどれくらいの高さにあるかをいう。GL＋200というと、200mm高いことになる。

自己つり合い力　じこつりあいりょく

外力の無い状態でも構造部材に常に存在する力。構造内部で釣り合っており、コンクリート構造にプレストレスを与えて常に圧縮に保つためや、膜構造やテンセグリティ構造に常時張力を与えつづけるため等に利用される。

支承　ししょう

橋梁で、上部構造（主桁）と下部構造（柱台や柱脚）の接合部に使われる部材を指すが、梁などの架構における部材と部材の接合点で、力を受ける部材を指すことも多い。ラーメン構造など剛接のものもあるが、部材の温度変化に対応できるゴム支承やすべり支承もよく用いられる。

シャフト

空調、換気などの目的で空気を流す配管をダクトと呼ぶが、そのダクトやエレベーターのために、建物の縦に通るスペースをシャフトという。

滑り支承

柱の下に滑り材と滑り相手材（鋼板）を設置し、地震の際はすべり材がすべることで、揺れが建物に伝わるのを抑える。同じようなものに、柱の下のボールベアリングがレールを移動することで、揺れを抑える転がり支承がある。

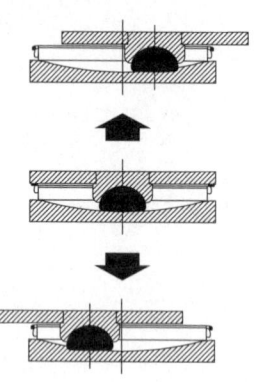

スラスト

推力のこと。下記の図のように、アーチ型の架構に鉛直荷重がかかったさいに、支点が横に動こうとする応力。橋やタワー、シェルなどの支点にかかる。

積層ゴム　せきそうごむ

積層ゴムは、柔らかいゴムと硬い鋼板が交互に積層して構成されている。建物の荷重（上下の力）は鋼板が支え、水平に掛かる地震の力をゴムの柔らかさで吸収し、地震の揺れができるだけ建物に伝わらないようにしている。

セミアクティブ免震

ダンパーなどの制震装置を、外部エネルギー（主に電気）により、揺れと反対に動かすなどして能動的に制御するのをアクティブ免震（110ページCOLUMN「免震構造と制振構造」参照）と呼ぶ。その中でも、建物に設置されたセンサーと制御コンピュータを組み合わせ、建物の動きに合わせてダンパーの動きを調節する装置をセミアクティブ免震という。

ダンパー

一般的にはエネルギーを減衰させる装置をいうが、建築においてはオイルダンパーなど制振装置としてのものをいう（110ページCOLUMN「免震構造と制振構造」参照）。免震装置でも建物を支えるアイソレータとは異なり、建物を支える役目を担わない。積層ゴムやすべり支承と組み合わせて使ったり、筋交いとして用いられるブレース型ダンパーなどがある。また、揺れに対抗する力にオイルの粘性を使ったオイルダンパー、鋼材や鉛などの延性を利用した鋼材ダンパーや鉛ダンパーなどがある。
なお、空調機で風量を調整する装置もダンパーと呼ばれる。

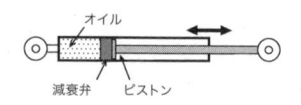

粘性減衰型ダンパーの一例（オイルダンパー）

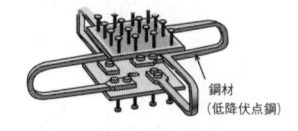

履歴減衰型ダンパーの一例（鋼材ダンパー）

チューブ構造　ちゅーぶこうぞう

初期の超高層ビルは柱がフロア全体に分布しており、そのため広い空間を設けることが難しかった。それを解消すべく、柱を外側（外壁部分）へ集中配置し、チューブのような形にしたものがチューブ構造だ。中央には、エレベーターや電気設備などを配したセンターコアが設けられることが多い。

TMDとAMD

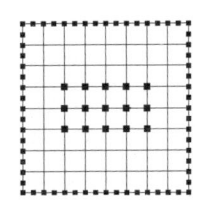

TMD（チェーンド・マス・ダンパー）、AMD（アクティブ・マス・ダンパー）ともに、建物の最上階などに取り付けた重りを利用して、揺れを抑える装置。TMDが揺れに同調する振り子で建物の揺れを制御するのに対し、AMDはセンサーで揺れを感知して、能動的に振り子を動かし揺れを制御する。

ファサード

建物の正面の外観のこと。その建物の顔ともいえ、建築のデザインにおいて、最も重要視される。外環境に対する皮膜でもあり、建物のエネルギー効率にも大きな影響がある。外観として重要であれば、側面であってもそこをファサードとすることがある。

風洞実験　ふうどうじっけん

人工的に風を発生させる装置を風洞といい、風路と呼ばれる筒と送風機で構成される。車や飛行機の開発などさまざまな分野で風洞実験は行われ、建築においては、風洞の中に縮小模型を置き、ビル風などその建物がもたらす風環境や、その建物が受ける風荷重などを調査し設計に用いる。

フープ筋（帯筋）　ふーぷきん（おびきん）

RC造（鉄筋コンクリート造）において、柱の主筋がばらばらにならないように、巻くように配置された鉄筋のこと。梁に用いられるとスターラップ筋（あばら筋）と言う。これが足りないと柱はもろいせん断破壊をしやすくなる。

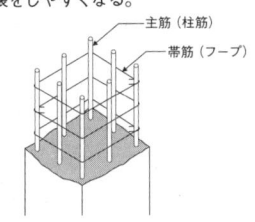

マスダンパー

建物の揺れを抑えるために取り付ける頂部重りのこと。ダンパーが設置されており、ある程度自由に動くように取り付けられた重りが、地震の揺れと逆に動くことで、揺れを打ち消す作用を持つ。

マリオン

カーテンウォールにおいて、窓と窓を縦に仕切る部材のこと。パネルやガラスがマリオンに取り付けられることも多く、このような構法をマリオン方式という。初期のマリオン方式では、ガラスはマリオンの奥に取り付けられることが多かった。有楽町駅そばに建つ有楽町マリオンがその好例だ。現在では、マリオンの前面にガラスが取り付けられることも多い。方立（ほうだて）と呼ぶこともあるが、方立は、窓の縦方向の部材全般を指すことがある。

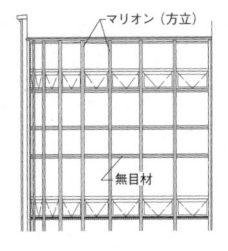

無目　むめ

カーテンウォールにおいて、窓と窓を横に仕切る部材のこと。トランサムともいう。単に上下につながった窓の間に入る横材のことを指したりもする。

モックアップ

原寸大の模型のこと。建築デザインでは実際に施工する前に形状や色調など設計の確認のためにも用いられる。が、構造では溶接や組み立てなど工場での製作あるいは現場での施工が可能か、品質などに問題がないかどうか、また他工事との取り合いについて確認するためにも使われる。

ラチス

ラチスは網目を意味する。組み格子のようにジグザク状に構成された補強材で柱や梁などで使われる。ラチスで組んだ梁をラチス梁、ラチスで組んだ屋根をラチス屋根と呼ぶ。

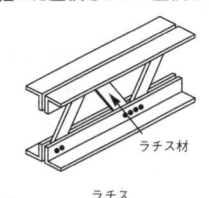

リブ

板材などに直交して取り付ける補強材のこと、リブプレートなどがある。補強のためのでっぱりや突起などもリブと呼ばれる。ガラスの方立てをリブガラスという。

ルーバー

日よけや通風のために羽板を、隙間を空けて組んだもの。羽板の角度により、風や光を調節するもので、近年はファサードデザインと一体化して設計されることが多い。また、照明の下に取り付けて光を制御する部材のこともルーバーと呼ぶこともある。

INDEX

	番号	建物名	ページ
あ	101	IRONHOUSE	168
	100	IRONY SPACE	168
	32	Aoビル	57
	37	青山タワービル	59
	79	浅草文化観光センター	133
い	47	イグレック	79
	41	泉ガーデンタワー	68
え	77	江戸東京博物館	132
	54	NTTドコモ代々木ビル	88
お	27	表参道ヒルズ	54
か	74	葛西臨海公園展望広場レストハウス	120
	75	葛西臨海水族園	122
	83	霞が関ビルディング	156
	118	神奈川工科大学KAIT工房	206
き	60	求道会館	102
	7	京橋センタービル	23
く	9	グラントウキョウノースタワー／グランルーフ	25
け	48	慶應義塾大学三田キャンパス南館	80
	84	Kタワー	158
	45	建築会館（日本建築学会本部ビル）	78
こ	36	コウヅキキャピタルイースト	59
	110	国営昭和記念公園 花みどり文化センター	180
	42	国立新美術館	70
	56	国立西洋美術館本館	94
	20	国立代々木競技場	42
	103	駒沢体育館	169
さ	135	埼玉県立大学	231
	116	桜台コートビレジ	204
	106	座・高円寺	175
	10	三愛ドリームセンター	28
	22	SANKYO新東京本社ビル	47
し	6	JPタワー	23
	17	汐留住友ビル	34
	19	静岡新聞・静岡放送東京支社	35
	72	東雲キャナルコートCODAN2街区	119
	44	SHIBAURA HOUSE	78
	21	渋谷ヒカリエ	46
	70	清水建設技術研究所安全安震館	118
	30	GYRE	56
	88	自由学園明日館	160
	59	順天堂大学センチュリータワー	101
	53	新宿NSビル	88
	52	新宿三井ビルディング	87

	番号	建物名	ページ
す	78	すみだ生涯学習センター	133
	61	住友不動産飯田橋ファーストビル	103
せ	136	西武ドーム	232
	89	聖母病院聖堂	160
	104	世田谷区民会館	170
	81	浅草寺と浅草の塔	134
	102	洗足の連結住棟	169
そ	46	ソニーシティ	79
た	112	多摩動物公園・昆虫生態館	181
	107	多摩美術大学図書館（八王子キャンパス）	176
ち	122	千葉県文化会館	214
	123	千葉県立中央図書館	215
	125	千葉ポートタワー	217
て	29	ディオール表参道	56
	129	テクノプレース15	223
	39	デザインウィング	66
と	1	東京駅丸の内駅舎	18
	4	東京海上日動ビル本館	22
	65	東京カテドラル関口教会聖マリア大聖堂	108
	87	東京建設コンサルタント新本社ビル	160
	117	東京工業大学すずかけ台キャンパスG3棟レトロフィット	205
	97	東京工業大学百年記念館	165
	99	東京工業大学付属図書館	167
	98	東京工業大学緑が丘1号館レトロフィット	166
	66	東京国際展示場	116
	2	東京国際フォーラム	20
	55	東京国立博物館法隆寺宝物館	93
	5	東京サンケイビル	23
	76	東京スカイツリー	126
	33	東京体育館	58
	62	東京大学 工学部2号館	104
	63	東京大学弥生講堂アネックス	106
	82	東京タワー	150
	58	東京ドーム	100
	49	東京都庁舎	84
	90	東京武道館	161
	57	東京文化会館	96
	35	塔の家	59
	130	東葉高速鉄道船橋日大前駅舎西口	223
	26	TOD'S表参道ビル	52
	91	トンボ鉛筆本社ビル	161
な	18	中銀カプセルタワービル	35
	92	中野坂上サンブライトツイン	161

	番号	建物名	ページ
	23	ナチュラルエリップス	48
に	64	ニコライ堂（日本ハリストス正教会東京復活大聖堂）	106
	14	ニコラス・G・ハイエック センター	31
	69	日本科学未来館	117
	85	日本聖公会聖オルバン教会	159
	16	日本テレビタワー	33
は	8	パシフィックセンチュリープレイス丸の内	24
	95	羽田空港国際線旅客ターミナルビル	164
	71	晴海アイランドトリトンスクエア	118
ひ	133	BDS柏の杜 出品会場	226
	13	ヒビヤカダン 日比谷公園店	31
ふ	128	ファラデーホール	222
	31	フォーラムビルディング	57
	119	藤沢市秋葉台文化体育館	207
	67	フジテレビ本社	117
	68	フジテレビ湾岸スタジオ	117
	86	富士フィルム東京本社ビル	159
	108	ふじようちえん	178
	109	ふじようちえん 増築（Ring Around a Tree）	179
	28	プラダ 青山店	55
ほ	43	ポーラ五反田ビル	76
	120	ポーラ美術館	208
	131	ホキ美術館	224
	124	ホワイトライノ	216
ま	126	幕張メッセ	218
	127	幕張メッセ　北ホール	219
	132	マブチモーター株式会社本社棟	226
み	12	MIKIMOTO Ginza 2	30
	38	ミッド・タウンタワー	66
	3	三菱一号館美術館	22
	134	水戸芸術館	230
	40	ミュージアムコーン	67
む	111	武蔵野美術大学図書館	181
め	24	明治神宮 外拝殿	49
	11	メゾンエルメス	29
も	51	モード学園コクーンタワー	87
	73	木材会館	119
や	96	ヤマト インターナショナル	164
	15	ヤマハ銀座ビル	32
ゆ	105	ゆかり文化幼稚園	170
よ	121	横須賀美術館	210
	115	横浜赤レンガ倉庫	201
	113	横浜大桟橋国際客船ターミナル	198

	番号	建物名	ページ
	114	横浜ランドマークタワー	200
	50	代ゼミタワー OBELISK	86
り	137	立教学院聖パウロ礼拝堂	233
	138	立教学院太刀川記念交流会館	233
	140	立教大学新座キャンパス6号館	236
	139	立教大学新座キャンパス4号館・8号館	234
	80	両国国技館	134
れ	25	レーモンドメモリアルルーム	49
わ	93	早稲田大学理工学部51号館	162
	94	早稲田大学理工学部57号館	163
	34	ONE表参道	58

INDEX

	Number	Building name	Page
A	32	Ao building	57
	37	Aoyama Tower Building	59
	134	Art Tower Mito	230
	79	Asakusa Culture Tourist Information Center	133
B	133	BDS kashiwanomori auction place	226
C	125	Chiba Port Tower	217
	123	Chiba Prefectural Center Library	215
	122	Chiba Prefectural Cultural Center	214
D	39	Design Wing	66
	29	Dior Omotesando	56
E	77	Edo-Tokyo Museum	132
F	128	Faraday Hall	222
	31	Forum Building	57
	108	Fuji Kindergarten	178
	109	Fuji Kindergarten Ring Around a Tree	179
	68	Fuji Television Coastal Line Studio	117
	67	Fuji Television Head Office	117
	119	Fujisawa-city Akibadai Cultural Gymnasium	207
G	102	G-FLAT	169
	9	GranTokyo North Tower / GranRoof	25
	30	GYRE	56
H	95	Haneda Airport International Flight Passenger Terminal	164
	71	Harumi Island Triton Square	118
	13	Hibiya-kadan Hibiya Park store	31
	131	Hoki Museum	224
	35	House of the Tower	59
I	47	Igrek	79
	101	IRONHOUSE	168
	100	IRONY SPACE	168
	41	Izumi Garden Tower	68
J	88	Jiyu Gakuen Myonichikan	160
	6	JP Tower	23
	59	Juntendo University Century Tower	101
K	84	K Tower	158
	118	Kanagawa Institute Of Technology Kait Studio	206
	75	Kasai Seaside Aquarium	122
	74	Kasai Seaside Park Rest House	120
	83	Kasumigaseki Building	156
	48	Keio Univercity Mita Campus South Building	80
	45	Kenchikukaikan	78
	103	Komazawa Gymnasium	169
	36	KOZUKI CAPITAL East	59
	7	Kyobashi Center Building	23

	Number	Building name	Page
	60	Kyudo-Kaikan	102
M	132	Mabuchi Motor Company Global Headquarters	226
	11	Maison Herm's	29
	126	Makuhari Messe	218
	127	Makuhari Messe North Hall	219
	24	Meijijingu Gehaiden	49
	38	Midtown Tower	66
	12	Mikimoto Ginza 2	30
	69	Miraikan	117
	3	Mitsubishi Ichigokan Museum	22
	51	Mode Gakuen Cocoon Tower	87
	73	Mokuzai Kaikan	119
	40	Mori Art Museum Museum Corn	67
	111	Musashino Art University Library	181
N	18	Nakagin Capsule Tower Building	35
	42	National Art Center.Tokyo	70
	23	NaturalEllips	48
	64	Nicholai-Do	106
	14	Nicolas G. Hayek Center	31
	16	Nippon Television Network Corporation Tower	33
	54	NTT Docomo Yoyogi Building	88
O	27	Omotesando Hills	54
	34	ONE Omotesando	58
P	8	Pacific Century Place Marunouchi	24
	43	Pola Gotanda Building	76
	120	Pola Museum Of Art	208
	28	Prada Aoyama	55
R	25	Raymond Memorial Room	49
	137	Rikkyo St.Paul's Chapel	233
	140	Rikkyo University Niiza Campus Building No. 6	236
	139	Rikkyo University Niiza Campus Building No.4・No.8	234
	80	Ryogoku Kokugikan	134
S	85	Saint Orban Church	159
	135	Saitama Prefectural University	231
	116	Sakuradai Coat Village	204
	10	San-ai Dream Center	28
	22	SANKYO New Headquarter Building in Tokyo	47
	89	Seibo Hospital Church	160
	136	Seibu Dome	232
	81	Sensoji and towers	134
	104	Setagaya-ku Public hall	170
	44	SHIBAURA HOUSE	78
	21	Shibuya Hikarie	46

INDEX

	Number	Building name	Page
	70	Shimizu Corporation Institute of Technology Anzenanshinkan	118
	52	Shinjuku Mitsui Building	87
	53	Shinjuku NS building	88
	72	Shinonome Canal Court.CODAN2	119
	17	Shiodome Sumitomo Bldg.	34
	19	Shizuoka Press and Broadcasting Center in Tokyo	35
	110	Showa kinen Park Hanamidori Cultural Center	180
	46	Sony City	79
	65	St Mary's Cathedral	108
	78	Sumida Lifelong Learning Center	133
	61	Sumitomo Realty & Development Iidabashi First Building	103
	92	Sun Bright Twin	161
T	138	Tachikawa Commemorative interchange building	233
	107	Tama Art University Library	176
	112	Tama Zoological Park Insectarium	181
	129	Techno Place15	223
	56	The National Museum of Western Art	94
	55	The Tokyo National Museum The Gallery of Horyuji Treasures	93
	63	The University of Tokyo Yayoi Audictorium, Annex	106
	26	TOD'S Omotesando	52
	4	Tokio Marine & Nichido Fire Insurance Building	22
	66	Tokyo Big Sight	116
	90	Tokyo Budo-kan	161
	57	Tokyo Bunka Kaikan	96
	87	Tokyo Construction Consultant Building	160
	58	Tokyo Dome	100
	86	Tokyo Head Office of Fuji Film	159
	97	Tokyo Insititute of Technology Centennial Memorial Hall	165
	99	Tokyo Insititute of Technology Library	167
	98	Tokyo Insititute of Technology Midorigaoka-1st Retrofit	166
	117	Tokyo Insititute of Technology Suzukake-dai Campas G3 Building Retrofit	205
	2	Tokyo International Forum	20
	49	Tokyo Metropolitan Government Office	84
	33	Tokyo Metropolitan Gymnasium	58
	5	Tokyo Sankei Building	23
	76	Tokyo Sky Tree	126
	1	Tokyo Station Marunouchi Station Building	18
	82	Tokyo Tower	150
	91	Tombow Pencil Headquarters Building	161
	130	Toyo Rapid Railway FunabashiNichidaimae Station building west exit	223
U	62	University of Tokyo Building No.2	104
W	93	Waseda University Building 51	162
	94	Waseda University Building 57	163

	Number	Building name	Page
	124	White Rhino	216
Y	15	Yamaha Ginza Building	32
	96	Yamato International	164
	113	Yokohama International Passenger Terminal	198
	114	Yokohama Landmark Tower	200
	115	Yokohama Red Brick Warehouse	201
	121	YOKOSUKA MUSEUM OF ART	210
	20	Yoyogi National Studium (Yoyogi 1st and 2nd Gymnasiums)	42
	50	Yozemi-Tower OBELISK	86
	105	Yukari Bunka kindergarten	170
Z	106	Za-Koenji	175

CREDIT

口絵写真・図
国立代々木競技場　写真：amanaimages、図：川口衛構造設計事務所／モード学園コクーンタワー　写真：編者委員、図：アラップの資料をもとに作成／MIKIMOTO Ginza2　写真・図：伊東豊雄建築設計事務所／東京カテドラル関口教会聖マリア大聖堂　写真：東京カテドラル関口教会、図：丹下都市建築設計／東京スカイツリー　写真：東京東武鉄道・東武タワースカイツリー・東京タウンソラマチ、図：日建設計／三愛ドリームセンター　写真：三愛　図：安田幸一研究室

本書を読むための基礎知識
P.10〜14図：東京工業大学　竹内徹研究室、P.12写真1：編集部、P.12：写真2・3・4：PIXTA、P.12写真5：宮里直也、P.13写真1：藤塚光政、P.13写真2・5：編集部、P.13写真3：PIXTA、P.13写真4：東京工業大学　竹内徹研究室

東京駅丸の内駅舎　P.18-19
写真1・6：東日本旅客鉄道、写真2・3・4・5：東京大学　川口健一研究室

東京国際フォーラム　P.20-21
写真1：編集部、P.21図2：東京工業大学　竹内徹研究室、写真3・4：東京国際フォーラム

三菱一号館美術館　P.22
写真：東京大学　川口健一研究室

東京海上日動ビル本館　P.22
写真：東京大学　川口健一研究室、図：前川國男建築事務所の資料をもとに作成

東京サンケイビル　P.23
写真：東京工業大学　竹内徹研究室

JPタワー　P.23
写真：東京工業大学　竹内徹研究室

京橋センタービル　P.23
写真：東京工業大学　竹内徹研究室

パシフィックセンチュリープレイス丸の内　P.24
写真1：堀内 広治／新写真工房、図2・3：日建設計

グラントウキョウノースタワー／グランルーフ　P.25
写真1：鈴木研一／鈴木研一写真事務所、図2・3・4：日建設計

三愛ドリームセンター　P.28
写真1・2・3・4：日建設計、図5：東京工業大学　安田幸一研究室

メゾンエルメス　P.29
写真1：新建築社、図2：アラップ

MIKIMOTO Ginza2　P.30
写真1・2、図3・4：伊東豊雄建築設計事務所

ヒビヤカダン　日比谷公園店　P.31
写真上・中：阿野太一、図下：乾久美子建築設計事務所

ニコラス・G・ハイエックセンター　P.31
写真：スウォッチ・グループジャパン

ヤマハ銀座ビル　P.32
写真1・2：鈴木研一／鈴木研一写真事務所、図3・4：日建設計

日本テレビタワー　P.33
写真1：川添・小林研二写真事務所、写真2・図3・4：三菱地所設計

汐留住友ビル　P.34
写真1・2：篠澤建築写真事務所、図3・4：日建設計

中銀カプセルタワー　P.35
図上：黒川紀章建築都市設計事務所、写真下：大橋富夫

静岡新聞・静岡放送東京支社　P.35
写真左：編集部、図右：丹下都市建築設計の資料をもとに作成

コラム「メタボリズム」　P.36-38
写真1：大橋富夫、写真2：川添・小林研二写真事務所、図3：芝浦工業大学八束はじめ研究室・菊地誠研究室、デジタルハリウッド大学院メタボリズム展示プロジェクト、写真4・6：PIXTA、写真5：川添・小林研二写真事務所

国立代々木競技場　P.42-45
P.42写真：PIXTA、写真1・5・7・9、図2・3・4・6・8：川口衛構造設計事務所

渋谷ヒカリエ　P.46
写真1・2：エスエス東京／走出 直道、図3：日建設計

SANKYO新東京本社ビル　P.47
写真1・2、図3・4・5：東京工業大学　竹内徹研究室

ナチュラルエリップス　P.48
写真1：新建築社、写真3：編集部、図2：EDH遠藤設計室

明治神宮　外拝殿　P.49
写真：明治神宮

レーモンドメモリアルルーム　P.49
写真：レーモンド設計事務所

TOD'S表参道ビル　P.52
写真1：Nacasa&Partners Inc. 図2・写真4・5：伊東豊雄建築設計事務所、図3・6：オーク構造設計

表参道ヒルズ　P.54
写真1・2：森ビル（表参道PR事務局）、図3・4：編集部（『構造計画の原理と実践』（建築技術）をもとに作成）

プラダ 青山　P.55
写真1：プラダジャパン、図2・写真3：竹中工務店

ディオール表参道　P.56
写真：編集部、図右：SANNA、図左：早稲田大学　新谷眞人研究室

GYRE　P.56
写真上：編集部、図下：竹中工務店

フォーラムビルディング　P.57
写真上：編集部、図下：谷口建築設計研究所

Aoビル　P.57
写真：ダイショウ

東京体育館　P.58
写真：東京都スポーツ文化事業部

ONE表参道　P.58
写真：© Takahashi YAMAGISHI、図：オーク構造設計

塔の家　P.59
写真：東 環境・建築研究所

コウヅキキャピタルイースト　P.59
写真：石黒守

青山タワービル　P.59
写真：編集部

コラム「表参道ファサード群」　P.60-62
写真1・2・3・5・6・7・13・14：編著委員、写真4：SANAA
写真8・11：編集部、写真9・10：PIXTA

ミッドタウン・タワー　P.66
写真：ミヤガワ

デザインウィング　P.66
写真上：吉村昌也、写真中：日建設計、
写真下：カツタ写真事務所

ミュージアムコーン　P.67
写真1・図2・3：仁藤喜徳

泉ガーデンタワー　P.68
写真1・2・3：川添・小林研二写真事務所、図4・5・6：日建設計

国立新美術館　P.70
写真1・3・4・5：Koji Kobayashi/SPIRAL、図2：日本設計

コラム「シェル構造」　P.71-72
図・写真：東京大学　川口健一研究室

ポーラ五反田ビル　P.76
写真1：ポーラ・オルビスホールディングス、写真2・図3：日建設計、図4・5：東京工業大学　竹内徹研究室、安田幸一研究室

SHIBAURA HOUSE　P.78
写真：東京大学　川口健一研究室、図左：佐々木睦朗構造計画研究所　木村俊明、右：SANNA

建築会館　P.78
写真上：東京大学　川口健一研究室、写真下：日本建築学会

ソニーシティ　P.79
写真上：スパイラル、図下：プランテック総合計画事務所

イグレック　P.79
写真・図：東京工業大学　竹内徹研究室

慶應義塾大学三田キャンパス南館　P.80
写真：大成建設

東京都庁舎　P.84
写真1：PIXTA、図2・3：『建築構造パースペクティブ』（日本建築学会）より転載、図4：東京都

代ゼミタワー　OBELISK　P.86
写真1：代々木ゼミナール、図2・3：大成建設

モード学園コクーンタワー　P.87
写真上：編集部、図下：アラップ

新宿三井ビルディング　P.87
写真：編集部

新宿NSビル　P.88
写真・図：東京工業大学　竹内徹研究室

NTTドコモ代々木ビル　P.88
写真・図：東京工業大学　竹内徹研究室

コラム「西新宿高層ビル群」　P.89
写真（霞が関ビル・新宿住友ビル、京王プラザホテル）：編集部、写真（新宿三井ビル・損保ジャパンビル・新宿センタービル、新宿野村ビル・モード学園コクーンタワー）：編著委員、写真（ホテルニューオータニ本館）：ハットリスタジオ

東京国立博物館法隆寺宝物殿　P.93
写真1・2：東京国立博物館、図3：谷口建築設計研究所

国立西洋美術館　P.94
写真1：編集部、写真2・4・図3：Fondation Le Corbusier、写真5：国立西洋美術館、図6：東京工業大学　竹内徹研究室

東京文化会館　P.96
写真1・2・3：東京文化会館、図4・5・6・7：『木村俊彦の構造理念』（鹿島出版会）から転載

東京ドーム　P.100
写真1・2・3・4：竹中工務店、図5：東京大学　川口健一研究室

順天堂大学センチュリータワー　P.101
写真1：編集部、写真2・3・4：順天堂大学

求道会館　P.102
写真1・2・3・図4：文化財工学研究所

住友不動産飯田橋ファーストビル　P.103
写真1・3：エスエス東京、図2：日建設計

東京大学　工学部2号館　P.104
写真1・2・3・4・図5：東京大学　川口健一研究室

東京大学弥生講堂アネックス　P.106
写真：河野泰治アトリエ

ニコライ堂　P.106
写真上：ニコライ堂、写真下：編集部

東京カテドラル関口教会聖マリア大聖堂　P.108
写真1・2・3・4：東京カテドラル関口教会、図5・7：丹下都市建築設計、図6：『名須川良平、坪井善勝の作品5』をもとに作成

コラム「免震構造と制振構造」　P.110
図：東京工業大学　竹内徹研究室

東京国際展示場　P.116
写真1：PIXTA、図2：佐藤総合計画の資料をもとに作成、写真3・4：佐藤総合計画

フジテレビ本社　P.117
写真：編集部

フジテレビ湾岸スタジオ　P.117
写真：編集部、図：鹿島建設

日本科学未来館　P.117
写真：日本科学未来館

清水建設技術研究所安全安震館　P.118
写真・図：東京工業大学　竹内徹研究室

晴海アイランドトリトンスクエア　P.118
写真・図：東京工業大学　竹内徹研究室

東雲キャナルコートCODAN2街区　P.119
写真：伊東豊雄建築設計事務所

木材会館　P.119
写真：東京木材問屋協同組合

葛西臨海公園展望レストハウス　P.120
写真1：新建築社、写真：2・3・4・5・6：オーク構造設計

葛西臨海水族園　P.122
写真1・3：廣田治雄、写真2：東京都

コラム「塔とタワー」　P.123
写真：PIXTA

東京スカイツリー　P.126-129
写真1・2・3・5・6：東武鉄道・東武タワースカイツリー・東武タウンソラマチ、写真：4・10・図7・8・9・11・12：日建設計

コラム「東京スカイツリーのシルエットと構造デザイン」　P.130
図1：東武鉄道・東武タワースカイツリー・東武タウンソラマチ、写真3・5・図2・4・6・7：日建設計

江戸東京博物館　P.132
写真1：江戸東京博物館、写真2：東京都、図3：編集部

すみだ生涯学習センター　P.133
写真：長谷川兎子・建築計画工房

浅草文化観光センター　P.133
写真：隈研吾建築都市設計事務所

両国国技館　P.134
写真：PIXTA

浅草寺と浅草の塔　P.134
写真上・中：川崎市立日本民家園、写真下：江戸東京博物館

コラム「鉄」　P.135
図：東京工業大学　竹内徹研究室

東京湾岸・隅田川ブリッジクルーズ　P.136-142
P.137-138図：東京大学　川口健一研究室
P.136写真：PIXTA、写真①、②：東京水辺ライン、写真③：日刊建設通信新聞社、写真④〜⑯：東京大学　川口健一研究室

東京タワー　P.150-151
写真1・図2・4：日本電波塔・竹中工務店、写真3・5：竹中工務店

コラム「建設後から現在までの東京タワー」　P.152-155
写真1・2・3：竹中工務店、写真4・図：日建設計

霞が関ビルディング　P.156-157
写真1・5・図2：山下設計、写真6・7・8：三井不動産、図3・4：東京工業大学　竹内徹研究室

Kタワー　P.158
写真1・2：KAJIMA DESIGN(播繁)、図3：東京工業大学　竹内徹研究室

日本聖公会オルバン教会　P.159
写真：聖オルバン教会

富士フイルム東京本社ビル　P.159
図：芦原義信建築設計研究所、写真：編集部

東京建設コンサルタント本社ビル　P.160
写真：日本構造家倶楽部

自由学園明日館　P.160
写真：自由学園

聖母病院聖堂　P.160
写真：わたなべスタジオ

東京武道館　P.161
写真：六角鬼丈計画工房

トンボ鉛筆本社ビル　P.161
写真：トンボ鉛筆

中野坂上サンブライトツイン　P.161
写真：小川泰祐

早稲田大学理工学部51号館　P.162
写真1：早稲田大学　新谷眞人研究室、写真2：編集部、写真3・4：編著委員

早稲田大学理工学部57号館　P.163
写真1・2：編集部、図3早稲田大学　新谷眞人研究室

羽田空港国際線旅客ターミナルビル　P.164
写真・図：梓設計

ヤマト インターナショナル　P.164
写真：原広司＋アトリエ・ファイ建築研究所

東京工業大学百年記念館　P.165
写真1・図2・3：和田章、遠藤康一

東京工業大学緑が丘1号館レトロフィット　P.166
写真・図：東京工業大学　竹内徹研究室

東京工業大学付属図書館　P.167
写真・図：東京工業大学　安田幸一研究室　竹内徹研究室

IRONY SPACE　P.168
写真：梅沢建築構造研究所

IRONHOUSE　P.168
写真：梅沢建築構造研究所

洗足の連結住棟　P.169
写真：阿野太一、図：北山恒＋architecture WORKSHOP

駒沢体育館　P.169
写真：東京都スポーツ文化事業部、図：織本構造設計

世田谷区民会館　P.170
写真：東京大学　川口健一研究室

ゆかり文化幼稚園　P.170
写真：東京大学　川口健一研究室

座・高円寺　P.175
写真1・2・図：伊東豊雄建築設計事務所

多摩美術大学図書館(八王子キャンパス)　P.176-177
写真1・2・3・4・図5・6：伊東豊雄建築設計事務所

ふじようちえん　P.178
写真1・2・3・図4・5：手塚建築研究所、図6：池田昌弘建築研究所の資料をもとに作成

ふじようちえん 増築（Ring Around a Tree）　P.179
写真1・2・3：手塚建築研究所、図4・5：オーノJAPAN

国営昭和記念公園 花みどり文化センター　P.180
写真：金箱構造設計事務所

武蔵野美術大学図書館　P.181
写真：武蔵野美術大学、図左：藤本壮介建築設計事務所、図右：佐藤淳構造設計事務所の資料をもとに作成

多摩動物公園・昆虫生態館　P.181
写真上：東京都、写真中・下：編集部

明治の地図で読む東京の地形・地盤　P.182-193
図1：『広重名所江戸百景』より「品川御殿山」、図2：久保純子（国土地理院5mメッシュ標高データと「カシミール」で作成）、図3・5・8・12：参謀本部陸軍測量局『五千分一東京図測量原図』財団法人日本地図センター、図7：貝塚爽平『東京の自然史増補第2版』（紀伊國屋書店）より転載、図10・14：松田磐余『江戸・東京地形学散歩増補改訂版』（之潮）より転載、図11：武村雅之『未曾有の大災害と地震学－関東大震災－』（古今書院）より転載、写真P.185・P.191・P.192：久保純子、写真P.188：編集部、写真p.189：東京大学　川口健一研究室

コラム「コンクリート」　P.194
図：編著委員

横浜大桟橋国際客船ターミナル　P.198-199
写真1・2・3相鉄企業、写真4・5：PIXTA

横浜ランドマークタワー　P.200
写真1・図2・3：三菱地所設計、図4：建築画報社（『建築画報238号』より転載）

横浜赤レンガ倉庫　P.201
写真1：編集部、図2・3：新居千秋都市建築設計

桜台コートビレジ　P.204
写真1・2・3・図4・5：O.R.S事務所

東京工業大学すずかけ台キャンパスG3棟レトロフィット　P.205
写真1・2・図3：東京工業大学　和田章

神奈川工科大学KAIT工房　P.206
写真1・図2・3・4：石上純也建築設計事務所

藤沢市秋葉台文化体育館　P.207
写真1・2・図3：槇総合計画事務所

ポーラ美術館　P.208
写真1：新建築社、図2・3・写真4・5：日建設計

横須賀美術館　P.210
写真1・2：山本理顕設計工場、図3・4：構造計画プラス・ワン

千葉県文化会館　P.214
写真1・2・3：千葉県文化会館、図4：大髙建築設計事務所　『大髙正人の仕事』（エクスナレッジ）より転載、図5：『新建築1967年5月号』（新建築社）より転載

千葉県立中央図書館　P.215
写真1・2：スパイラル、図3：大髙建築設計事務所　『大髙正人の仕事』（エクスナレッジ）より転載

ホワイトライノ　P.216
写真1・2・3・5：東京大学　川口健一研究室、図4：東京大学　藤井明研究室

千葉ポートタワー　P.217
写真上：PIXTA、写真下：日建設計

コラム「テンセグリティ」　P.217
写真：東京大学　川口健一研究室

幕張メッセ　P.218
写真：槇総合計画事務所

幕張メッセ北ホール　P.219
写真：槇総合計画事務所

ファラデーホール　P.222
写真：1・2・3・図4：斎藤公男

テクノプレース15　P.223
写真：斎藤公男

東葉高速鉄道船橋日大前駅舎西口　P.223
写真中：斎藤公男、写真上・下：東葉高速鉄道

ホキ美術館　P.224
写真1・5：野田東徳／雁光舎（のだ・はるのり／がんこうしゃ）、図2・3・4：日建設計

マブチモーター株式会社本社棟　P.226
写真上：マブチモーター、写真下：東京工業大学　竹内徹研究室

BDS柏の森　出品会場　P.226
写真上：宮里直也、図下：東京工業大学　竹内徹研究室

水戸芸術館　P.230
写真：水戸芸術館

埼玉県立大学　P.231
写真：埼玉県立大学、写真2・3・4・5：構造計画プラス・ワン

西武ドーム　P.232
写真1：西武ドーム、写真2・3・4：鹿島建設

立教学院聖パウロ礼拝堂　P.233
写真上・中：編著委員、写真下：編集部

立教学院太刀川記念交流会館　P.233
写真：米倉写真事務所／米倉栄治、図：日建設計

立教大学新座キャンパス4号館・8号館　P234-235
写真1・2・3・4・8：阿野太一、写真6・7・図5：日建設計

立教大学新座キャンパス6号館　P236
写真1：大野繁、写真2・4・7、本木誠一、写真3・5・6・8：日建設計

コラム「木」　P.237
写真左：山田憲明構造設計事務所、写真右：藤塚光政

用語解説　P.241
図・写真：編集部

＊本書掲載の地図は、国土地理院発行の1万分の1地形図新宿ほかを使用したものです。

編著委員

編著委員長:
新谷眞人(あらや まさと)

早稲田大学名誉教授・
オーク構造設計取締役

1943年	東京都生まれ
1969年	早稲田大学大学院理工学部研究科修士課程修了
1969年	木村俊彦構造設計事務所入社
1971年	梓設計入社
1982年	オーク設計事務所設立
1995年	オーク構造設計設立
2006年	早稲田大学理工学術院特任教授
2014年	早稲田大学名誉教授

主な構造設計作品
1995年 葛西臨海公園展望レストハウス(1996年 第6回松井源吾賞)、2000年 宮城県図書館(2001年 BCS賞)、2001年 桜上水K邸(2001年 JSCA賞佳作)、いしかわ総合スポーツセンター(2009年 BCS賞)、2011年 真壁伝承館(2012年 日本建築学会賞作品賞)

著書
『木村俊彦の設計理念』(共著、鹿島出版会、2000年)、『魅せる力学』(共著、建築画報社、2002年)、『挑戦する構造』(共著、建築画報社、2011年)、『建築の構造設計 そのあるべき姿』(共著、日本建築学会、2010年)

大野博史(おおの ひろふみ)

オーノJAPAN

1974年	大分県生まれ
2000年	日本大学大学院理工学研究科修士過程修了
2000年	池田昌弘建築研究所入社
2005年	オーノJAPAN設立

主な構造設計作品
2008年 NEアパートメント(2008年 AR Awards、東京建築賞最優秀賞)、2010年 東京大学数物連携宇宙研究機構棟、2011年 ふじようちえん増築-Ring Around a Tree(20011年 日本構造デザイン賞、2013年 日本建築学会作品選奨)

著書
『ヴィヴィッド・テクノロジー 建築を触発する構造デザイン』(共著、学芸出版社、2007年)『構造デザイン入門』(共著、エクスナレッジ、2013年)

金田充弘(かなだ みつひろ)

東京藝術大学准教授・アラップ

1970年	東京都生まれ
1996年	カリフォルニア大学バークレー校環境工学科修士課程修了
1996年	アラップ入社
2007年	東京藝術大学美術学部准教授

主な構造設計作品
2001年 メゾンエルメス(2002年 松井源吾賞、2003年 BCS賞)、2005年 富弘美術館、2008年 サラゴサ万博ブリッジパビリオン、2009年 サーペンタインギャラリーサマーパビリオン2009

著書
『ヴィジュアル版建築入門3 建築の構造』(共著、彰国社、2002年)、『オルタナティブ・モダン 建築の自由をひらくもの』(共著、TN Probe、2005年)

川口健一(かわぐち けんいち)

東京大学教授

1962年	東京生まれ
1985年	早稲田大学理工学部建築学科卒業
1991年	東京大学大学院建築学博士課程修了
1993年	英国インペリアルカレッジ、ケンブリッジ大学、客員博士
2006年	東京大学生産技術研究所教授

主な構造設計作品
1991年 C棟屋上ドーム、2001年 ホワイトライノ、2005年 東京大学 工学部2号館

論文・研究・受賞
2012年 日本建築学会賞論文賞、2008年 日本免震構造協会技術賞(特別賞)、2004年 日本膜構造協会論文賞 他

著書
『形態解析』(共著、培風館、1991年)、『プロが教える建築のすべてがわかる本』(監修、ナツメ社、2010年)、『一般逆行列と構造工学への応用』(コロナ社、2011年) 他

竹内徹(たけうち とおる)

東京工業大学教授

1960年　大阪生まれ
1984年　東京工業大学修士課程修了
1984〜2002年　新日本製鉄建築事業部
1990〜1992年　Ove Arup London 派遣勤務
2003年　東京工業大学建築学専攻助教授
2009年　東京工業大学建築学専攻教授
主な構造設計作品
2000年　香港中環中心（2000年　JSCA賞新人賞）、2006年　東京工業大学緑が丘1号館レトロフィット（2006年　構造デザイン賞、2007年　グッドデザイン賞金賞、2009年　日本建築学会作品選奨）、2011年　東京工業大学附属図書館（2011年　グッドデザイン賞、2013年　日本建築学会作品選奨 BCS賞）
論文・研究・受賞
2011年「エネルギー吸収部材を有する空間鋼構造の耐震性能」（日本建築学会賞）
著書
『都市構造物の損害低減技術』（編著、朝倉書店、2011年）、『挑戦する構造』（共著、建築画報社、2011年）、『力学・素材・構造デザイン』（共著、建築技術、2012年）

原田公明(はらだ ひろあき)

株式会社 日建設計
構造設計部門技師長

1961年　鹿児島県生まれ
1987年　東京都立大学大学院工学研究科修士課程修了
1987年　日建設計構造部入社
2009年　日建設計構造設計部門技師長
2006年〜2011年　工学院大学非常勤講師
2008年〜2014年　慶應義塾大学非常勤講師
主な構造設計作品
2000年　さいたまスーパーアリーナ、2002年　コウヅキキャピタルウエスト、2003年　日建設計東京ビル、2006年　鹿児島環境未来館、2007年　ホテルニューオータニ本館改修（2009年　BELCA賞）、2009年　東京工業大学テックフロント、2011年　立教大学新座キャンパス4号館・8号館（2012年　JSCA賞作品賞）、2012年　東京電機大学千住キャンパス（2013年　BCS賞）、2012年　立教大学ロイドホール（2013年　グッドデザイン賞、2014年　日本図書館協会建築賞）
著書
『［広さ］［長さ］［高さ］の構造デザイン』（編著、建築技術、2007年）

山田憲明(やまだ のりあき)

株式会社 山田憲明構造設計事務所
代表取締役

1973年　東京都生まれ
1997年　京都大学工学部建築学科卒業
1997年　増田建築構造事務所入社
2012年　山田憲明構造設計事務所設立
2013年〜　早稲田大学大学院非常勤講師
主な構造設計作品
2003年　西袋中学校体育館、2004年　大洲城天守（第1回ものづくり日本大賞ほか）、2004年　レストランアーティチョーク、2004年　勝山館跡ガイダンス施設、2007年　仁井田中学校体育館、2008年　国際教養大学図書館（2011年　JSCA賞作品賞ほか）、2010年　東北大学大学院環境科学研究科エコラボ（2012年　日本構造デザイン賞ほか）、2011年　緑の詩保育園
著書
『構造デザインの歩み』（共著、建築技術、2010年）、『ラクラク木構造入門』（共著、エクスナレッジ、2013年）、『構造デザイン入門』（共著、エクスナレッジ、2013年）、『建築形態と力学的感性』（共著、日本建築学会、2014年）、『合格するためのビル管理受験テキスト 建築物の構造概論』（共著、オーム社、2014年）

監修・共同執筆	斎藤公男（日本大学名誉教授） 　はじめに　P.1 　構造デザインの目指すもの — 想像力と実現力の融合 —　P.238
共同執筆	川口衞（法政大学名誉教授・株式会社 川口衞構造設計事務所） 　国立代々木競技場　P.42 久保純子（早稲田大学教授） 　明治の地図で読む東京の地形・地盤　P.182 和田章（東京工業大学名誉教授） 　構造設計者の役割 —— 自由な発想と真剣な想像力　P.8
執筆・編集協力	木村俊明（佐々木睦朗構造計画研究所） 丹野吉雄（株式会社 竹中工務店） オーノJAPAN 大川誠治、木村優志、中野勝仁、阿部雅一 東京工業大学　竹内徹研究室 潤井駿司、三原早紀、吉田道保、岡田康平、寺澤友貴、長路秀鷹 東京大学 川口健一研究室 佐藤拓人、本多元貴 株式会社 日建設計 朝川剛、國津博昭、小西厚夫、末岡利之、貞許美和、田中佑樹、寺田隆一、刀田健史、福島孝志、 村上博昭、柳原雅直、山本裕、山脇克彦、吉田和彦 日本大学理工学部建築学科「空間構造デザイン研究室」 岡田章、宮里直也 株式会社 山田憲明構造設計事務所 蒲池健、杉本将基、古矢渉、林弘倫 早稲田大学 新谷眞人研究室 関口佳織、高村暁則、夏目大彰、弘中敏之、若松直之、小川裕季、清本莉七、御所園武、 笹原和幸、田村純太朗、本多裕作、松本翔
アートディレクション	尾原史和
デザイン	SOUP DESIGN 渡辺和音、SILAS VIDAR
本文DTP	タクトシステム 株式会社 遠藤直也、松本梨絵、福田美由紀
企画・編集	株式会社 総合資格 片岡繁、新垣宜樹、王城美鈴、高井真由子

あとがき

　車窓から気になる建造物が見え隠れしたり、街を歩いているとどこか洗練された姿の建物を眼にすることがあります。その建物の外観デザインや仕上げ材は簡素ですが、形やプロポーションが普通とは違うと感じます。気になる建物は構造がその形を与えているケースが多くあります。生物の骨格が生物の形を決めるように、構造が建物の外観を決めると言っても過言ではありません。そして構造は建物の外形をユニークにするだけではなく、内部空間をより機能的にあるいは豊かにすることができます。

　しかし、構造にはもっと重要な働きがあります。構造つまり骨組みは、地球上で人々が生活し活動する建物の床や屋根そして壁に作用する重力に耐え、地震・強風・大雪など自然の脅威に建物や街が安全である役割を担わなくてはなりません。

　このマップは東京を中心に、独創的な構造で形作られた建物をピックアップし、構造の成り立ちや働き、特徴などを説明しています。そして簡潔に記述するために、工学的な術語が多く使われています。「本書を読むための基礎知識」と「用語集」を参照すると、工学的な知識が身に付きマップが読みやすくなると思います。

　構造についての記事は新進気鋭の構造設計者と研究者が中心となって執筆をしました。文章の語調やページの体裁は極力合わせ、説明や記述に大きな違和感がないように努めました。ハンディな大きさと重さを考えると紙面が限られます。そのためなるべく多くの建物を網羅したので、短い記述で終わったものもありますが、構造の概要はわかるようにしました。本文のほか「コラム」欄に特定のテーマについて記述をしてあるので、まとまって簡略化された知識を学ぶことができます。

　構造は地盤とは切っても切れない関係があります。どんな場所に立つのか、それによって杭の使用や液状化の対策が必要になり、地震の揺れの特性も知ることができます。地下の水位や水流も重要です。こうした地盤の性質は地形と地質構成によって決まります。

　東京は長い間に地形を改変しながら、その街の姿を変化させてきました。ある敷地でなぜ大規模開発が進み超高層建築が建設されるのか、それは江戸時代に大きな武家屋敷がありまとまった敷地であったか、あるいは長屋であった密集住宅地域を地上げしたかもしれません。現代の地図と古地図を比較するとその場所の昔の利用状況がわかり、そこから武家屋敷や長屋があった地形がわかり、今の地表面の下に隠れた台地や谷が見えるようになり、地盤の特性を推定することができます。そうした目的のために古地図と地図に関する記述をやはり新進気鋭の研究者がまとめました。

　東京にはたくさんの橋がかかっています。建築ではありませんが、橋はタワーと同じく建設された時代の構造技術が結晶した建造物です。そこで東京湾と隅田川にかかる橋梁を記事にしました。マップをもって水上バスに乗船すれば、クルージングを楽しみながら、橋の構造について知識を学ぶことができます。

　建築は人々が住み活動し楽しむ場を提供します。その建築を構造が支え、その形を構造が決める。このマップをもって読者がいろいろな建物を見て歩き、こうした構造の働きと構造設計者の職能の存在を知っていただくことを、我々執筆者は期待しています。

　　　　　　　　　　　　　　　　　　　　　　　　　　　　　　　　　　新谷眞人

NOTICE AND HOUSE AD

こってり風関西建築は
構造もおもしろい！

Japanese architecture is fantastics !!

総合資格の DESIGN

構造デザインマップ 関西
116作品 & 78MAP

関西版ついに発売！
社寺建築から現代建築まで関西建築の構造とは!?

エリア	大阪、兵庫、京都、滋賀、奈良、和歌山
掲載作品	梅田スカイビル、平等院鳳凰堂、京都タワー、東大寺など
特集	関西の建築文化から見えてくる世界
特集	テーマで巡るモデルコース （「こってり建築コース」「古建築コース」など）

■判型:257mm×147mm　■定価:2,090円（税10%含む）
■頁:258ページ　ISBN:978-4-86417-270-7

構造デザインマップ 東京
140作品 & 71MAP

7刷出来のロングセラー！
地震大国の首都・東京に建つ建築の構造は!?

エリア	丸の内、表参道、新宿など
掲載作品	東京駅、東京スカイツリー、都庁舎、国立西洋美術館など
特集	東京湾岸・隅田川ブリッジクルーズ
特集	明治の地図で読む東京の地形・地盤

■判型:257mm×147mm　■定価:2,090円（税10%含む）
■頁:260ページ　ISBN:978-4-86417-121-2

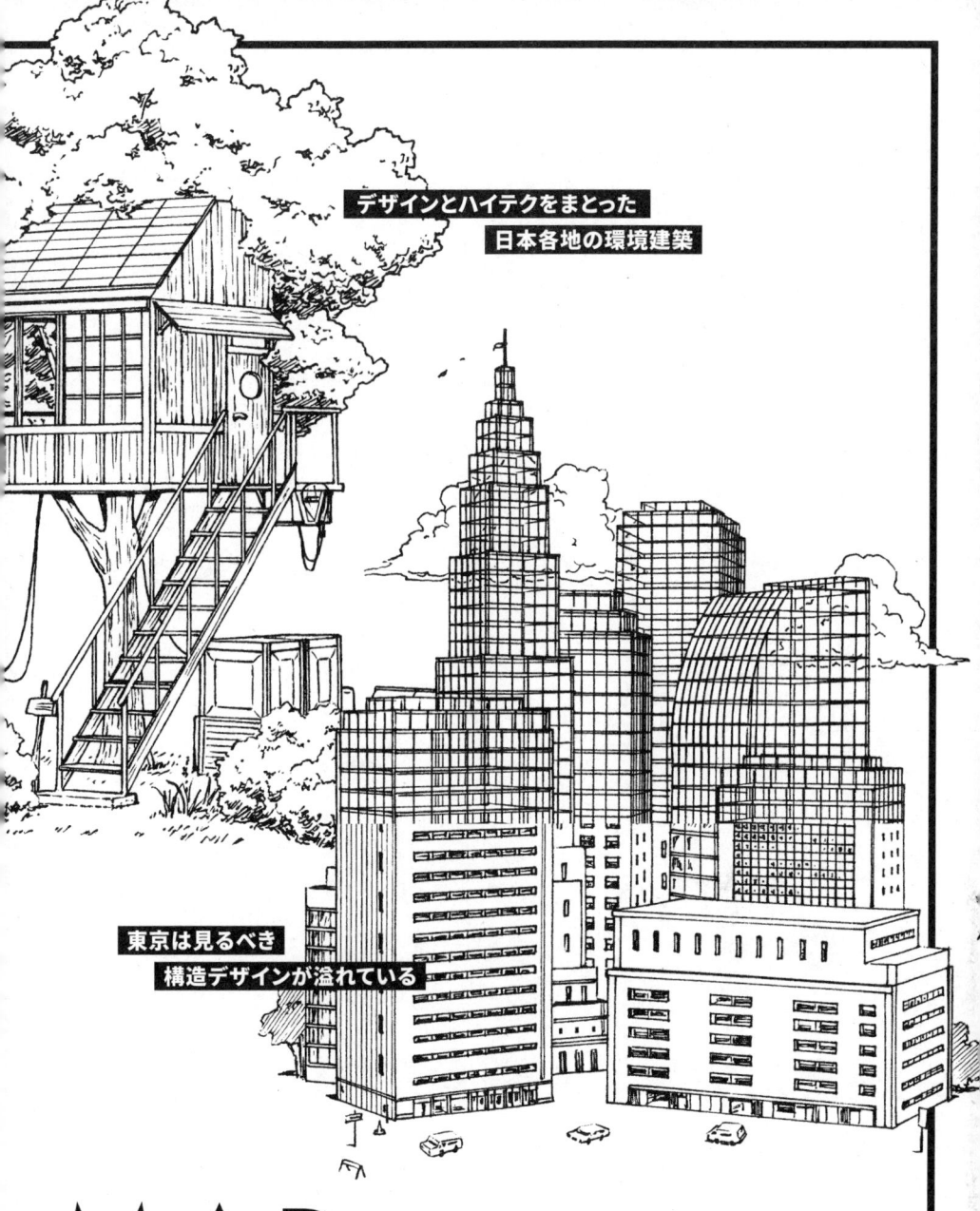

デザインとハイテクをまとった
日本各地の環境建築

東京は見るべき
構造デザインが溢れている

MAPシリーズ

環境デザインマップ 日本
145作品 & 121MAP

四季の彩り豊かな日本の気候風土を採りこむ
知恵と技術が満載!

エリア	北は北海道から南は沖縄まで
掲載作品	国立代々木競技場、あべのハルカス、沖縄県立博物館・美術館など
特 集	環境建築のエポックメーキング作品
特 集	環境と住宅

■判型:257mm×147mm　■定価:2,090円(税10%含む)
■頁:272ページ　■ISBN:978-4-86417-269-1

STRUCTURAL DESIGN MAP TOKYO
36作品 & 22MAP

英訳版!
人気エリアの30作品に新規6作品を追加!

エリア	丸の内・銀座・原宿・青山・六本木など
掲載作品	国立競技場、有明アリーナ、羽田空港第2ターミナルビルなど
特 集	西新宿の高層ビル群

■判型:124mm×210mm　■定価:2,090円(税10%含む)
■頁:144ページ　■ISBN:978-4-86417-403-9

私の選択は間違ってなかった

選んだのは、合格者の50％以上が進んだ王道ルートでした。

総合資格学院は
1級建築士 合格実績 No.1

★学科・製図ストレート合格者とは、令和5年度1級建築士学科試験に合格し、令和5年度1級建築士設計製図試験にストレートで合格した方です。　※当学院のNo.1及びセンター発表に基づきます。　※総合資格学院の合格実績には、模擬試験のみの受験生、教材購入者、無料の役務提供者、過去受講生は一切含まれておりません。

田中 道子♡

令和4年度 一級建築士合格

総合資格のおかげで人生変わりました。

総合資格学院イメージキャラクター
令和4年度 一級建築士試験合格
当学院受講生・俳優
田中 道子さん

平成26〜令和5年度 **1級建築士 設計製図試験**
全国合格者占有率 [10年間]
54.8%
他講習利用者＋独学者 / 当学院受講生
全国合格者合計 **36,470名**中 / 当学院受講生 **19,984名**

令和5年度 **1級建築士 学科＋設計製図試験**
全国ストレート合格者占有率
51.8%
他講習利用者＋独学者 / 当学院当年度受講生
全国ストレート合格者 **1,075名**中 / 当学院当年度受講生 **557名**

に関する表示は、公正取引委員会「No.1表示に関する実態調査報告書」に基づき掲載しております。 ※全国ストレート合格者数・全国合格者数は、(公財)建築技術教育普
（令和5年12月25日現在）

総合資格学院

令和5年度 1級建築士 設計製図試験 卒業学校別実績

学校名	卒業合格者数	当学院受講者数	当学院占有率	学校名	卒業合格者数	当学院受講者数	当学院占有率
日本大学	143	77	53.8%	横浜国立大学	23	11	47.8%
東京理科大学	117	59	50.4%	鹿児島大学	23	14	60.9%
芝浦工業大学	99	57	57.6%	神奈川大学	23	16	69.6%
早稲田大学	75	32	42.7%	東海大学	23	13	56.5%
近畿大学	65	32	49.2%	福井大学	22	13	59.1%
明治大学	62	33	53.2%	千葉工業大学	21	13	61.9%
工学院大学	61	32	52.5%	東北工業大学	20	16	80.0%
名城大学	56	32	57.1%	室蘭工業大学	18	11	61.1%
神戸大学	50	22	44.0%	山口大学	17	11	64.7%
京都大学	42	20	47.6%	中部大学	16	12	75.0%
法政大学	41	27	65.9%	岐阜工業高等専門学校	15	10	66.7%
大阪工業大学	39	18	46.2%	青山製図専門学校	15	10	66.7%
広島工業大学	38	26	68.4%	長崎大学	15	10	66.7%
広島大学	38	28	73.7%	宇都宮大学	14	6	42.9%
金沢工業大学	35	19	54.3%	名古屋大学	14	9	64.3%
新潟大学	31	13	41.9%	関東学院大学	13	8	61.5%
名古屋工業大学	31	17	54.8%	大分大学	13	12	92.3%
信州大学	29	16	55.2%	豊橋技術科学大学	13	10	76.9%
東京都市大学	29	17	58.6%	京都造形芸術大学	12	7	58.3%
熊本大学	28	14	50.0%	昭和女子大学	11	7	63.6%
福岡大学	26	13	50.0%	名古屋市立大学	10	8	80.0%
京都建築大学校	25	20	80.0%	秋田県立大学	10	6	60.0%
東北大学	25	12	48.0%	摂南大学	10	5	50.0%
北海道大学	25	12	48.0%	奈良女子大学	10	6	60.0%
愛知工業大学	24	17	70.8%	有明工業高等専門学校	10	9	90.0%
前橋工科大学	24	12	50.0%	和歌山大学	10	6	60.0%
立命館大学	24	16	66.7%				

※卒業学校別合格者数は、試験実施機関である(公財)建築技術教育普及センターの発表によるものです。 ※総合資格学院の合格者数には、「2級建築士」等を受験資格として申し込まれた方も含まれている可能性があります。 ※総合資格学院の合格実績には、模擬試験のみの受験生、教材購入者、無料の役務提供者、過去受講生は一切含まれておりません。 ※上記合格者数および当学院占有率はすべて令和5年12月30日に判明したものです。

総合資格学院 開講講座

1級建築士
- 1級建築士ストレート合格必勝コース
- 1級建築士ビクトリー合格必勝コース
- 1級建築士学科合格必勝コース
- 1級建築士ビクトリー学科合格必勝コース
- 1級建築士短期合格必勝コース
- 1級建築士短期学科合格必勝コース
- 1級建築士パーフェクト合格必勝コース
- 2級建築士短期学科合格必勝コース付 1級建築士ストレート合格必勝コース
- 2級建築士中期学科合格必勝コース付 1級建築士ストレート合格必勝コース
- 建築士サポートアップ合格コース
- 1級建築士設計製図コース
- 1級建築士設計製図中期必勝コース
- 1級建築士設計製図完全合格対策コース

2級建築士
- 2級建築士ストレート合格必勝コース
- 2級建築士学科合格必勝コース
- 2級建築士中期合格必勝コース
- 2級建築士中期学科合格必勝コース
- 2級建築士短期合格必勝コース
- 2級建築士短期学科合格必勝コース
- 2級建築士設計製図コース
- 2級建築士設計製図中期必勝コース

建築設備士
- 建築設備士ストレート合格必勝コース
- 建築設備士学科合格必勝コース
- 建築設備士設計製図コース
- 建築設備士設計製図中期必勝コース

1級建築施工管理技士
- 1級建築施工管理ストレート合格必勝コース
- 1級建築施工管理一次対策合格必勝コース
- 1級建築施工管理二次対策コース
- 1級建築施工管理短期合格必勝コース

2級建築施工管理技士
- 2級建築施工管理ストレート合格必勝コース
- 2級建築施工管理一次対策合格必勝コース
- 2級建築施工管理二次対策コース

1級土木施工管理技士
- 1級土木施工管理一次対策コース(WEB講座)
- 1級土木施工管理二次対策コース(WEB講座)

2級土木施工管理技士
- 2級土木施工管理一次対策コース(WEB講座)
- 2級土木施工管理二次対策コース(WEB講座)

1級管工事施工管理技士
- 1級管工事施工管理一次対策コース(WEB講座)
- 1級管工事施工管理二次対策コース(WEB講座)

宅建士
- 宅建パーフェクト合格必勝コース
- 宅建合格必勝コース
- 宅建超短期合格コース
- 宅建WEB講座

賃貸不動産経営管理士
- 賃貸不動産経営管理士WEB講座本講座コース
- 賃貸不動産経営管理士WEB講座演習講座コース
- 賃貸不動産経営管理士WEB講座模擬試験コース

インテリアコーディネーター
- インテリアコーディネーター1次対策コース
- インテリアコーディネーター1次試験インプットコース
- インテリアコーディネーター1次試験アウトプットコース
- インテリアコーディネーター2次対策コース

構造設計1級建築士
- 構造設計1級建築士WEB講座合格必勝コース
- 構造設計1級建築士WEB講座法適合確認対策コース
- 構造設計1級建築士WEB講座構造設計対策コース

設備設計1級建築士
- 設備設計1級建築士WEB講座合格必勝コース
- 設備設計1級建築士WEB講座法適合確認対策コース
- 設備設計1級建築士WEB講座設計製図対策コース

※令和6年4月現在。最新情報は当学院ホームページをご覧ください。

当学院ホームページ
スクールサイト www.shikaku.co.jp 総合資格 検索
コーポレートサイト www.sogoshikaku.co.jp

お問い合わせは最寄校までお気軽にご連絡ください。

あなたの最寄校をカンタン検索!

株式会社 総合資格
- (一社)日本経済団体連合会会員
- (一社)日本建築学会会員
- (一社)全国産業人能力開発団体連合会会員
- 監理技術者講習実施機関 登録番号7
- 宅建登録講習機関 登録番号 第009号
- 宅建登録実務講習実施機関 登録番号 第5号

株式会社 総合資格学院法定講習センター
国土交通大臣登録講習機関
- 一級建築士定期講習 登録番号 第5号
- 二級建築士定期講習 登録番号 第4号
- 木造建築士定期講習 登録番号 第7号
- 管理建築士講習 登録番号 第2号
経済産業大臣指定講習機関
- 第一種電気工事士定期講習 第4号

構造デザインマップ　東京

2014年6月20日　初版第1刷発行
2024年5月1日　初版第8刷発行

編著者
構造デザインマップ編集委員会

発行人
岸和子

発行元
株式会社 総合資格
〒163-0557
東京都新宿区西新宿1-26-2 新宿野村ビル22F
TEL 03-3340-6714（出版局）
https://www.shikaku.co.jp/

企画・編集
株式会社 総合資格 出版局
https://www.shikaku-books.jp/

装丁・造本
尾原史和

印刷・製本
シナノ書籍印刷

落丁本・乱丁本はお取替えいたします。
本書の無断転写、転載は著作権法上での例外を除き、禁じられています。

Printed in Japan
ISBN 978-4-86417-121-2
© 構造デザインマップ編集委員会